Sehen & Verstehen
Das visuelle Einsteigerbuch

Alles finden mit Google

Wolfram Gieseke

DATA BECKER

Copyright	© DATA BECKER GmbH & Co. KG Merowingerstr. 30 40223 Düsseldorf
E-Mail	buch@databecker.de
Produktmanagement	Peter Meisner
Textmanagement	Jutta Brunemann
Layout	Jana Scheve
Umschlaggestaltung	Inhouse-Agentur DATA BECKER
Satz	Thorsten Schlosser, Kreuztal
Produktionsleitung	Claudia Lötschert
Druck	Media-Print, Paderborn

ISBN 978-3-8158-2919-6

Wichtiger Hinweis

Die in diesem Buch wiedergegebenen Verfahren und Programme werden ohne Rücksicht auf die Patentlage mitgeteilt. Sie sind für Amateur- und Lehrzwecke bestimmt.

Alle technischen Angaben und Programme in diesem Buch wurden von den Autoren mit größter Sorgfalt erarbeitet bzw. zusammengestellt und unter Einschaltung wirksamer Kontrollmaßnahmen reproduziert. Trotzdem sind Fehler nicht ganz auszuschließen. DATA BECKER sieht sich deshalb gezwungen, darauf hinzuweisen, dass weder eine Garantie noch die juristische Verantwortung oder irgendeine Haftung für Folgen, die auf fehlerhafte Angaben zurückgehen, übernommen werden kann. Für die Mitteilung eventueller Fehler ist der Autor jederzeit dankbar.

Wir weisen darauf hin, dass die im Buch verwendeten Soft- und Hardwarebezeichnungen und Markennamen der jeweiligen Firmen im Allgemeinen warenzeichen-, marken- oder patentrechtlichem Schutz unterliegen.

Inhalt

8

9

1

Ganz einfach finden: So kommen Sie schnell zu den ersten Suchergebnissen

Wellness in Österreich oder doch Kultur in Mexiko? – Mit Google finden Sie Ihr ideales Urlaubsangebot

Der Erfolg von Google liegt darin begründet, dass Google es wie keine zweite Suchmaschine schafft, Zugang zu allen erdenklichen Informationen zu verschaffen. Schnell das Suchformular aufgerufen, die passende Suchanfrage gestellt und schon haben Sie mit etwas Glück die benötigten Informationen. Sie machen sich z. B. Gedanken über Ihren nächsten Urlaub?

Schritt 1

Rufen Sie in Ihrem Webbrowser die Google-Startseite auf. Für Deutschland ist das *www.google.de*. Es gibt aber zahlreiche nationale Google-Ableger wie z. B. *www.google.at* für Österreich oder *www.google.ch* für die Schweiz.

Schritt 2

Hier finden Sie an zentraler Stelle ein Eingabefeld, in das Sie Ihren Suchbegriff eingeben können. Suchen Sie z. B. Informationen zum Urlaub in einem bestimmten Land, geben Sie den Namen dieses Landes ein.

Info

Was heißt eigentlich Google?

Der Name Google leitet sich von dem Wort „Googol" ab, das seinerseits die Bezeichnung für eine bestimmte Zahl ist, nämlich eine Eins mit hundert Nullen. Der Überlieferung nach wurde dieses Wort vom neunjährigen Neffen des Mathematikers Edward Kasner erdacht. Eine tatsächliche Bedeutung des Namens Google ist nicht bekannt.

Glossar

Webbrowser

Als Webbrowser bezeichnet man Programme zum Aufrufen und Betrachten von Webseiten. Der Internet Explorer ist ein solcher Webbrowser. Andere gängige Webbrowser sind z. B. Firefox, Opera oder Netscape Mozilla.

Schritt 3

Haben Sie Ihren Suchbegriff eingegeben, klicken Sie mit der linken Maustaste einfach auf die Schaltfläche *Google-Suche* unterhalb des Eingabefeldes. Alternativ können Sie auch [Enter] drücken. Damit übermitteln Sie Ihre Suchanfrage an den Google-Suchdienst.

Schritt 4

Nach einer kurzen Denkpause präsentiert Ihnen Google seine Antwort. Diese besteht aus einer Liste von Webseiten, in denen der Suchbegriff enthalten ist. Diese Liste ist nach Relevanz sortiert. Die Seiten, die nach Google-Ansicht am meisten mit dem gesuchten Begriff zu tun haben, stehen also an den vordersten Stellen.

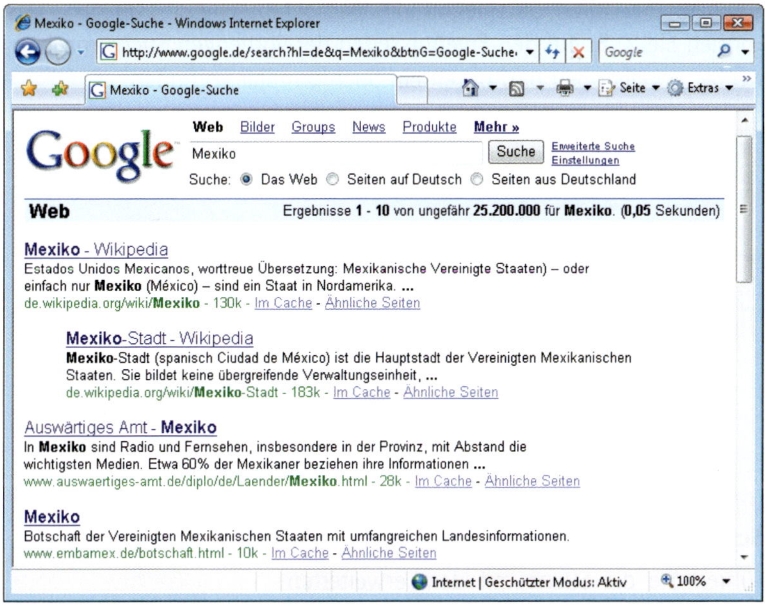

Im Handumdrehen liefert Ihnen Google vielfältige Informationen zum gewünschten Thema.

Schritt 5

Zu jedem Eintrag finden Sie neben dem Titel der Webseite einen kurzen Einblick in den Inhalt sowie weitere Informationen, auf die wir ab Seite 24 noch ausführlicher eingehen. Um eine der gefundenen Webseiten zu öffnen, klicken Sie einfach mit der linken Maustaste auf den blau eingefärbten Titel der Seite, der eine Verknüpfung zur Seite selbst ist. Die Webseite wird dann anstelle der Ergebnisliste in den Webbrowser geladen.

Hinweis

Nicht verwirren lassen: rote Suchbegriffe in den Abbildungen

Für dieses Buch haben wir die Suchbegriffe in den Bildschirmabbildungen einheitlich rot eingefärbt. Dies soll dazu dienen, den Blick schnell auf das Wesentliche zu lenken. Auf Ihrem Bildschirm werden die eingegebenen Suchbegriffe in derselben Farbe wie die sonstigen Bildschirmtexte angezeigt, also in der Regel schwarz.

Info

Die Reihenfolge der Suchergebnisse

Die Reihenfolge, in der die gesuchten Webseiten aufgeführt werden, ist keinesfalls zufällig. Eines der Erfolgsgeheimnisse von Google steckt in der Bewertung von Webseiten. Dazu werden verschiedene Faktoren berücksichtigt, um die Relevanz jeder einzelnen Webseite zu bestimmen. Die relevantesten Seiten zu einem Suchbegriff stehen dann ganz oben in der Liste.

Mit präzisen Suchanfragen erzielen Sie schnell die gewünschten Ergebnisse

Tipp

So finden Sie den richtigen Suchbegriff

Das Geheimnis für erfolgreiches Suchen liegt in der Wahl der richtigen Suchbegriffe. Sie sollten das fragliche Thema möglichst genau und eindeutig beschreiben. Denken Sie sich dazu z. B. einen Satz aus, der genau ausdrückt, was Sie suchen, etwa: „Ich möchte Urlaub in Mexiko machen und dabei unbedingt Acapulco besuchen." Nehmen Sie jetzt einfach die Hauptwörter aus diesem Satz heraus, also „Urlaub", „Mexiko" und „Acapulco" und geben Sie diese Suchanfrage bei Google ein.

Allgemeine, wenig spezifische Suchbegriffe erzielen auch allgemeine, wenig spezifische Suchergebnisse. So liefert Ihnen eine Suche nach „Mexiko" zahlreiche Informationen, die für das Planen eines Urlaubs zu pauschal sind. Sie benötigen deshalb einen Suchbegriff, der das Gesuchte genauer beschreibt. Dann erhalten Sie auch hilfreichere Suchergebnisse.

Schritt 1

Ergänzen Sie Ihren Suchbegriff um das Schlüsselwort „Urlaub". Das können Sie z. B. auf den Ergebnisseiten der vorherigen Suche machen, wo Sie jeweils oben und unten ein Suchformular vorfinden.

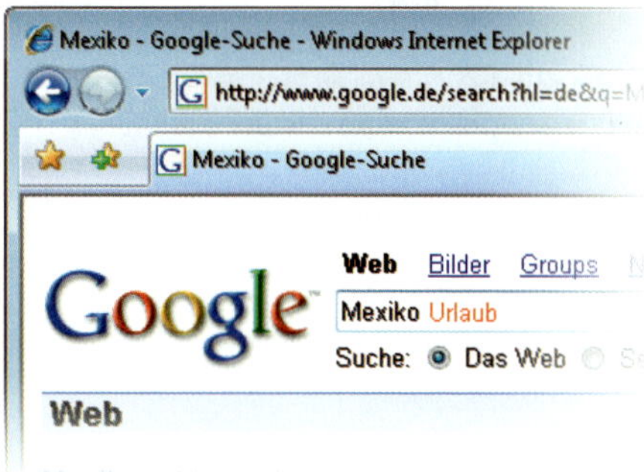

Schritt 2

Führen Sie die Suche mit dem erweiterten Suchbegriff durch, indem Sie wiederum auf die *Suche*-Schaltfläche klicken oder [Enter] drücken.

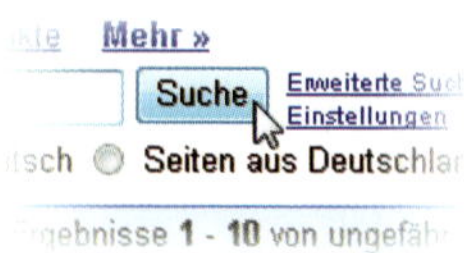

Schritt 3

Google sucht nun nach Webseiten, die sowohl das Wort „Mexiko“ als auch das Wort „Urlaub“ enthalten. Als Antwort erhalten Sie wiederum eine Liste dieser Webseiten, wobei die relevantesten Ergebnisse wieder ganz vorn stehen. Hier sollten Sie nun schon konkrete Informationen und Angebote für Touristen finden.

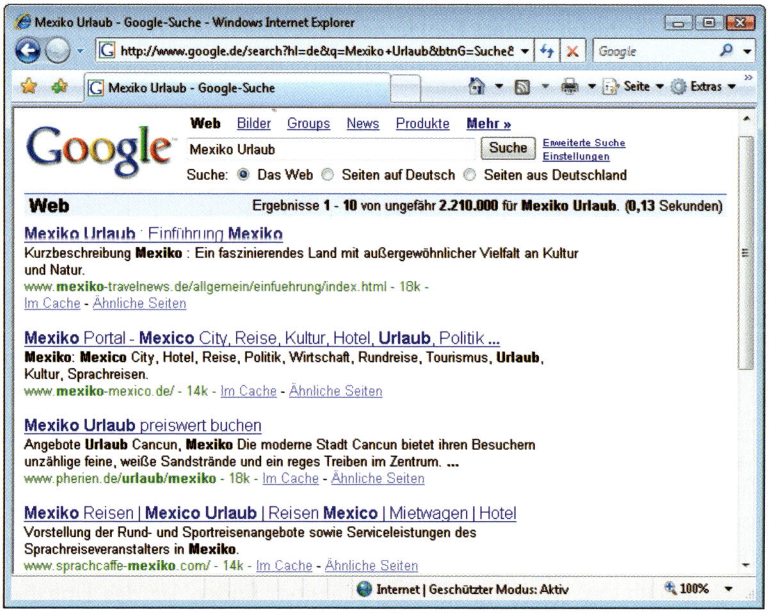

Präzise Suchanfragen führen zu passenden, informativen Webseiten über das gesuchte Thema.

Auf diese Weise können Sie Ihre Suchbegriffe beliebig erweitern, um immer genauere Ergebnisse zu erhalten. Wollen Sie z. B. eine Rundreise machen, verwenden Sie das als zusätzlichen Suchbegriff. Gehen Ihre Wünsche eher in Richtung Wellness, gehört das als Suchbegriff mit rein. Haben Sie schon präzise Vorstellungen über bestimmte Orte, die Sie besuchen möchten, sollten Sie diese als Suchbegriff mit angeben, z. B. „Mexiko Urlaub Acapulco“.

Tipp

Mehr ist weniger

Je mehr Wörter Sie zu einer Suchanfrage verbinden, desto weniger, aber genauere Suchergebnisse erhalten Sie. Google findet immer die Webseiten, die alle Wörter der Suchanfrage beinhalten. Je mehr Suchwörter, desto weniger Webseiten erfüllen diese Anforderung. Je präziser Sie die Suchanfrage formulieren, desto zutreffendere und hilfreiche Ergebnisse wird Google Ihnen liefern.

So nutzen Sie das Google-Suchfenster einfach effektiver

Glossar

Formular

Formular bezieht sich in diesem Fall auf eine Webseite, die interaktive Elemente enthält. Das sind z. B. Eingabefelder, in die der Suchbegriff eingetragen wird, Optionskästchen für Einstellungen sowie Schaltflächen zum Durchführen der Suche.

Erfahrungsgemäß verwenden viele Benutzer wie im vorangegangenen Beispiel nur das Eingabefeld für den Suchbegriff und die Schaltfläche *Google-Suche* zum Abschicken der Suchanfragen. Das ist schade, denn das Formular bietet weitere Funktionen, mit denen sich das Suchergebnis beeinflussen und vor allem die Effizienz der Suche steigern lässt.

- Ganz oben im Formular, unterhalb des Google-Schriftzugs, finden Sie eine Leiste mit verschiedenen Suchvarianten, die Google anbietet. Neben der klassischen *Web*-Suche sind dies die *Bilder*-Suche, die Suche in Newsgruppen (*Groups*), die Suche in den Google-*News* sowie die *Produkte*-Suche. Auf diese speziellen Varianten der Google-Suche gehen wir in den folgenden Kapiteln noch ausführlicher ein. Im Standardformular können Sie mit einem Klick auf die entsprechende Schaltfläche die Formulare für diese Spezialsuchen öffnen.

- Unterhalb der Leiste für die Suchvarianten finden Sie das Eingabefeld, in dem Sie Ihre Suche formulieren können. Hier können Sie die gewünschten Suchbegriffe eingeben. Auch komplexere Suchen sind durch spezielle Schlüsselwörter möglich, wie wir in diesem Kapitel noch zeigen werden.

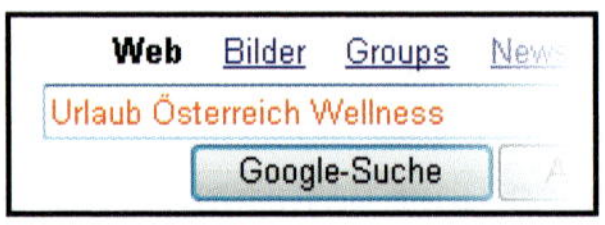

- Unterhalb des Eingabefeldes finden Sie die Schaltfläche *Google-Suche*, mit der Sie die oben formulierte Suche abschicken. Sie können aber ebenso nach dem Eintippen der Suche die Taste [Enter] drücken.

- Rechts daneben die Schaltfläche *Auf gut Glück!* hat eine ähnliche Wirkung, allerdings ergibt sie nicht eine Liste mit gefundenen Webseiten, sondern springt automatisch zur ersten gefundenen Seite, also der Seite, die mit der höchsten Wahrscheinlichkeit auf Ihre Suchanfrage zutrifft. Das erspart den Umweg über die Ergebnisliste, führt manchmal aber auch zu Kuriosem.

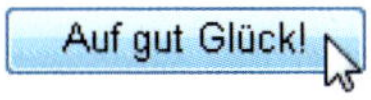

- Rechts daneben sehen Sie drei Links, die Sie zu anderen Google-Menüs führen. Die *Erweiterte Suche* ist ein alternatives Suchformular, mit dem Sie Ihre Suche erheblich präziser und flexibler formulieren können. Wir gehen in Kapitel 3 ausführlicher auf diese Möglichkeiten ein.

- Im *Einstellungen*-Menü können Sie einige Grundeinstellungen für die Google-Suche vornehmen und dauerhaft speichern (siehe Seite 18).
- Die *Sprachtools* ermöglichen es, die Google-Oberfläche in anderen Sprachen anzeigen oder auch kurze Texte automatisch übersetzen zu lassen (siehe hierzu auch Kapitel 8).
- Am unteren Ende des Suchformulars können Sie einstellen, auf welche Bereiche des Web Google die Suche ausdehnen soll.

Hinweis

Seiten auf Deutsch oder Seiten aus Deutschland

Der Unterschied zwischen diesen beiden sehr ähnlichen Einstellungen liegt darin, dass Sie mit *Seiten auf Deutsch* Seiten suchen, die in deutscher Sprache verfasst sind, egal wo der Webserver steht. *Seiten aus Deutschland* hingegen sind Webseiten, die auf deutschen Webservern unter der Domäne *.de* angeboten werden, also nicht notwendigerweise deutschsprachig sind.

Berücksichtigen Sie beim Suchen nur deutschsprachige Webangebote

Neben dem eigentlichen Suchbegriff lässt sich die Google-Suche durch weitere Vorgaben beeinflussen, wie etwa den Bereich der Webseiten, der durchsucht werden soll (z. B. nur deutschsprachige Seiten). Diese Vorgaben können Sie dauerhaft speichern, sodass Google diese Einstellungen bei jeder Suche automatisch verwendet.

Schritt 1

Um Einstellungen für Ihre Suchen zu öffnen, rufen Sie das Standardsuchformular auf und klicken rechts neben dem Eingabefeld auf den Link *Einstellungen*.

Schritt 2

Auf der anschließenden Webseite können Sie im Bereich *Allgemeine Voreinstellungen* verschiedene Optionen festlegen. Ganz oben stellen Sie die Sprache der Benutzeroberfläche ein. Wählen Sie dazu rechts im Auswahlfeld eine Sprache Ihrer Wahl. Sie werden feststellen, dass Google sehr international ist und eine Vielzahl von Sprachen und Dialekten beherrscht.

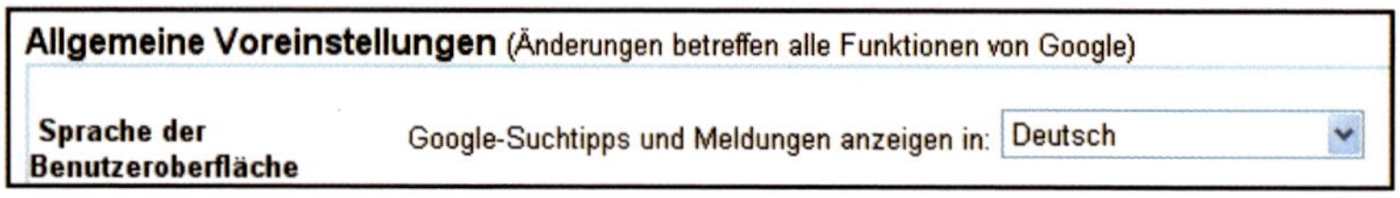

Schritt 3

Darunter legen Sie im Bereich *Suchsprache* fest, in welchen Sprachen Webseiten durchsucht werden sollen. Diese Einstellung muss nicht notwendigerweise mit der Sprache der Benutzeroberfläche übereinstimmen. Soll in allen Sprachen gesucht werden, wählen Sie ganz oben die Option *Nach Webseiten in beliebiger Sprache suchen*.

Hinweis

Auswahl der Sprache im Suchformular oder in den Google-Einstellungen

Auch direkt im Suchformular können Sie auswählen, dass Sie z. B. nur Seiten auf Deutsch oder aus dem deutschen Raum finden möchten. In den Google-Einstellungen können Sie aber noch genauere und flexiblere Vorgaben machen. So könnten Sie z. B. festlegen, dass Sie Suchergebnisse in Deutsch und in Englisch angezeigt bekommen, wenn Sie diese Sprachen beide beherrschen. Bei Bedarf können Sie diese Voreinstellung durch die Auswahl im Suchformular immer noch „überstimmen".

Schritt 4

Wollen Sie sich auf Webseiten in Ihnen geläufigen Sprachen konzentrieren, wählen Sie stattdessen die Option *Nur nach Seiten in der/den ausgewählten Sprache(n) suchen*. Aktivieren Sie dann darunter die Sprachen, die Sie gut genug beherrschen, um mit den gefundenen Webseiten auch etwas anfangen zu können.

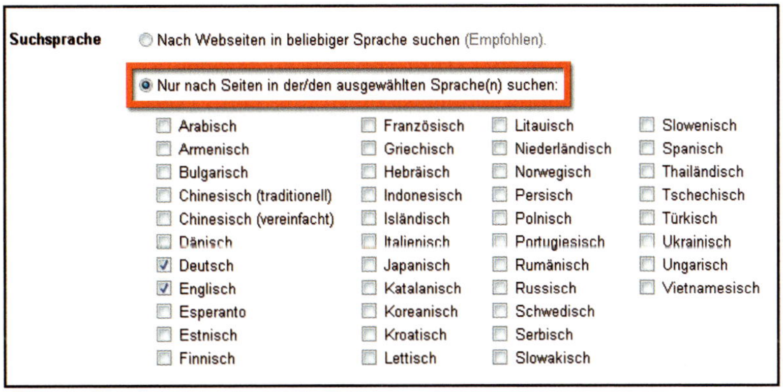

Schritt 5

Mit dem *SafeSearch-Filter* kann Google automatisch Webseiten aus den Ergebnislisten herausfiltern, die z. B. auf pornografische oder Gewalt verherrlichende Inhalte hinweisen. Standardmäßig beschränkt sich dieser Filter mit *Moderate Filterung verwenden* nur auf Bilder. Ist der PC aber z. B. auch für Kinder und Jugendliche zugänglich, können Sie diese mit *Strikte Filterung verwenden* vor ungeeigneten Suchergebnissen schützen. Umgekehrt können Sie den SafeSearch-Filter mit *Meine Ergebnisse nicht filtern* auch ganz deaktivieren.

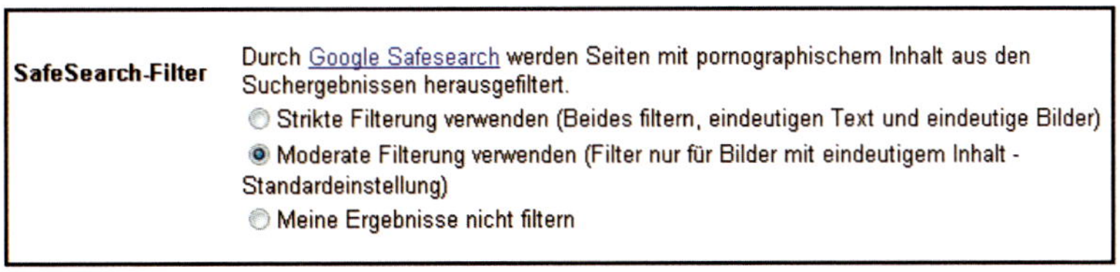

Schritt 6

Eine weitere Einstellungsmöglichkeit ist die *Anzahl der Ergebnisse*. Sie legt fest, wie viele Treffer Google pro Seite in den Suchergebnissen anzeigt. Google selbst empfiehlt die Standardeinstellung *10 Resultate pro Seite anzeigen*, da diese einen guten Kompromiss zwischen Anzahl und Geschwindigkeit der Ergebnisse bringt.

Info

Absolute Sicherheit durch SafeSearch?

Der SafeSearch-Filter arbeitet vollautomatisch. Er verwendet eine Liste mit Wörtern, die als ungeeignet festgelegt sind. Enthält eine Webseite eines oder gar mehrere solcher Wörter, wird sie vom Filter aus den Suchergebnissen entfernt. Absolute Sicherheit bietet dieses Verfahren aber nicht, da die Liste wohl kaum völlig vollständig ist. Ein echter Kinder- und Jugendschutz sieht anders aus.

Schritt 7

Schließlich können Sie noch angeben, ob Google beim Anklicken eines Suchergebnisses in der Trefferliste dieses in einem neuen Browserfenster öffnen soll. Diese Vorgehensweise hat den Vorteil, dass die Ergebnisliste selbst stets erhalten bleibt. Dafür könnten zusätzliche Browserfenster den Bildschirm unnötig unübersichtlich machen. Diese Einstellung hängt ganz von den persönlichen Vorlieben ab, vielleicht probieren Sie beide Varianten einmal aus.

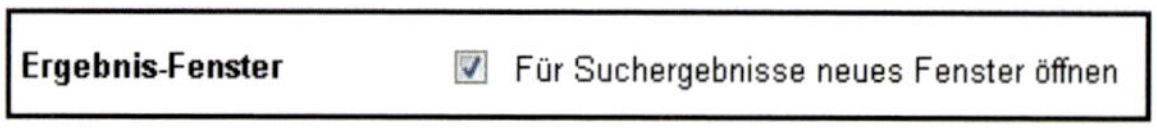

Die vorgenommenen Einstellungen speichern

Die zuvor gewählten Optionen können Sie dauerhaft speichern. Dann werden sie automatisch wieder verwendet, auch wenn Sie Google erst Tage oder Wochen später wieder nutzen. Damit das funktioniert, müssen Sie den gleichen PC und den gleichen Webbrowser wieder verwenden und dieser muss die Verwendung von Cookies erlauben.

Info

Was sind Cookies?

Cookies sind winzige Dateien, die ein Webserver auf Ihrem PC platziert. Bei einem erneuten Besuch kontrolliert er, ob bereits eine solche Datei von ihm vorhanden ist. Wenn ja, erkennt er Sie daran wieder und kann z. B. eine Auswahl oder Einstellungen des vorherigen Besuchs automatisch reaktivieren. Google benutzt diese Technik, um Ihre individuellen Sucheinstellungen zu speichern. So können Sie immer automatisch mit diesen Einstellungen suchen, ohne sich jedes Mal bei Google anmelden zu müssen.

Schritt 1

Prüfen Sie zunächst, ob auf der Einstellungen-Webseite ein Hinweis über deaktivierte Cookies zu sehen ist. Ist dies der Fall, müssen Sie die Verwendung von Cookies für Google zunächst erlauben. Mehr dazu finden Sie im nachfolgenden Abschnitt. Ist der Hinweis nicht zu sehen, dürfte es mit dem Speichern der Einstellungen keine Probleme geben.

Schritt 2

Suchen Sie den blau unterlegten Bereich mit der Schaltfläche *Einstellungen speichern*. Sie finden ihn sowohl ganz oben als auch ganz unten auf der Seite. Welchen Sie verwenden, spielt keine Rolle. Klicken Sie hier auf die Schaltfläche *Einstellungen speichern*.

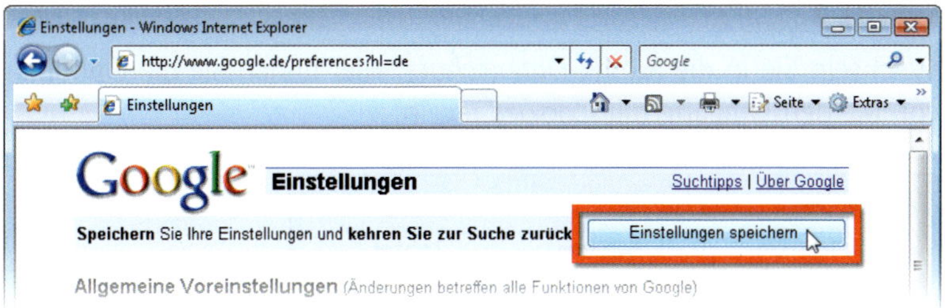

Schritt 3

Google speichert daraufhin Ihre persönlichen Einstellungen und übermittelt ein entsprechendes Cookie an Ihren Webbrowser, das die zukünftige Zuordnung der Daten ermöglicht. Als Bestätigung erhalten Sie eine entsprechende Meldung.

Stellen Sie sicher, dass Google Ihre individuellen Einstellungen speichern darf

Damit das Speichern der Einstellungen funktioniert, muss der Google-Server ein Cookie auf Ihrem PC platzieren dürfen. Ob das erlaubt ist, hängt von den Datenschutzeinstellungen des Browsers ab. Im Internet Explorer 7 ermöglichen Sie das Speichern eines Google-Cookies unabhängig von den sonstigen Browsereinstellungen wie folgt:

Schritt 1

Starten Sie den Internet Explorer und klicken Sie in der Symbolleiste auf die Schaltfläche *Extras*. Wählen Sie im dadurch geöffneten Menü ganz unten den Punkt *Internetoptionen*. Damit öffnen Sie die Einstellungen des Browsers.

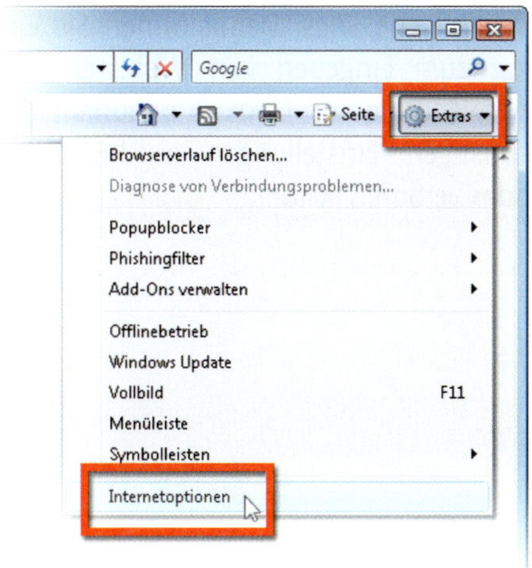

Tipp

Die richtigen Cookie-Einstellungen

Standardmäßig verwendet der Internet Explorer die Datenschutzstufe *Mittel*, die einen akzeptablen Kompromiss zwischen Komfort und Datenschutz bietet. Reicht Ihnen das nicht, sollten Sie *Mittelhoch* oder *Hoch* verwenden und für die Webangebote, denen Sie Cookies erlauben wollen, wie hier beschrieben Ausnahmen definieren.

Schritt 2

Wechseln Sie in die Rubrik *Datenschutz*. Hier finden Sie die Optionen vor, die den Umgang mit Cookies regeln.

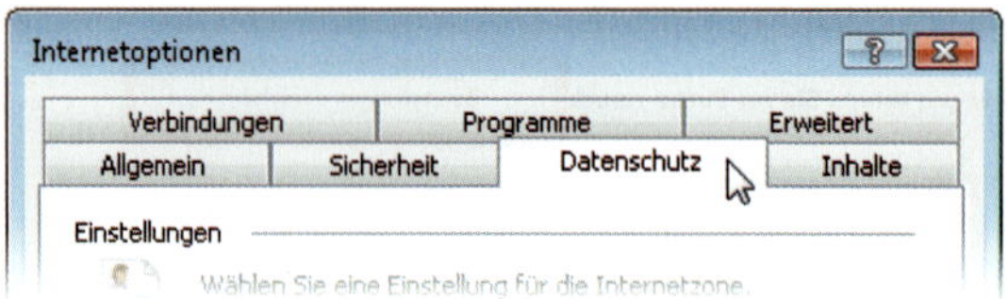

Schritt 3

Im Bereich *Einstellungen* können Sie mithilfe eines Schiebereglers festlegen, wie der Internet Explorer mit den verschiedenen Arten von Cookies umgehen soll. Welche Einstellung Sie hier wählen, ist für das weitere Vorgehen nicht erheblich. Allerdings sollten Sie nicht eine der extremen Einstellungen *Alle Cookies annehmen* oder *Alle Cookies blocken* verwenden, da dann die weiteren Schritte nicht möglich sind.

Schritt 4

Klicken Sie unterhalb des Schiebereglers auf die Schaltfläche *Sites*. Damit öffnen Sie einen Dialog zum Eingeben von Websites, denen die Verwendung von Cookies unabhängig von den sonstigen Einstellungen ausdrücklich erlaubt oder verboten wird.

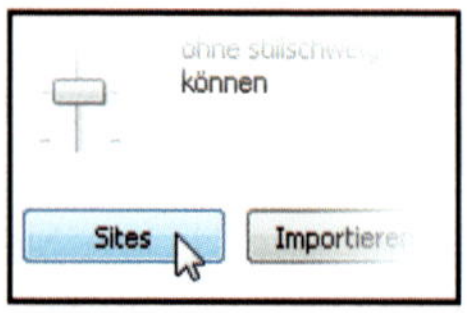

Hinweis

So nutzen Sie die gespeicherten Einstellungen

Die Cookies werden lokal vom Webbrowser gespeichert. Wenn Sie Google von einem anderen PC aus besuchen, ist das Cookie dort nicht vorhanden und Google „erkennt" Sie nicht. Gleiches gilt auch, wenn Sie auf dem gleichen PC einen anderen Browser verwenden, z. B. Firefox oder Opera. Sie können aber auf jedem PC und mit jedem Webbrowser die gleichen individuellen Einstellungen verwenden. Dazu müssen Sie nur die Schritte zum Speichern der Einstellungen jeweils wiederholen.

Schritt 5

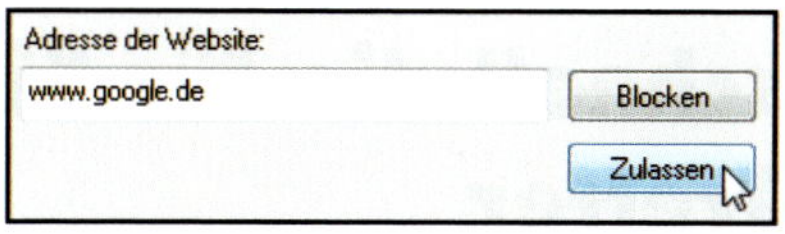

Geben Sie hier im Feld *Adresse der Website* den Namen Ihrer Google-Webseite ein, also *www.google.de* (bzw. *www.google.at* oder *www.google.ch*). Klicken Sie dann rechts daneben auf die Schaltfläche *Zulassen*.

Schritt 6

Damit nehmen Sie Google unten in die Liste *Verwaltete Websites* mit der Einstellung *Immer zulassen* auf. Dies bewirkt, dass Cookie-Anfragen von Google stets zugelassen werden, auch wenn die Cookie-Behandlung sonst eingeschränkt ist. Somit erkennt Google Sie bei jeder Suchanfrage sofort wieder und verwendet automatisch Ihre individuellen Voreinstellungen.

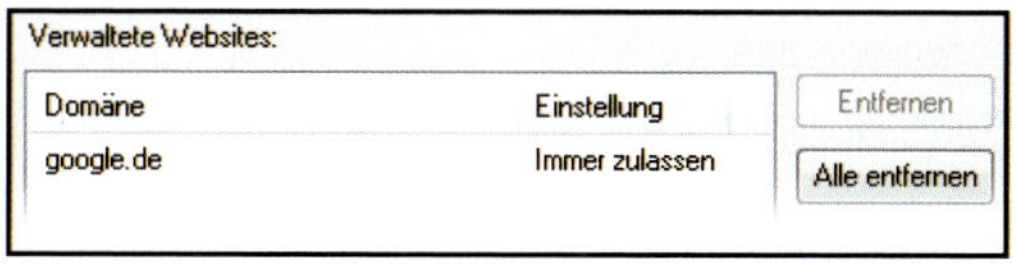

Mit den gespeicherten Einstellungen suchen

Google verwendet die gespeicherten Einstellungen, wenn es den Benutzer per Cookie wiedererkennt. Bei den Spracheinstellungen können Sie aber bei jeder Suche von den Grundeinstellungen abweichen. Dazu finden Sie im Standardsuchformular unterhalb des Eingabefeldes für den Suchbegriff die Möglichkeit, den zu durchsuchenden Bereich des Webs sprachlich zu begrenzen.

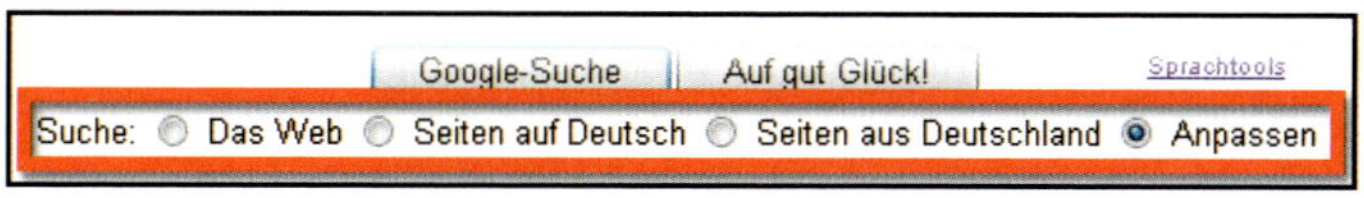

- Wenn Sie die Option *Das Web*, *Seiten auf Deutsch* oder *Seiten aus Deutschland* wählen, setzen Sie eventuell gespeicherte Voreinstellungen für diese Suche außer Kraft. Google hält sich in diesem Fall also an die hier getroffene Auswahl.
- Haben Sie individuelle Sucheinstellungen gespeichert, finden Sie ganz rechts die Option *Anpassen*. Ist diese aktiviert, verwendet Google in Bezug auf die Sprachauswahl die gespeicherten Vorgaben.

Info

So funktioniert die Liste der verwalteten Websites

In die Liste der verwalteten Websites können Sie die Adressen bestimmter Webangebote aufnehmen und dazu vermerken, ob von diesen Adressen Cookies zugelassen werden sollen oder nicht. Damit „überstimmen" Sie für diese Adressen die eingestellte Datenschutzstufe. Außerdem bleiben Ihnen so lästige Sicherheitsrückfragen des Browsers beim Surfen erspart.

Hinweis

Vorsicht bei der Sprachauswahl

Eine kleine Falle lauert bei der Sprachauswahl im Suchformular. Wählen Sie hier abweichend von der Standardeinstellung eine andere Variante aus, bleibt sie für diese Suche erhalten. Ändern Sie auf den Ergebnisseiten den Suchbegriff, wird mit dieser Spracheinstellung weitergesucht (wenn Sie diesen nicht auch verändern). Nur wenn Sie das Suchformular ganz neu aufrufen (z. B. mit einem Klick oben auf den Google-Schriftzug), wird die Sprachauswahl auf ihren Standard zurückgesetzt.

Ermitteln Sie in den Antwortseiten schnell die für Sie wichtigen Treffer

Wenn Sie eine Suche an Google übermitteln, liefert Ihnen die Suchmaschine eine Liste von Webseiten zurück. Diese Trefferliste enthält neben dem eigentlichen Link auf die gefundene Webseite eine ganze Reihe nützlicher Zusatzinformationen.

Die Seite mit den Suchergebnissen verrät neben Seitentitel und Links wichtige Zusatzinformationen.

- Ganz oben finden Sie zunächst rechts neben dem Google-Logo eine kleine Version des Suchformulars wieder. Es zeigt zum einen an, wonach Sie eigentlich gesucht haben (angesichts der riesigen Treffermenge kann man das schon mal aus den Augen verlieren). Zum anderen können Sie Ihre Suche hier jederzeit abändern und erneut durchführen oder auch eine ganz neue Suche starten.

Hinweis

Keine Angst vor großen Trefferzahlen

Google hat Milliarden von Webseiten in dem Suchindex erfasst. Da ist es nicht erstaunlich, wenn Sie mit normalen Suchanfragen eine große Zahl von Treffern landen. Entscheidend ist die Qualität der Webseiten, die ganz oben in der Liste stehen. Hier sorgt Google durch seine Bewertung meist für eine gute Auswahl. Wenn nicht, sollten Sie den Suchbegriff ändern und ein wenig herumprobieren.

- Darunter finden Sie zunächst eine schmale Statusleiste. Sie fasst die Suche noch mal kurz zusammen. Vor allem aber zeigt sie auf einen Blick, wie viele Treffer Ihre Suche insgesamt erbrachte. So können Sie gleich sehen, ob die Suche vielleicht zu speziell oder zu allgemein gehalten war, und die Suchanfrage ggf. noch etwas verfeinern.

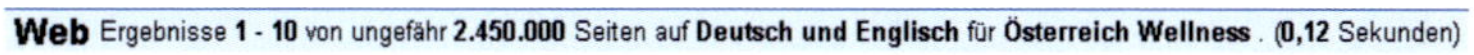

- Darunter beginnen die eigentlichen Suchergebnisse. Zu jedem Treffer erhalten Sie verschiedene Informationen, die davon abhängen, was Google über die jeweilige Webseite weiß. Immer dabei ist der Titel der gefundenen Seite, der ganz oben in Blau und unterstrichen steht. Er ist zugleich als Verknüpfung zu dieser Seite ausgelegt, sodass ein Klick darauf die gefundene Seite öffnet.

- Unterhalb des Titels finden Sie einen Auszug aus der gefundenen Seite, in dem die gefundenen Suchbegriffe aufgeführt sind. So können Sie einen ersten Eindruck von der Qualität der gefundenen Seite gewinnen.
- Darunter finden Sie in Grün die Verknüpfung der Webseite, also die genaue Webadresse, unter der die gefundene Seite im Web gefunden werden kann. Auch diese Angabe kann nützlich sein, weil sie z. B. den Server verrät, auf dem die Webseite gespeichert ist.
- Direkt daneben finden Sie schließlich die Größenangabe der Seite, also wie umfangreich die Webseite ist. Auch dies kann ein wichtiger Hinweis sein, ob es sich lohnt, diese Seite näher zu betrachten.
- Bei einer gefundenen Seite muss es sich nicht unbedingt um eine Webseite handeln. Die Google-Suchmaschine indiziert z. B. auch PDF- und Word-Dokumente, die im Web abrufbar sind. In solchen Fällen erfahren Sie zusätzlich das Dateiformat. Außerdem kann Google automatisch eine HTML-Version des Dokuments erstellen, falls Sie über kein passendes Programm zum Betrachten verfügen.

Hintergrund

So gelangt Google an seine Daten

Google verwendet autonome Softwareroboter, die Webseiten mit großer Sorgfalt aus dem Netz abrufen. Jeder enthaltene Link wird verfolgt und die entsprechende Seite ebenfalls ausgewertet und weiterverfolgt. So erreicht Google alle Webseiten, die miteinander in Verbindung stehen. Alle Webseiten werden indiziert, d. h., die Inhalte werden in einer riesigen Datenbank gespeichert. Beim Suchen werden diese Begriffe abgefragt und alle Webseiten ausgegeben, die dieses Wort enthalten.

Info

Gefundene Webseiten „Im Cache“

Mit dem Link *im Cache* können Sie eine Version der gefundenen Seite abrufen, die Google beim Erfassen der Webseite gespeichert hat. Das ist hilfreich, wenn sich der Inhalt einer Seite seit dem Erfassen verändert hat und die gesuchten (und gefundenen) Teile in der aktuellen Fassung nicht mehr enthalten sind. Auch falls die Seite gar nicht mehr da ist, können Sie auf den Cache zurückgreifen.

So liefert Google ähnliche Webseiten zum gesuchten Thema

Wenn ein Suchbegriff nicht optimal gewählt ist, liegen die gefundenen Seiten manchmal knapp daneben. Dann muss die Suchanfrage verändert und optimiert werden. Oder aber Sie versuchen es mit einer Google-Funktion, die genau für solche Fälle gedacht ist und die Sie zu Webseiten führt, die der vorliegenden Seite inhaltlich ähnlich sind.

Schritt 1

Wenn Sie zu einer gefundenen Webseite ähnliche Seiten kennen lernen wollen, gehen Sie zunächst zur Trefferliste zurück. Hierzu können Sie von der betreffenden Seite aus z. B. die *Zurück*-Schaltfläche des Webbrowsers anklicken oder die [Rück]-Taste drücken.

Schritt 2

Suchen Sie in der Ergebnisliste den Eintrag dieser Webseite.

Schritt 3

Klicken Sie hier am unteren, rechten Ende des Eintrags auf den Link mit der Bezeichnung *Ähnliche Seiten*. Damit fordern Sie eine Liste der themenverwandten Webseiten an.

Schritt 4

Google liefert daraufhin eine neue Trefferliste, die die gefundenen ähnlichen Webseiten umfasst.

Info

So funktioniert die Suche nach themenverwandten Webseiten

Um eine ähnliche Seite zu finden, analysiert Google den Inhalt der vorliegenden Webseite und sucht daraus Schlüsselwörter zusammen. Dann durchsucht es seinen eigenen Datenbestand nach diesen Schlüsselwörtern. Webseiten, die mit dieser Suchanfrage als besonders relevant ermittelt werden, sollten eine gewisse inhaltliche Ähnlichkeit mit der Ausgangsseite aufweisen. Das Ganze erfolgt komplett automatisch aufgrund mathematischer Verfahren. Es kann also auch mal nach hinten losgehen.

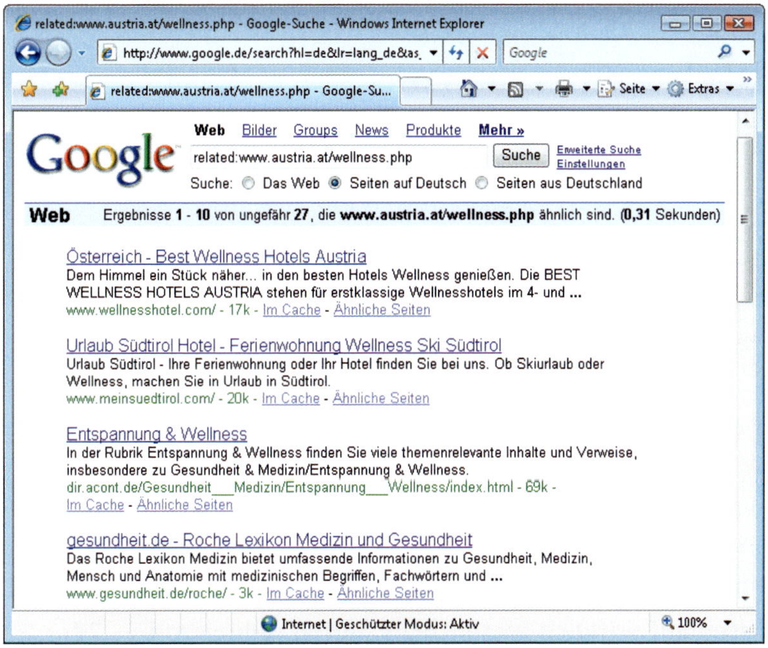

Tipp

Themenverwandte Seiten zu beliebigen Websites finden

Die Funktion für ähnliche Webseiten können Sie nicht nur für Suchergebnisse verwenden. Bei *Erweiterte Suche* können Sie im Bereich *Seitenspezifische Suche* in der Zeile *Ähnlich* die Webadresse einer beliebigen Webseite angeben. Google analysiert diese Seite dann und sucht aus seinem Bestand Webseiten heraus, die thematisch ähnlich zu sein scheinen.

Schritt 5

Google kann nur ähnliche Seiten finden, wenn über die Ausgangsseite genügend Informationen zur Verfügung stehen und wenn es dazu passende andere Seiten gibt. Sollte dies einmal nicht der Fall sein, erhalten Sie statt einer Trefferliste eine kurze Fehlermeldung.

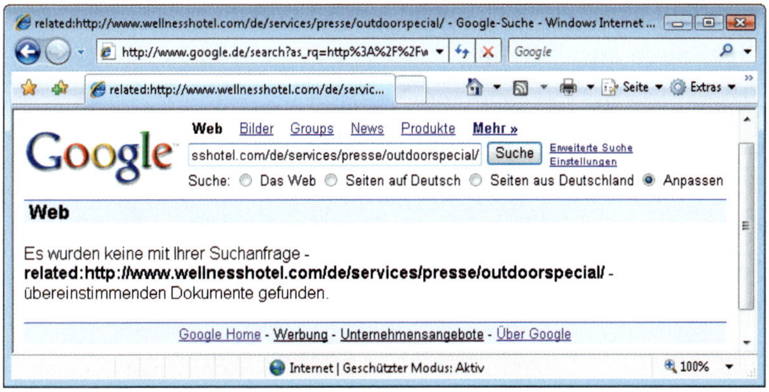

2

Die besten Methoden, Ihre Suchstrategie noch weiter zu verbessern

Endlose Trefferlisten auf wirklich wesentliche Seiten reduzieren

Das häufige Problem viel zu vieler Suchergebnisse können Sie durch das Verwenden mehrerer Suchbegriffe lösen, die den richtigen Zusammenhang herstellen. Dann findet Google nur solche Webseiten, die alle vorgegebenen Suchbegriffe gleichzeitig enthalten. Beispiel: Nehmen wir mal an, Sie suchen den Songtext des Klassikers „New York, New York" von Frank Sinatra.

Schritt 1

Erst mal das Naheliegende: Geben Sie einfach den Songtitel ein und schauen Sie, was Google dazu liefert.

Schritt 2

Die Statuszeile der Trefferliste verrät, dass Google dazu über fünf Millionen Webseiten anbieten kann. Na ja, „New York" ist ja auch nicht nur der Name eines Songs, sondern unter anderem auch der einer amerikanischen Millionenstadt. Offensichtlich war die Suchanfrage viel zu allgemein und liefert jede Menge Seiten, die nichts mit dem gesuchten Lied zu tun haben.

Tipp

Deutschsprachige Voreinstellung bei internationalen Suchen

Benutzer aus dem deutschen Sprachraum haben Google oft so eingestellt, dass es auf deutschsprachigen Webseiten sucht. Suchen Sie nun nach nicht deutschsprachigen Informationen (wie z. B. Songtexten), sind die Ergebnisse deswegen nun plötzlich spärlich. Wählen Sie in solchen Fällen im Suchformular ggf. die Option *Das Web* anstelle von *Seiten auf Deutsch*.

Glossar

Bandbreite

Die Bandbreite gibt die Leistungsfähigkeit einer Internetverbindung an. Mit DSL sind z. B. Bandbreiten zwischen 1.000 KBit/s und 16.000 KBit/s möglich. Je höher die Bandbreite, desto schneller werden Webseiten übertragen.

Glossar

Boolesche Operatoren

Die von Georg Boole (1815-1864) entwickelte Logik erlaubt es, zwei (oder mehr) Werte miteinander logisch zu verknüpfen. Beim Suchen spielen insbesondere die Operatoren UND und ODER eine entscheidende Rolle.

Schritt 3

Es ist also notwendig, den Suchbegriff „New York, New York" in einen speziellen Zusammenhang zu stellen, um bessere Ergebnisse zu erhalten. Da wir den Text des gleichnamigen Liedes suchen, verwenden Sie das einfach als zusätzliches Schlüsselwort und probieren die Suche noch einmal damit.

Schritt 4

Die Statuszeile der Trefferliste beweist, dass wir die Anzahl der gefundenen Webseiten so erheblich reduzieren konnten. Aber knapp zwei Millionen Treffer sind immer noch viel zu viel. Außerdem zeigen die relevantesten Treffer, dass wir auch inhaltlich noch weit vom Gesuchten entfernt sind.

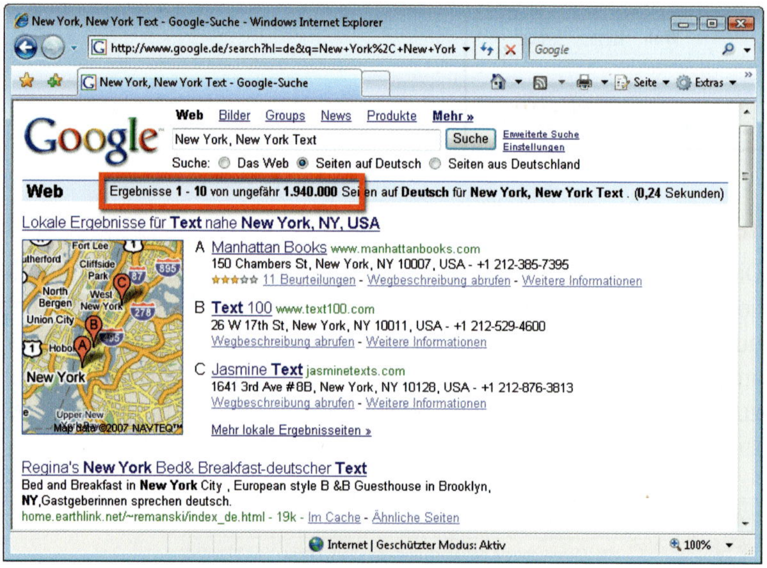

Schritt 5

Also müssen wir einen noch genaueren Zusammenhang herstellen, um Webseiten zu finden, auf denen es um „unser" Musikstück geht. Der bekannteste Interpret dieses Liedes ist wohl eindeutig Frank Sinatra. Ergänzen Sie also den Suchbegriff um diesen Namen.

Schritt 6

Damit reduzieren Sie die potenziellen Fundstellen noch einmal erheblich. Knapp 50.000 Treffer sind zwar immer noch sehr viel, aber schon die ersten drei Ergebnisse in der Liste führen zum gesuchten Liedtext.

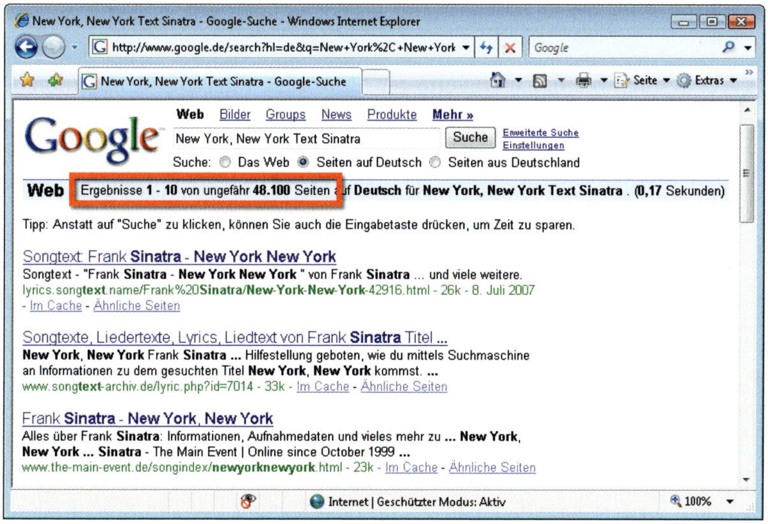

Tipp

Die richtigen Suchbegriffe finden

Die Suchbegriffe zu finden und zu kombinieren, die das gesuchte Thema möglichst genau und zutreffend beschreiben, ist die große Kunst. Dazu ein kleiner Tipp: Versuchen Sie, für sich selbst das Gesuchte in einem Satz zu beschreiben. Kombinieren Sie dann die Hauptwörter aus diesem Satz als Suchbegriffe.

Kombinierte Suchbegriffe eingeben

Im vorangehenden Abschnitt haben wir anhand eines Beispiels gezeigt, wie Sie mehrere Begriffe zu einer Suchanfrage kombinieren können. Google bietet dazu verschiedene Möglichkeiten.

- Zum einen können Sie die Begriffe direkt im einfachen Google-Suchformular eintippen. Geben Sie dazu einfach mehrere Begriffe jeweils mit einem Leerzeichen getrennt ein. Google interpretiert diesen Suchbegriff automatisch so, dass Sie Webseiten suchen, die sämtliche angegebenen Begriffe enthalten.

- Verwenden Sie das erweiterte Suchformular, müssen Sie darauf achten, welches der Eingabefelder im Bereich *Ergebnisse finden* Sie verwenden. Google kennt verschiedene Arten, mehrere Begriffe in einer Suchanfrage zu verknüpfen. Um die Standardverknüpfung zu wählen, also dass die gefundenen Webseiten alle Begriffe enthalten sollen, geben Sie die Suchanfrage im Feld mit allen Wörtern ein. Die Funktionen der anderen Eingabefelder und Verknüpfungen stellen wir auf den folgenden Seiten ausführlicher vor.
- Sie müssen einen komplexen Suchbegriff nicht immer gleich komplett eingeben. Bei jeder Trefferliste fügt Google ganz oben und ganz unten noch einmal ein Suchformular ein, in dem Sie den zuvor gewählten Suchbegriff vorfinden. Sie können diesen auch einfach durch weitere Begriffe ergänzen und die Suche so erneut durchführen.

Glossar

Verknüpfung

Wenn Sie mehr als ein Wort in das Suchformular eingeben, müssen diese Begriffe verknüpft werden. Standard ist die Und-Verknüpfung, bei der nur Dokumente gefunden werden, die alle Suchbegriffe (Begriff 1 UND Begriff 2 UND ...) enthalten. Andere Verknüpfungen sind die Oder-Verknüpfung, die Ausschlussverknüpfung (Seite 42) und die Phrasenverknüpfung (Seite 50).

Info

Verknüpfungen kombinieren

Sie können bei Ihren Suchanfragen an Google verschiedene Arten von Verknüpfungen miteinander kombinieren. Geben Sie für eine Suche einfach nur mehrere Wörter ein, verwendet Google automatisch die Und-Verknüpfung und findet nur Seiten, in denen alle angegebenen Wörter enthalten sind. Weitere Verknüpfungsmöglichkeiten werden auf den nachfolgenden Seiten vorgestellt. Sie lassen sich im Prinzip alle miteinander kombinieren, wodurch allerdings sehr komplexe Suchanfragen entstehen können.

Keine oder zu wenige Treffer? – So weiten Sie Ihre Suche mit Erfolg aus

Bei sehr speziellen Suchen erhalten Sie vielleicht sehr wenige Treffer, bei denen das Gesuchte nicht wirklich dabei ist. In solchen Fällen muss der Suchbegriff erweitert werden. Dazu lassen sich bei Google zwei oder mehr Suchbegriffe mit einer Oder-Verknüpfung zu einer Anfrage verbinden. Dann findet Google alle Webseiten, in denen irgendeiner der Suchbegriffe vorkommt. Dadurch lässt sich die Anzahl der Suchergebnisse in der Regel erhöhen.

Schritt 1

Öffnen Sie das Google-Suchformular und klicken Sie hier rechts neben dem Eingabefeld auf den kleinen Link *Erweiterte Suche*. Damit öffnen Sie ein umfangreicheres Suchformular, das Ihnen zahlreiche weitere Suchoptionen ermöglicht.

Schritt 2

Um eine Oder-Verknüpfung einzugeben, verwenden Sie im erweiterten Suchformular bei *Ergebnisse finden* das Eingabefeld *mit irgendeinem der Wörter*.

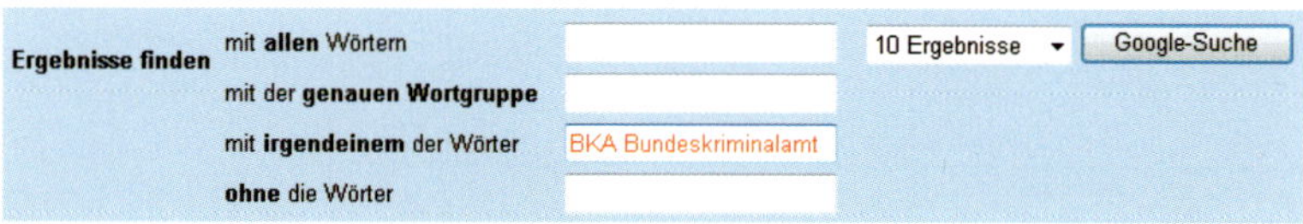

Tipp

Probieren Sie den Unterschied aus

Die Auswirkung einer Oder-Verknüpfung lässt sich leicht feststellen. Suchen Sie zunächst jeweils die einzelnen Suchbegriffe und notieren Sie die Gesamttrefferzahlen aus der Statuszeile. Verknüpfen Sie dann alle Begriffe mit ODER. Die Trefferzahl wird deutlich höher liegen als bei einem der einzelnen Begriffe. Dass die Zahlen sich einfach aufaddieren, dürfen Sie allerdings nicht erwarten. In der Regel gibt es immer Seiten, auf denen alle Begriffe gleichzeitig stehen, und die deshalb nur einmal zählen.

Schritt 3

Geben Sie hier einfach die Begriffe ein, die Google für die Oder-Suche verwenden soll. Zwischen den einzelnen Suchbegriffen fügen Sie einfach eine [Leertaste] ein.

Schritt 4

Schicken Sie die Suchanfrage dann mit einem Klick auf *Google-Suche* oder durch Drücken von [Enter] ab.

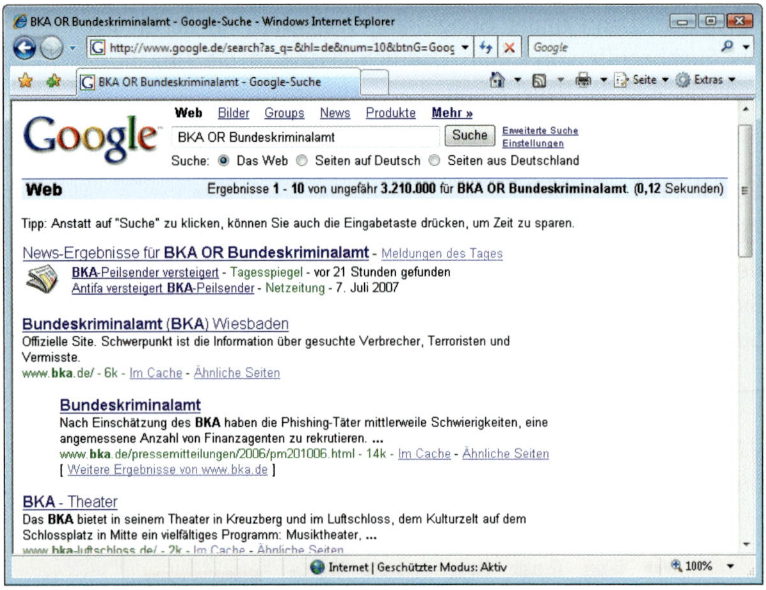

Oder-Suchen direkt im einfachen Suchformular

Leider ist es etwas umständlich, für das Verwenden der Oder-Suche immer erst ins erweiterte Suchformular von Google zu wechseln. Mit einem kleinen Trick können Sie diese Verknüpfung auch direkt aus dem Standardsuchformular heraus nutzen.

Glossar

Button

Englischer Fachausdruck für Schaltflächen, die Ihnen z. B. in Suchformularen oder sonstigen Webseiten begegnen. Mit einem Klick der linken Maustaste auf die Schaltfläche wird die damit verbundene Aktion ausgelöst.

Glossar

Client/Klient

Ein PC, der sich mit einem Serverrechner im Internet verbindet, um von diesem Informationen zu beziehen. Beim Suchen ist Ihr PC ein Klient, der Kontakt zum Google-Server aufnimmt, um von diesem Suchergebnisse abzurufen.

Schritt 1

Tippen Sie Ihren ersten Suchbegriff einfach wie gewohnt in das Suchfeld ein. Welchen der Suchbegriffe Sie als Erstes verwenden, spielt dabei keine Rolle.

Schritt 2

Fügen Sie nun hinter dem ersten Suchbegriff ein Leerzeichen (mit der [Leertaste]) ein.

Schritt 3

Tippen Sie nun direkt hintereinander die beiden Buchstaben *OR*.

Schritt 4

Nun folgt wiederum ein Leerzeichen.

Schritt 5

Daran schließt sich der zweite Suchbegriff an.

Schritt 6

Wollen Sie noch weitere Suchbegriffe für die Oder-Suche angeben, wiederholen Sie die Schritte 2–5. Dies können Sie im Prinzip beliebig oft machen.

Schritt 7

Sind alle Suchbegriffe eingegeben, drücken Sie [Enter] oder klicken Sie auf die *Google-Suche*-Schaltfläche.

Glossar

OR

Die beiden Buchstaben stehen für das englische Wort „or", das dem deutschen „oder" entspricht.

Info

Reihenfolge der Suchbegriffe

Die Reihenfolge der einzelnen Suchbegriffe spielt keinerlei Rolle. Selbst auf die Reihenfolge der Suchergebnisse wirkt sich eine veränderte Abfolge nicht aus.

Ferienhaus ODER Ferienwohnung? – Egal, Hauptsache mit Sauna!

Besonders wirkungsvoll ist die Oder-Verknüpfung auch in Kombination mit anderen Verknüpfungen. So können Sie z. B. nach Webseiten suchen, die einen Begriff A mit einem weiteren Begriff B oder einem weiteren Begriff C enthalten. Das klingt auf den ersten Blick etwas kompliziert, aber folgendes Beispiel dürfte die Idee veranschaulichen.

Schritt 1

Mal angenommen, Sie wollen einen kurzen Entspannungsurlaub auf der Nordseeinsel Borkum verbringen und suchen dort ein Quartier. Der erste Suchbegriff ist also schon mal ganz klar „Borkum".

Schritt 2

Ein Hotel wäre etwas zu kostspielig, also wollen Sie lieber als Selbstversorger reisen. Ob Sie in einer Ferienwohnung oder einem kleinen Ferienhaus unterkommen, ist Ihnen dabei egal. Wichtiger wäre schon, dass es eine Nichtraucher-Unterkunft ist und Sauna sowie Whirlpool vorhanden sind – man gönnt sich ja sonst nichts. Also packen Sie alle diese Begriffe in eine Suche.

Schritt 3

Wenn Sie diese Suche abschicken, werden Sie eine recht überschaubare Trefferliste und auch recht zutreffende Webseiten erhalten. Bei uns waren es 291 Treffer, wobei auch auf der ersten Seite schon durchaus passende Angebote darunter waren. Also ist mit der Suche ja eigentlich alles in bester Ordnung, oder?

Glossar

Oder-Verknüpfung

Sind zwei Suchbegriffe mit ODER (OR) verknüpft, findet Google Seiten, die einen der beiden Begriffe oder aber beide enthalten. Bei mehr als zwei Begriffen gilt, dass alle Webseiten gefunden werden, die mindestens einen der Begriffe enthalten.

Glossar

Entweder-Oder-Verknüpfung

Eine Variante der Oder-Verknüpfung, die Seiten findet, die entweder den einen oder den anderen Begriff bzw. bei mehr als zwei Suchbegriffen genau einen der Begriffe enthalten. Google unterstützt diese Art von Verknüpfung nicht direkt.

Schritt 4

Nicht ganz, denn mit dieser Suchanfrage finden Sie nur Webseiten, auf denen sowohl ein Ferienhaus als auch eine Ferienwohnung erwähnt werden. Private Quellen, die vielleicht das eigene Ferienhaus oder eine einzelne Ferienwohnung anbieten, sind außen vor, da solche Webseiten eben nicht beide Begriffe (Ferienhaus UND Ferienwohnung) enthalten. Dabei wären solche privaten Anbieter ja vielleicht gerade interessant. Mit einer Oder-Verknüpfung zwischen den beiden entscheidenden Begriffen können Sie diesen Lapsus leicht vermeiden. Fügen Sie dazu einfach ein OR zwischen Ferienwohnung und Ferienhaus.

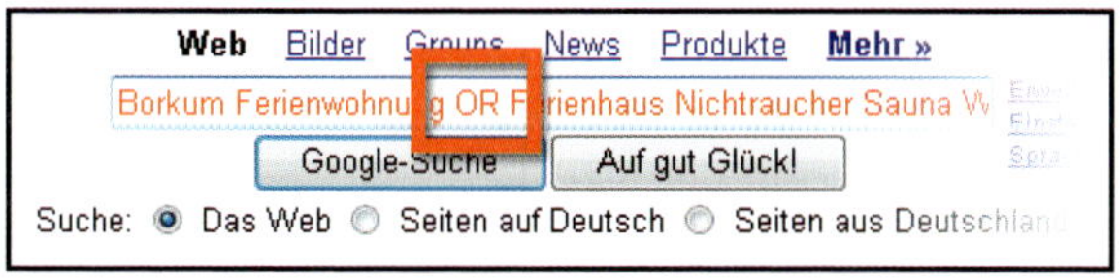

Schritt 5

Diese Variante der Suchanfrage bringt gleich einige Treffer mehr und auf den vorderen Plätzen der Ergebnisliste finden sich nun auch einige zusätzliche Webseiten, die schon auf den ersten Blick sehr vielversprechend zu sein scheinen.

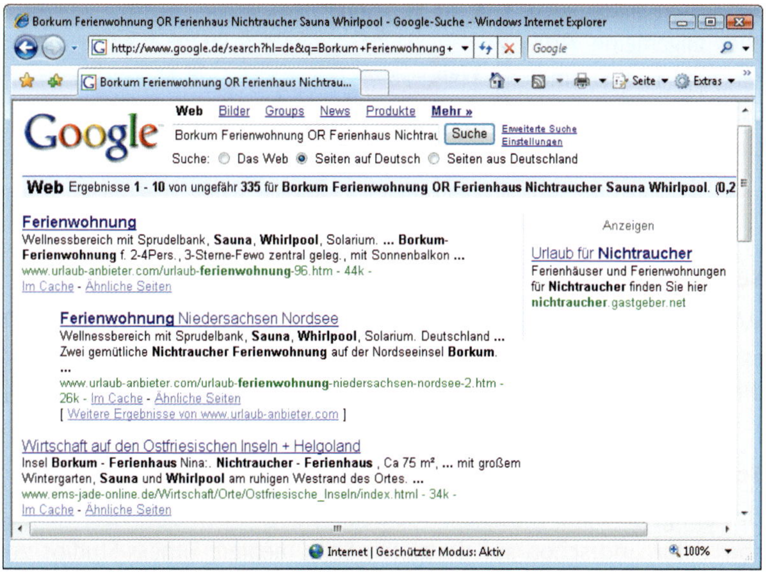

Durch die Oder-Verknüpfung sind die Ergebnisse zahlreicher und es gibt relevantere Treffer.

Info

Was bewirkt die Oder-Verknüpfung im Beispiel?

Das OR verknüpft die beiden Begriffe Ferienwohnung und Ferienhaus mit ODER, während alle anderen Suchbegriffe wie üblich mit UND verknüpft sind. Das wirkt so, als wenn Sie erst nach „Borkum Ferienwohnung Nichtraucher Sauna Whirlpool" und dann nach „Borkum Ferienhaus Nichtraucher Sauna Whirlpool" suchen würden, nur das die Ergebnisse so schon fertig kombiniert sind.

Nur Seiten lokaler Anbieter aus der näheren Umgebung finden

Ein gutes Beispiel für das sinnvolle Kombinieren mehrerer Suchbegriffe ist das Suchen nach Angeboten in einer bestimmten Region. Wenn Sie Ihren Suchbegriff mit zusätzlichen Angaben ergänzen, können Sie einen regionalen Zusammenhang herstellen und so tatsächlich Anbieter finden, die in Ihrer Heimatstadt oder Region aktiv sind.

Schritt 1

Nehmen wir mal an, Sie wollen sich mit regelmäßigen Squash-Runden fit halten. Aber welche Anbieter gibt es denn so in der Nähe, wie sieht es mit Öffnungszeiten und Preisen aus? Geben Sie doch einfach mal „Squash" bei Google ein.

Schritt 2

Das bringt runde zwei Millionen Treffer, wobei die Fundstellen auf den ersten Seiten auch eher allgemeine Artikel zum Thema sind. Es fehlt also ganz klar ein regionaler Bezug.

Schritt 3

Wenn Sie in einer größeren Stadt leben, reicht es vermutlich, dem Suchbegriff den Namen dieser Stadt hinzuzufügen.

Schritt 4

Das bringt bei einer Großstadt wie Berlin immer noch sehr viele Treffer, aber dafür sind schon auf der ersten Seite mehrere Fitness-Studios zu finden, und die Liste setzt sich auf den Folgeseiten nahtlos fort. Teilweise erkennt Google in solchen Fällen sogar die Suche mit lokalem Bezug und präsentiert Ihnen lokale Anbieter mitsamt Überblickskarte.

Hinweis

Keine Angst vor hohen Trefferzahlen

Die Anzahl der Treffer einer Suche in der Statuszeile der Suchergebnisse ist ein guter Indikator, ob eine Veränderung am Suchbegriff mehr oder weniger Ergebnisse erbracht hat. Zu viel Bedeutung sollten Sie ihr aber auch nicht beimessen. Da Google die Ergebnisse nach Relevanz sortiert, ist es wichtiger, ob direkt auf der ersten Seite brauchbare Ergebnisse stehen.

Schritt 5

Wenn Sie in einem kleineren Ort auf dem Lande wohnen, hilft die Angabe des Ortsnamens nicht unbedingt weiter. Hier geht es ja eher darum, auch die Nachbarorte in die Suche mit einzubeziehen. Anstatt jede Menge Ortsnamen durchzuprobieren, versuchen Sie es doch mal mit der Telefonvorwahl. Geben Sie die Ziffer der Vorwahl als Suchbegriff an, die Ihr Ort mit den Nachbarorten gemeinsam hat. Da man auf den Webseiten eines Fitness-Studios wohl eine Telefonnummer erwarten kann, dürfte die meist zum Erfolg führen.

Schritt 6

Hilft die Telefonvorwahl nicht weiter, können Sie es auch mit der Postleitzahl versuchen. Lassen Sie von der Postleitzahl Ihres Wohnorts die letzte oder notfalls die letzten beiden Ziffern weg, um auch die Nachbarorte in die Suche mit einzubeziehen.

Diese Form der regionalen Suche ist selbstverständlich nur ein Trick, der darauf setzt, dass ein Anbieter auf seinen Webseiten seine Adresse mit Postleitzahl und seine Telefonnummer mit Vorwahl veröffentlicht. Deshalb kann man auf diese Weise nur Angebote finden, die eine Webseite haben und dort diese Angaben machen.

Info

Lokale Ergebnisse mit Kartenanzeige

Bei der Suche nach kommerziellen Anbietern werden Sie häufiger auf die speziellen lokalen Ergebnisse mit einer Kartendarstellung stoßen. Hierbei handelt es sich um eine Integration der Google Maps, des Kartendienstes von Google. Unternehmen können sich dort mit Informationen und ihrer geografischen Position registrieren lassen. Erkennt die Suchmaschine eine entsprechende Suchanfrage, ruft sie zusätzlich solche Informationen von den Google Maps ab und integriert sie in die Suchergebnisse.

Tipp

Weitere Möglichkeiten zur lokalen Suche

Stadtname, Telefonvorwahl und Postleitzahl sind nur einige der Möglichkeiten, mit geografischem Bezug zu suchen. Generell ist es immer möglich, eine Suchanfrage durch entsprechende Begriffe regional einzugrenzen. Wenn Sie z. B. Informationen für den nächsten Urlaub suchen, verwenden Sie den Namen des Urlaubsgebiets, z. B. „Sauerland Ferienhaus".

Nach Namen und Begriffen mit verschiedenen Schreibweisen suchen

Tipp

Suchbegriffe in Einzahl und Mehrzahl

Die deutsche Sprache macht häufig keinen großen Unterschied zwischen Einzahl und Mehrzahl, z. B. Auto und Autos. Dann reicht es, die Einzahlform anzugeben. Da sie in der Mehrzahlform enthalten ist, werden alle Webseiten gefunden. Anders sieht dies bei bestimmten Wörtern aus, die aus anderen Sprachen übernommen wurden, z. B. „Modus“ und „Modi“. Hier kann es hilfreich sein, beide Begriffe zu verwenden und mit ODER zu verknüpfen, also z. B. „Stromspar Modus OR Modi“.

Eine besondere Schwierigkeit beim Suchen stellen verschiedene Schreibweisen eines Begriffs oder aber verschiedene bedeutungsgleiche Namen für ein und dieselbe Sache dar, z. B. „Fotografie“ und „Photografie“ oder „Handy“ und „Mobiltelefon“. Solche Begriffe sollten Sie per ODER verknüpfen. Dann sucht Google nach Webseiten, in denen die eine oder die andere Variante verwendet wird.

Schritt 1

Ein Beispiel aus der Küche: Sie wollen mal wieder Rotkohl wie bei Muttern essen, haben aber das Rezept nicht bei der Hand. Kein Problem, mit „Rotkohl Rezept“ werden Sie dank Google schnell fündig.

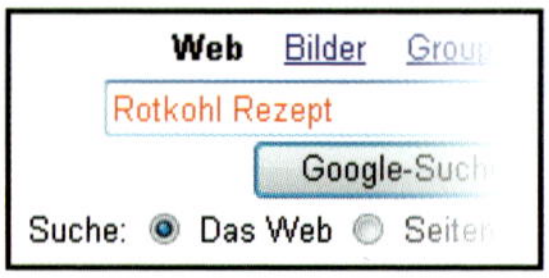

Schritt 2

Google liefert hierzu fast 200.000 Treffer und auf der ersten Ergebnisseite finden sich auch schon konkrete Ergebnisse. Mission erfüllt? Nicht ganz, wirklich alle Rezepte finden Sie so nicht. Gerade besondere regionale Varianten dürften Ihnen wegen einer sprachlichen Besonderheit durch die Lappen gehen.

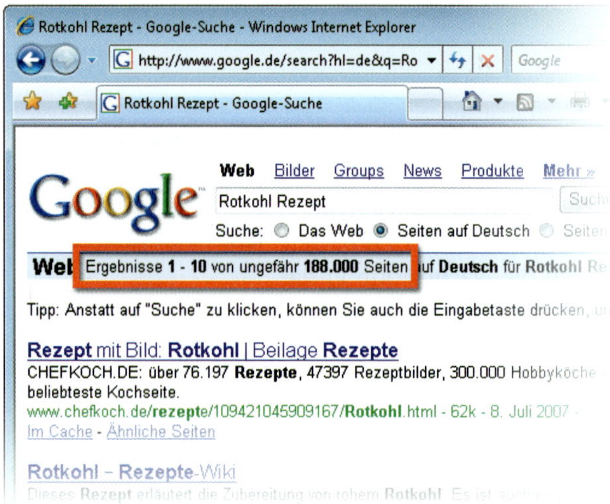

Schritt 3

Die Besonderheit besteht darin, dass Rotkohl zwar der geläufigste Name für dieses Gericht ist. Es wird in bestimmten Regionen aber auch anders genannt, nämlich Rotkraut oder Blaukraut. Gerade in diesen Regionen gibt es bestimmt auch alternative Zubereitungsformen. Um auch solche zu finden, ergänzen Sie die anderen Bezeichnungen und verknüpfen sie mit OR.

Schritt 4

Diese Variante der Suche bringt nicht nur mehr Treffer, sondern auch direkt auf den obersten Plätzen der Liste vielversprechende Webseiten.

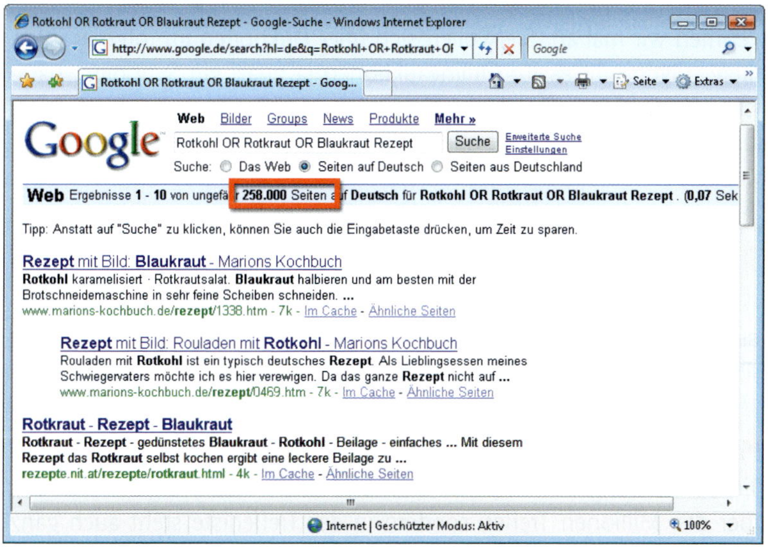

Glossar

Codec

Multimediadateien verwenden spezielle Verfahren zum Komprimieren der Daten. Damit eine Datei wiedergegeben werden kann, muss der PC dieses Verfahren beherrschen.

Glossar

Cyberspace

Modebegriff für die virtuelle Welt eines weltumspannenden Computernetzwerks.

Glossar

Webseitentitel

Jede Webseite hat einen Titel. Dieser ist nicht Bestandteil der Webseite selbst, sondern wird in der Leiste am oberen Rand des Webbrowser-Fensters aufgeführt.

Uninteressante Themen ganz von der Suche ausschließen

Manche Begriffe tauchen im Web sehr häufig auf. Verwenden Sie ein solches Wort bei der Suche, finden Sie überwiegend Webseiten, die nicht das eigentlich Gesuchte enthalten. Mit einer Nicht-Verknüpfung verbinden Sie zwei (oder mehr) Suchbegriffe so, dass Google Webseiten als Treffer verwirft, die einen bestimmten Begriff beinhalten. Kombinieren Sie einen regulären Suchbegriff A mit einem Ausschlussbegriff B, erhalten Sie als Ergebnis alle Webseiten, die den Begriff A, nicht aber den Begriff B enthalten. Webseiten, die sowohl A als auch B enthalten, werden nicht als Treffer berücksichtigt. Auch hier wieder ein Beispiel, um das Prinzip zu verdeutlichen.

Tipp

Mehr als ein Ausschlusswort

Sie können in eine Suchanfrage gleich mehrere Ausschlusswörter einfügen. Google findet dann nur Webseiten, die keinen der ausgeschlossenen Begriffe enthalten.

Schritt 1

Nehmen wir mal an, Sie wollen sich über Auktionen im Internet informieren. Nun gibt es für Onlineauktionen ja quasi ein Synonym, nämlich „eBay“. Wenn Sie also nach „Auktionen“ suchen, werden Sie fast ausschließlich auf Seiten treffen, die auf Angebote bei eBay verweisen. Machen Sie doch einfach mal die Probe.

Info

Kein reines Ausschlussverfahren

Jede Suchanfrage muss mindestens einen positiven Suchbegriff beinhalten. Sie können also nicht nur Ausschlusswörter verwenden, um alle Webseiten zu finden, die diese Begriffe nicht enthalten.

Schritt 2

Die Befürchtung bewahrheitet sich und diese Suche ergibt nicht nur über drei Millionen Treffer, sondern in der Trefferliste steht auch ganz oben die eBay-Homepage. Auch die weiteren Treffer beschäftigen sich immer wieder mit eBay.

„eBay" ist inzwischen ein Synonym für Auktionen geworden, an dem man nicht vorbeikommt.

Schritt 3

Um das allgegenwärtige eBay zu vermeiden und stattdessen allgemeine Informationen und Übersichten zu Auktionen zu finden, sollten Sie das Zauberwort „eBay" deshalb ausschließen. Dies geht z. B., indem Sie das erweiterte Suchformular öffnen.

Schritt 4

Dort ist oben bei *Ergebnisse finden* ins Feld *mit allen Wörtern* bereits der Suchbegriff „Auktionen" übernommen worden. Andernfalls tragen Sie ihn hier erneut ein.

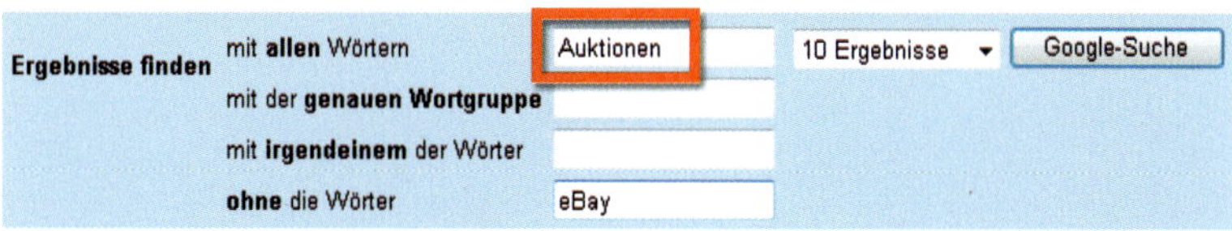

Info

Ausschlusswörter mit anderen Verknüpfungen kombinieren

Sie können Ausschlusswörter mit allen anderen Suchbegriffen und Verknüpfungen kombinieren und so beliebig komplexe Suchanfragen stellen. Sie sollten allerdings beachten, dass Ausschlussbegriffe sehr mächtig sind, da sie einen Teil der Suchergebnisse einfach wegfiltern. Mehrere Ausschlusswörter in einem Suchbegriff werden automatisch per ODER verknüpft.

Schritt 5

Fügen Sie nun noch weiter unten im Feld *ohne die Wörter* den Ausschlussbegriff „eBay“ hinzu.

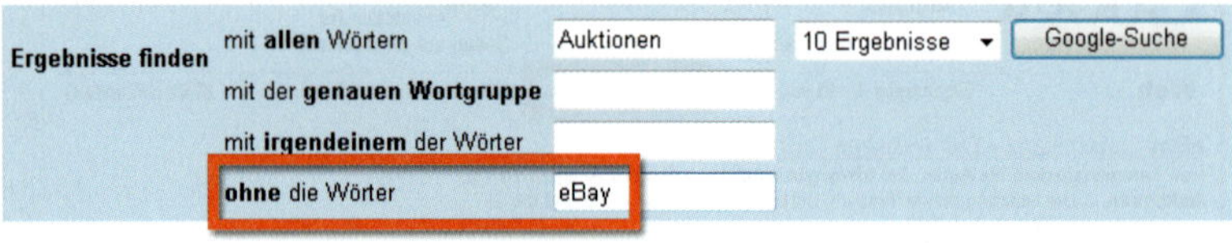

Schritt 6

Die Ergebnisseite zeigt, dass sich die scheinbar unvermeidlichen eBay-Angebote sehr wohl aus den Ergebnislisten entfernen lassen.

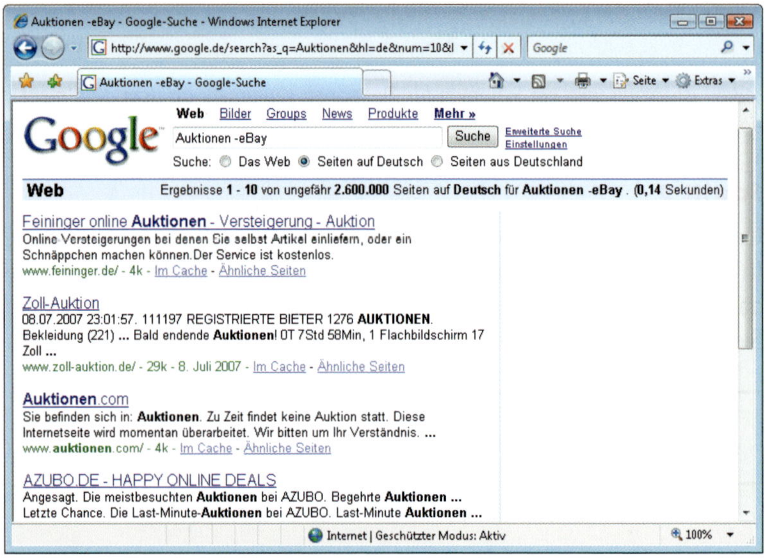

Tipp

Ausschlusswörter direkt im einfachen Suchformular angeben

Auch beim Ausschließen von Begriffen aus dem Suchergebnis müssen Sie nicht unbedingt das erweiterte Suchformular verwenden. Auch im einfachen Suchformular bzw. aus anderen Suchfeldern heraus können Sie Suchbegriffe ausschließen. Setzen Sie dem Wort, das in den Ergebnisseiten nicht enthalten sein soll, ein Minuszeichen voran, also in unserem Beispiel „Auktionen -eBay“. Wichtig: Zwischen dem Minuszeichen und dem Wort darf kein Leerzeichen stehen!

Ausschlussoperatoren mit Maß einsetzen

Beim Ausschluss von Begriffen kann man leicht über das Ziel hinausschießen. Um dies zu vermeiden, können Sie z. B. festlegen, dass der Ausschluss nur gelten soll, wenn sich der unerwünschte Begriff im Titel einer Webseite findet. So schließen Sie Seiten aus, die sich schwerpunktmäßig mit einem bestimmten Thema beschäftigen. Das bloße Erwähnen des Wortes irgendwo auf einer Seite ist hingegen noch kein K.O.-Kriterium.

Schritt 1

Öffnen Sie das Suchformular von Google und geben Sie hier zunächst wie üblich den positiven Suchbegriff ein.

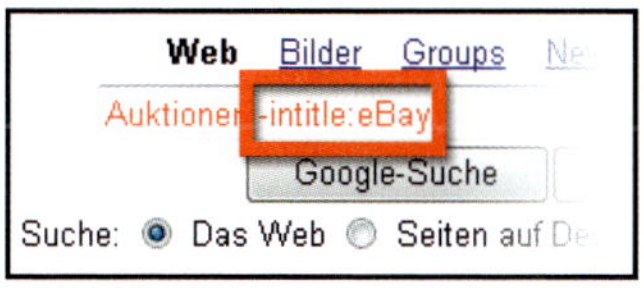

Schritt 2

Fügen Sie dann das Minuszeichen ein, direkt gefolgt von dem Parameter *intitle:*.

Schritt 3

Direkt im Anschluss daran tippen Sie ohne ein Leerzeichen den Ausschlussbegriff ein. Insgesamt sollte die Suchanfrage für das Beispiel also *Auktionen -intitle:eBay* lauten.

Schritt 4

Wenn Sie diese Suche nun durchführen, findet Google alle Webseiten mit dem Begriff „Auktionen“, filtert davon aber alle Seiten heraus, die den Begriff „eBay“ in ihrem Titel tragen.

Info

Der Parameter intitle:

Dieser Parameter steht für die Suchfunktion *Position* im erweiterten Suchformular. In Verbindung mit einem Ausschlusswort kann er aber nur manuell eingegeben werden.

Unerwünschte Ergebnisse ausschließen

Google bietet noch andere Möglichkeiten zum Ausschließen von Webseiten anhand festgelegter Kriterien. So können Sie einzelne Dateiformate und bestimmte Webangebote aus den Suchergebnissen herausfiltern lassen.

Schritt 1

Öffnen Sie dazu die *Erweiterte Suche*.

Schritt 2

Geben Sie hier bei *Ergebnisse finden* zunächst den oder die Suchbegriffe ein. Sie können eine beliebige Art der Verknüpfung wählen und hier selbstverständlich auch bereits einen Ausschlussbegriff verwenden.

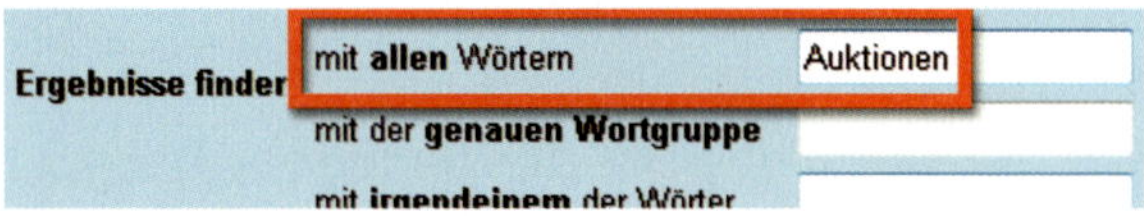

Schritt 3

Suchen Sie dann weiter unten in den Sucheinschränkungen die Zeile *Dateiformat*. Hier können Sie ein bestimmtes Dateiformat von der Suche ausschließen. Stellen Sie hier im ersten Auswahlfeld die Option *Keine* ein.

Tipp

Ausschluss durch zusätzliche Suchbegriffe

Bei Ausschlusswörtern besteht immer die Gefahr, zu viel auszuschließen. Dann verzichten Sie auf interessante Webseiten, nur weil darin ein ausgeschlossener Begriff steht. Eine sinnvolle Alternative ist stets, die Suche durch weitere positive Begriffe genauer zu spezifizieren, was auch jeweils Seiten ohne diese Begriffe ausschließt. Diese Form des Ausschlusses ist wirkungsvoller, weil sie die Trefferzahl nicht einfach nur reduziert, sondern zugleich auch die Relevanz der gefundenen Seiten erhöht.

Schritt 4

Nun können Sie im hinteren Auswahlfeld das Dateiformat festlegen, das Sie bei der Suche nicht berücksichtigen wollen. Google filtert dann alle Dateien dieses Formats raus, selbst wenn sie die oben angegebenen Suchbegriffe enthalten.

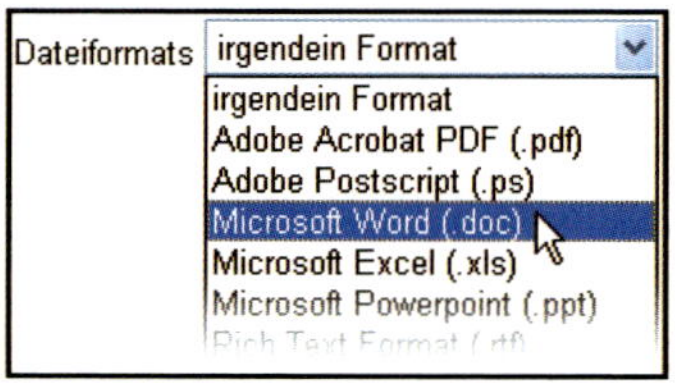

Schritt 5

Noch weiter unten finden Sie die *Domains*-Zeile. Sie ermöglicht es, bestimmte Webadressen von der Suche auszuschließen. Stellen Sie dazu im vorderen Auswahlfeld die Option *Keine* ein.

Schritt 6

Tippen Sie dann im Eingabefeld am Ende der Zeile die Domäne ein, von der Sie Beiträge ausschließen wollen. So können Sie z. B. Webseiten von einem ganz bestimmten Webangebot herausfiltern.

Schritt 7

Sind alle Einschränkungen und Filter festgelegt, starten Sie die Suche wie gewohnt rechts oben mit einem Klick auf *Google-Suche*.

Hinweis

Vorsicht beim Ausschließen von Domänen

Je kürzer die Domänenangabe ist, desto mehr Anbieter schließen Sie aus. Mit *www.lästig.t-online.de* blockieren Sie nur diesen einen Webserver. Mit *t-online.de* alle Rechner des Providers einschließlich zahlreicher privater Webseiten darauf. Mit *.de* würden Sie alle Webserver mit der *.de*-Adresse von der Suche ausschließen, also einen Großteil der deutschen Seiten im Web.

Gewerbsmäßige Angebote bei der Schnäppchenjagd vermeiden

Eine sehr gute Einsatzmöglichkeit für Ausschlussoperatoren und -begriffe ist das Suchen nach Informationen über Produkte. Durch das Ausschließen bestimmter Schlüsselwörter, wie sie bei gewerblichen Angeboten meist vorkommen, lassen sich die üblichen Werbeseiten leicht herausfiltern, und Sie können sich ganz auf echte Informationen konzentrieren.

Hinweis

Kommerzielle Angebote im Web

Leider ist das Web nicht nur ein Kommunikations- und Informationsmedium, sondern immer mehr auch ein Mittel für Werbung und Verkauf. Je nach den gewählten Suchbegriffen sind kommerzielle Treffer in den Ergebnissen deshalb unausweichlich. Dies gilt insbesondere, weil viele Anbieter es geradezu darauf anlegen, dass ihre Webseiten bei typischen Suchanfragen ganz oben in den Ergebnislisten stehen. Um das zu vermeiden, lohnt es sich, Suchanfragen so zu formulieren, dass sie Werbung ausschließen.

Schritt 1

Nehmen wir mal an, Sie wollen sich einen neuen DVD-Player kaufen. Ein Freund hat Ihnen eine bestimmte Marke empfohlen, weil er selbst gute Erfahrungen damit gemacht hat. Nun wollen Sie wissen, welche Geräte dieser Hersteller anbietet, welcher für Ihre Zwecke besonders geeignet ist und vielleicht auch, ob andere Kunden diesen Hersteller ebenfalls empfehlen. Geben Sie also einfach *DVD-Player*, den Herstellernamen und das Stichwort *Info* ein, weil es ja um Informationen zu Hersteller und Produkten geht.

Schritt 2

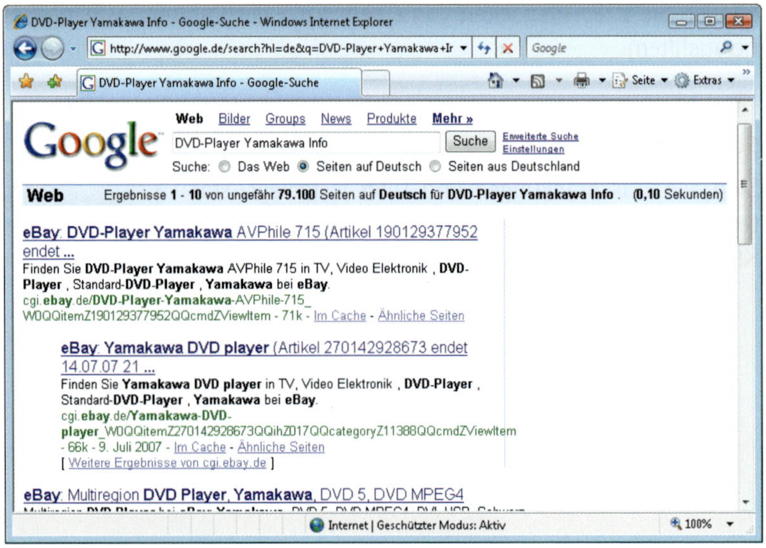

Wie zu befürchten war, geschieht das Unvermeidliche: Die Suche erbringt über 6.000 Treffer und schon auf der ersten Seiten finden sich nur Hinweise auf Auktionen und Preisvergleiche. Das wäre gut, wenn der Kauf eines Produkts schon beschlossen wäre, aber so weit ist es ja noch nicht.

Schritt 3

Ein kurzer Blick in die gefundenen Seiten zeigt, welche Begriffe dort typischerweise vorkommen. So finden Sie dort regelmäßig Reizwörter wie „Preis“, „Verkauf“, „Shop“, „Auktion“, „Versand“ oder den Hinweis auf eBay-Angebote. Ändern Sie also die Suchanfrage, sodass solche Schlüsselwörter ausdrücklich ausgeschlossen werden.

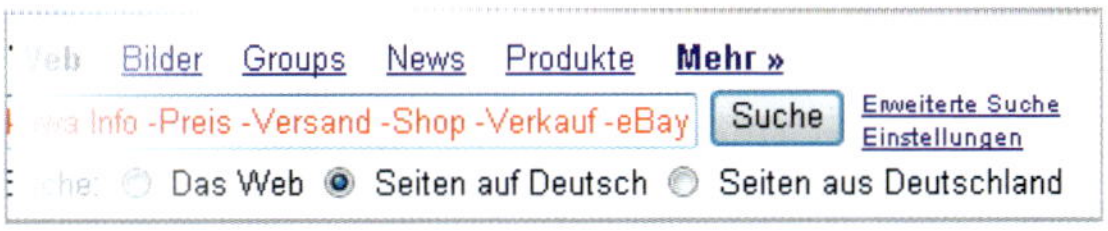

Schritt 4

Diese Suchanfrage reduziert die Anzahl der gefundenen Seiten um ca. 90 %. Bei den verbleibenden Treffern finden sich schon auf der ersten Seite sehr vielversprechende Hinweise auf Testberichte, Foren, aktuelle Firmware-Versionen der Player und Ähnliches.

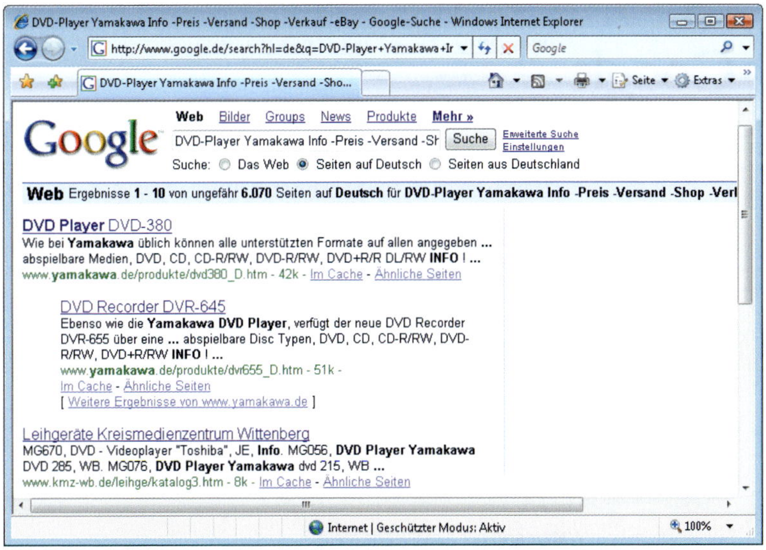

Tipp

Gute Ausschlusswörter für Werbung und Shops

Die hier verwendeten Ausschlusswörter sind nur einige der Begriffe, mit denen sich kommerzielle Angebote herausfiltern lassen. Überlegen Sie sich einfach, welche Wörter typischerweise auf solchen Seiten zu finden sind. So dürften bei deutschen Anbietern Begriffe wie MwSt, Versandkosten oder AGB häufig auftauchen.

Glossar

AGB

Allgemeine **G**eschäfts-**B**edingungen sollten Sie beachten, bevor Sie Onlinebestellungen tätigen. Sie regeln wichtige Fragen wie Versandarten und -kosten sowie Gewährleistung und Rückgabemodalitäten.

Glossar

PayPal

Mit diesem System können Sie Geld via Internet bargeldlos transferieren. Es stellt eine schnelle Alternative zur klassischen Überweisung dar und bietet unter gewissen Umständen Schutz vor Betrügern (*www.paypal.de*).

Gezielt nach Namen oder genauen Produktbezeichnungen recherchieren

Das Suchen nach Namen von Personen, Firmen und Einrichtungen, aber auch Produktbezeichnungen lässt sich am besten mithilfe der Phrasensuche erledigen. Eine Phrase ist ein aus mehreren Teilen bestehender Suchbegriff, mit dem Sie nur Webseiten finden, auf denen diese Begriffe in exakt dieser Kombination vorkommen. Ein einfaches Beispiel verdeutlicht das Prinzip:

Schritt 1

Nehmen wir mal an, wir suchen einen alten Bekannten namens Hugo Watzmann (Ähnlichkeiten mit real existierenden Personen wären rein zufällig). Geben Sie im Google-Formular als Suchbegriff also den Namen der Person an.

Glossar

Phrase

Eine Phrase besteht aus mehreren zusammenhängenden Wörtern, wobei nicht unbedingt ein grammatisch korrekter Satz entstehen muss.

Tipp

Zitate suchen

Zitate aus Büchern, Liedern, Filmen etc. lassen sich schnell finden, indem Sie den Text als Phrase in die Suche eingeben. Google liefert dann Webseiten, die genau das Zitat enthalten.

Schritt 2

Mit einem solchen Suchbegriff erzielen wir ein Ergebnis von einigen zehntausend Seiten. Das überrascht ein wenig, denn wer hätte gedacht, dass es so viele Menschen mit diesem Namen in Deutschland gibt. Oder ist unser Bekannter etwa so aktiv?

Schritt 3

Die Lösung des Rätsels ergibt sich, wenn Sie sich die Trefferliste mal etwas genauer anschauen. Dann finden Sie jede Menge Treffer, wo zwar z. B. von einem „Hugo Soundso" und dem Watzmann als Berg die Rede ist, nicht aber von „Hugo Watzmann". Das liegt daran, dass Google bei einer Standardsuche eben einfach alle Seiten liefert, in denen einer der Suchbegriffe irgendwo vorkommt.

Schritt 4

Dieses Phänomen können Sie mit einer Phrasenverknüpfung vermeiden. Setzen Sie dazu den gesuchten Namen einfach in Anführungszeichen. Google sucht dann nur noch Webseiten, in denen genau dieser Name vorkommt.

Schritt 5

Wenn Sie nun eine Suche starten, werden Sie feststellen, dass sich die Trefferzahl erheblich verringert. Plötzlich gibt es nur noch 14 Suchergebnisse. Die aber treffen dafür auch wirklich auf eine Person dieses Namens zu.

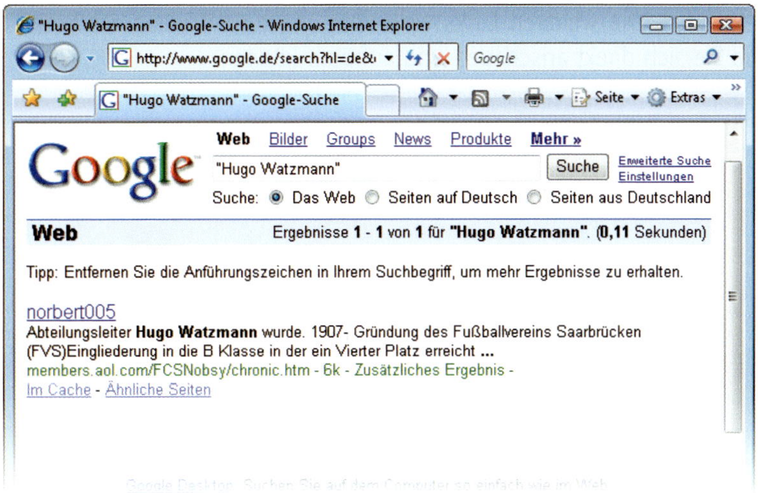

Info

So funktioniert die Phrasensuche

Suchbegriffe, die von Anführungszeichen umschlossen sind, werden von Google wie ein einziger Suchbegriff verwendet. Es werden also nicht Seiten gesucht, in denen alle Wörter zwischen den Anführungszeichen irgendwo vorkommen. Stattdessen werden nur solche Webseiten gefunden, in denen exakt diese Wörter in exakt dieser Abfolge vollständig enthalten sind. Eine Suche mit Anführungszeichen wird also immer wesentlich weniger Treffer liefern als dieselbe Suche ohne Anführungszeichen.

Info

Phrasensuche im erweiterten Suchformular

Wie bei allen Verknüpfungen können Sie die Phrasensuche entweder wie beschrieben direkt im einfachen Suchformular verwenden, indem Sie die als Phrase zu verknüpfenden Begriffe in Anführungszeichen setzen. Oder aber Sie tragen in der erweiterten Suche den Wortlaut der Phrase im Bereich *Ergebnisse finden* in das Feld *mit der genauen Wortgruppe* ein.

Welches Lied ist das, das mir nicht mehr aus dem Kopf geht?

Vielleicht kennen Sie das: Man hört im Radio ein Lied, das einem dann nicht mehr aus dem Kopf geht. Leider hat der Moderator mal wieder vergessen, Songtitel und Interpret anzusagen, oder man hat es einfach verpasst. Aber immerhin ist eine Textzeile ganz deutlich hängen geblieben. Mit Google können Sie dieses Fragment nutzen, um das dazugehörende Lied ganz schnell zu finden.

Schritt 1

Geben Sie die Textzeile in Anführungszeichen in das Suchformular ein. Je länger das Zitat ist, desto besser. Allerdings sollten Sie den Text nur so weit verwenden, wie Sie sich ganz sicher sind. Ein Fehler im Zitat würde den Sucherfolg zunichte machen, da bei einer Phrasensuche die Suchbegriffe eben ganz genau stimmen müssen.

Schritt 2

Wenn Sie diese Suche abschicken, finden Sie gleich ganz oben auf der Ergebnisseite einen vielversprechenden Treffer, der Ihnen den Namen des Songs und den Interpreten verrät sowie zum vollständigen Songtext führt. Die weiteren Links verweisen sogar auf Videos des Songs, die Sie sich direkt anschauen und anhören können.

Tipp

Suche nach Zitaten in Büchern

Google bietet eine spezielle Suchfunktion für den Inhalt von Büchern an. Wenn Sie ein Zitat aus einem Buch bzw. die Qelle zu einem Zitat suchen, sollten Sie diese Spezialsuche verwenden. Sie finden Sie unter *http://www.google.de/books?hl=de*. Allerdings befindet sich diese Funktion und vor allem das Erfassen der Bücher noch im Aufbau, sodass erst eine relativ kleine Anzahl an Büchern von Google erfasst wurde.

Schritt 3

Wenn Sie auf den ersten Treffer in der Ergebnisliste klicken, erhalten Sie tatsächlich eine Webseite mit dem vollständigen Liedtext und weiteren Informationen zum Lied.

Glossar

eBay

Auktionsplattform im Internet, bei der Sie gegen ein Höchstgebot Artikel kaufen und verkaufen können (*www.ebay.de*).

Glossar

MP3-Player

MP3-Musikdateien lassen sich nicht nur am PC abspielen. Mobile MP3-Player speichern die Dateien und geben sie überall z. B. via Kopfhörer wieder.

Finden Sie mit Google den niedrigsten Preis für ein bestimmtes Produkt

Auch bei der Suche nach konkreten Produkten und günstigen Kaufgelegenheiten kann die Phrasensuche sehr gute Dienste leisten. Würden Sie eine komplizierte Produktbezeichnung einfach als Suchbegriff angeben, würde Google Seiten liefern, die irgendwo Teile der Produktbezeichnung beinhalten. Mit einer Phrasensuche stellen Sie sicher, dass Sie nur solche Angebote finden, die sich wirklich auf das gesuchte Produkt beziehen.

Schritt 1

Einige Seiten vorher haben wir nach einem neuen DVD-Player gesucht. Mal angenommen, wir haben uns inzwischen für ein bestimmtes Modell entschieden und suchen nun dafür den günstigsten Preis. Geben Sie dazu den Herstellernamen, die exakte Modellbezeichnung als Phrase und für eine möglichst gezielte Suche ggf. noch das Schlüsselwort *Preis* als Suche ein.

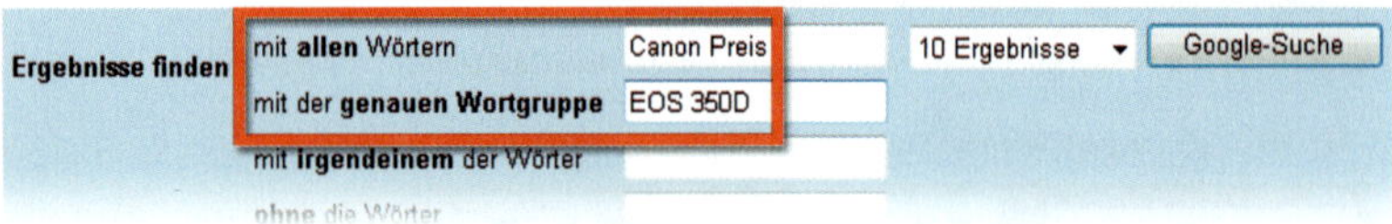

Schritt 2

Eine solche Suche bringt je nach gesuchtem Produkt immer noch sehr viele Antwortseiten, aber schon auf der ersten Seite finden sich konkrete Angebote und Preise.

Hinweis

Vorsicht bei günstigen Angeboten

Beachten Sie bei der Onlinepreissuche, dass Google zwar Angebote findet, aber keinerlei Haftung für deren Zuverlässigkeit und Seriosität übernimmt. Lassen Sie also unbedingt Vorsichtsmaßnahmen walten, insbesondere bevor Sie kostspielige Produkte womöglich per Vorkasse bestellen. Gerade Onlinepreisvergleiche bieten häufig auch Bewertungen für Onlineshops an. Die werden zwar auch nur von anderen Käufern erstellt, sind aber meist ein ganz guter Hinweis, ob man einem Anbieter trauen sollte.

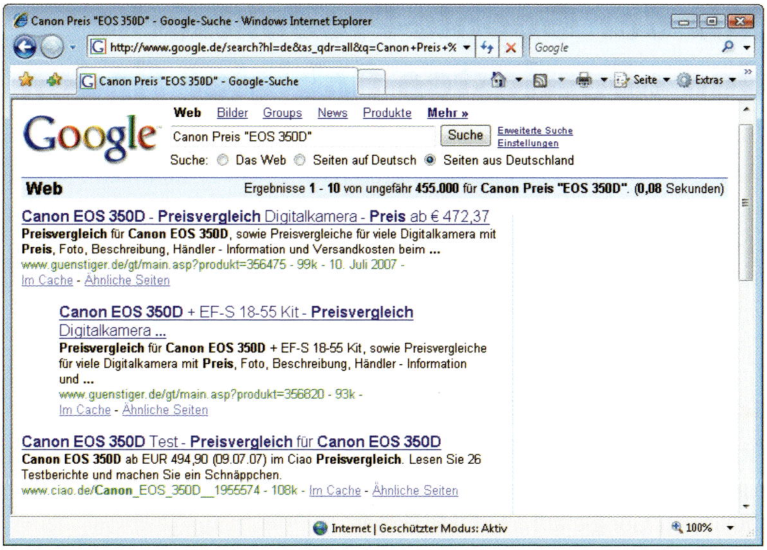

Schritt 3

Bei der Suche nach Produkten werden Sie häufig gerade an den vordersten Stellen der Ergebnisliste Verweise auf Preisvergleiche finden. Diese haben mit Google selbst nichts mehr zu tun, sind aber trotzdem eine gute Hilfe beim Aufstöbern des günstigsten Preises.

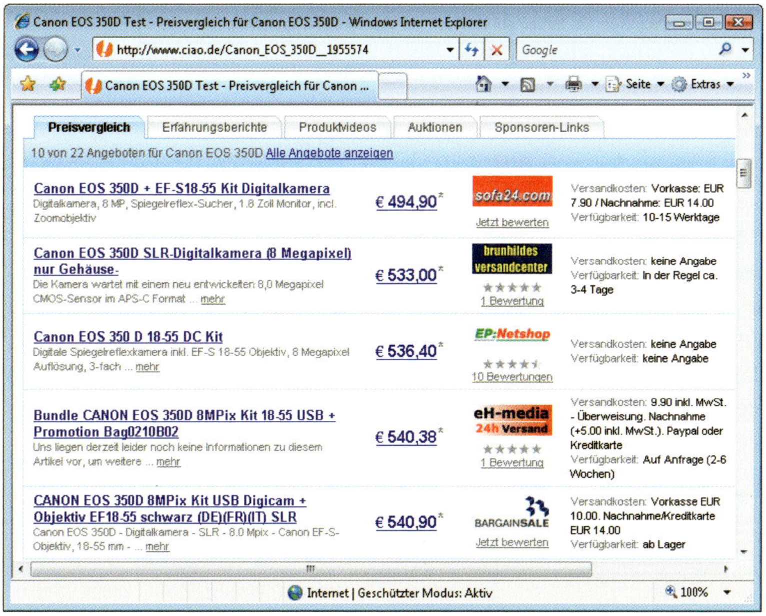

Mit Onlinepreisvergleichen finden Sie schnell das günstigste Angebot.

Info

Groß- und Kleinschreibung bei der Phrasensuche

Auch wenn Google bei Phrasen nach der exakten Buchstabenfolge innerhalb der Anführungszeichen sucht, spielt die Groß- und Kleinschreibung dabei keine Rolle. Generell findet Google alle Begriffe unabhängig davon, ob die Buchstaben groß oder klein geschrieben sind. Ob Sie z. B. *GmbH*, *GMBH* oder *gmbh* eingeben, ist für das Suchergebnis also völlig belanglos.

Info

Onlinepreisvergleiche

Onlinepreisvergleiche listen verschiedene Onlineshops und deren Preise für das Objekt der Begierde auf und berücksichtigen dabei meist auch gleich die Versandkosten. Außerdem enthalten sie teilweise auch Bewertungen für die Onlineanbieter, sodass Sie von der Erfahrung anderer Käufer profitieren können. Preisvergleiche erheben keinen Anspruch auf Vollständigkeit, sind aber eine gute Alternative zum stundenlangen Herumstöbern in einzelnen Onlineshops.

Mit der Google-Produktsuche den günstigsten Anbieter finden

Vielleicht ist Ihnen beim Recherchieren nach einem bestimmten Produkt aufgefallen, dass Google ganz oben in den Suchergebnissen teilweise spezielle Produktsuchergebnisse präsentiert. Dies ist eine Spezialsuchfunktion von Google für Preisrecherchen, die Sie auch direkt für Preisvergleiche nutzen können.

Schritt 1

Ähnlich wie andere Spezialsuchen gibt es für die Produktsuche ein eigenes Suchformular. Sie öffnen es, indem Sie im einfachen Suchformular von Google auf *Produkte* klicken.

Schritt 2

Hier können Sie nun Ihre Anfrage für das gesuchte Produkt eingeben. Sie können dabei sowohl allgemeine Begriffe wie z. B. Digitalkamera, Herstellernamen oder konkrete Produktbezeichnungen verwenden. Selbstverständlich können Sie auch alles dies kombinieren, denn auch in diesem Suchformular sind die allgemeinen Google-Funktionen wie Verknüpfungen oder Ausschlussbegriffe verwendbar. Je genauer Sie das gesuchte Produkt beschreiben, desto schneller und besser werden Sie konkrete Ergebnisse finden. Drücken Sie dann [Enter] oder klicken Sie auf *Produkte suchen*.

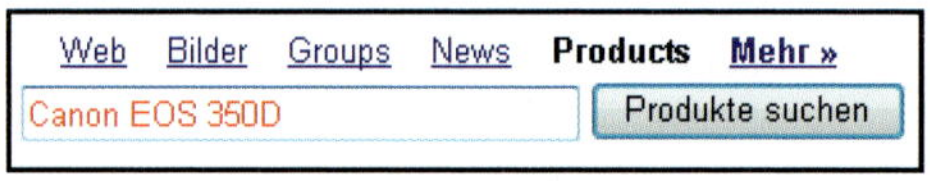

Info

Wie funktioniert die Google-Preissuche

Google gibt Onlinehändlern für die Produktsuche die Möglichkeit, ihre Produkte und Angebote bei Google zu registrieren. Allerdings überprüft Google die Händler und ihre Angebote nicht näher und übernimmt dafür auch keine Haftung oder Garantien. Auch bei den Angeboten aus der Google-Produktsuche gelten also die üblichen Vorsichtsmaßnamen.

Tipp

Wie sucht man am besten nach Produkten?

Im Gegensatz zu anderen Onlinepreisvergleichen haben Sie bei der Google-Produktsuche vielfältige Möglichkeiten. Suchen Sie ganz generell eine bestimmte Art von Gerät oder Ware, können Sie allgemeine Suchbegriffe verwenden, wie z. B. „Digitalkamera", um sich einen Überblick über Geräte und Preise zu verschaffen. Haben Sie schon einen bestimmten Hersteller im Auge, suchen Sie mit dessen Namen. Wissen Sie schon genau Bescheid, können Sie auch eine exakte Produktbezeichnung eingeben.

Schritt 3

Google präsentiert Ihnen dann die gefundenen Produktangebote der Reihe nach. Beachten Sie dabei, dass die Abfolge wie bei der normalen Google-Suche von der Relevanz der Treffer bestimmt wird. Ganz oben steht also nicht das billigste oder teuerste Produkt, sondern das, dessen Beschreibung am besten zum Suchbegriff passt.

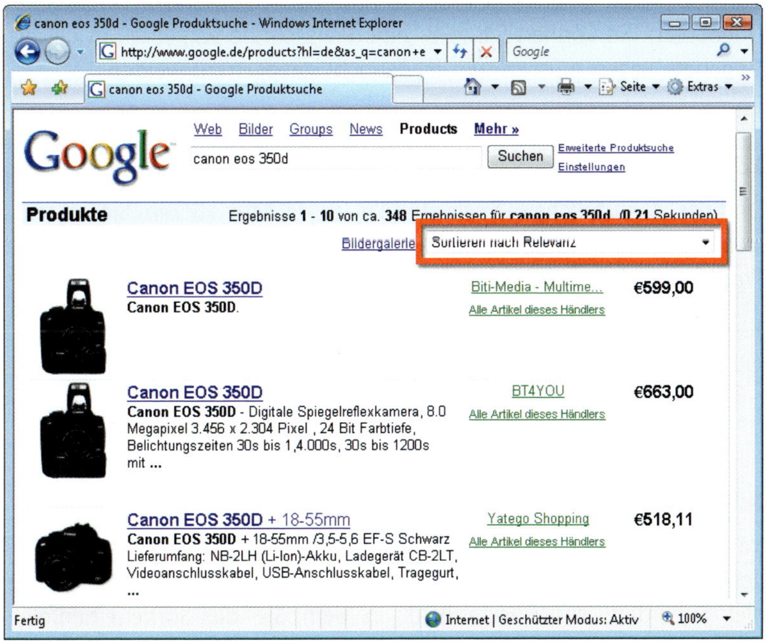

Schritt 4

Wollen Sie die Suchergebnisse anhand des Preises sortieren, z. B. um den günstigsten Preis als ersten Eintrag vorzufinden, verwenden Sie das Auswahlfeld oberhalb der Ergebnisliste und stellen hier z. B. *Sortieren nach Preis: von niedrig nach hoch* ein.

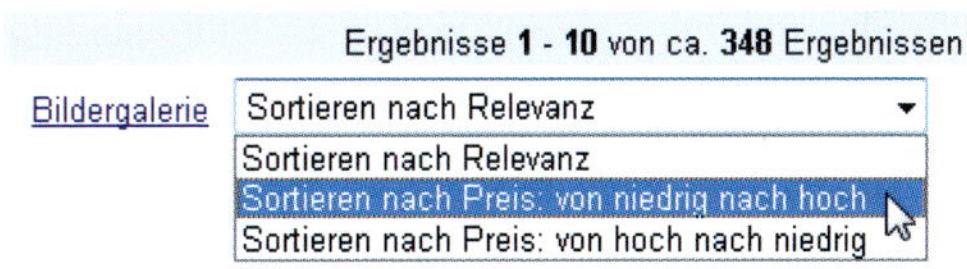

Schritt 5

Wenn Sie die Sortierung ändern, wird die Ergebnisseite automatisch neu geladen. Sie brauchen also nur kurz abzuwarten, bis dies geschehen ist. Dann finden Sie das günstigste Angebot für das gesuchte Produkt gleich oben auf der ersten Seite.

Hinweis

Findet Google immer den günstigsten Preis?

Die Google-Produktsuche findet immer den niedrigsten Preis unter den registrierten Angeboten. Allerdings machen längst nicht alle Onlineshops bei Google mit. Der günstigste Preis bei Google muss also nicht der günstigste Preis sein, den Sie insgesamt im Internet bekommen können. Hierzu sollten Sie am besten auch andere Preisvergleiche befragen.

Geben Sie bei der Produktsuche einfach einen Preis vor

Wie bei allen speziellen Suchvarianten von Google gibt es auch für die Produktsuche ein erweitertes Formular. Es ermöglicht Ihnen zusätzliche Vorgaben zum gesuchten Produkt und zu den in Frage kommenden Angeboten. So können Sie z. B. eine Preisspanne vorgeben, in der die Angebote liegen müssen, um in Betracht gezogen zu werden.

Schritt 1

Um das ausführlichere Suchformular zu öffnen, klicken Sie im einfachen Formular für die Produktsuche rechts neben der Schaltfläche *Produkte suchen* auf *Erweiterte Produktsuche*.

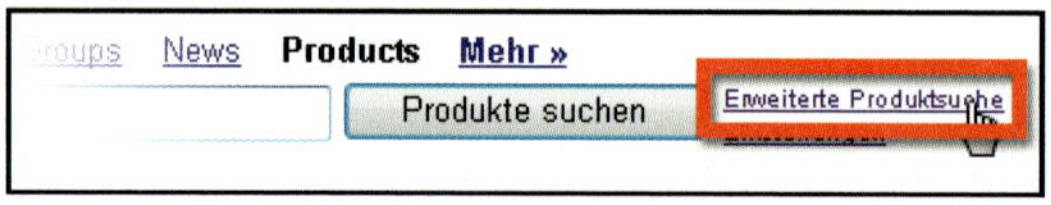

Schritt 2

Im erweiterten Formular finden Sie in der oberen Hälfte zunächst wieder die Eingabefelder für die Suchbegriffe vor. Zusätzlich finden Sie hier außerdem ein Auswahlfeld, in dem Sie die Sortierreihenfolge schon vor dem Durchführen der Suche festlegen können.

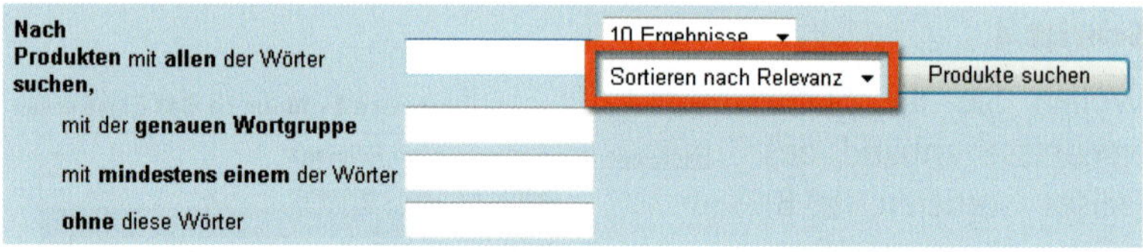

Schritt 3

Darunter finden sich verschiedene Einstellungen, mit denen Sie Ihre Suche noch genauer formulieren können. Dazu gehört vor allem der Preis. Hier können Sie eine obere und untere Grenze in Euro angeben. Google findet dann nur die Angebote, deren Preis sich zwischen diesen beiden Werten befindet.

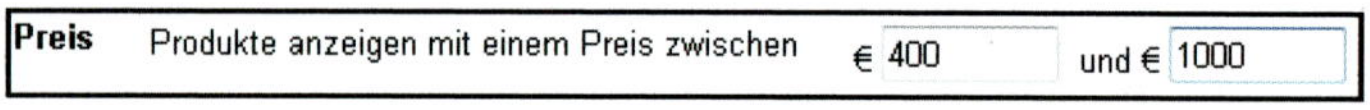

Glossar

Download

Englischer Fachausdruck für das Herunterladen von Dateien aus dem Internet. Hierbei ist Vorsicht geboten, denn die Dateien können mit Viren oder Trojanern verseucht sein. Deshalb sollte ein Antivirenprogramm vorhanden sein.

Glossar

Ethernet

Ein lokales, kabelgebundenes Netzwerk, das mehrere PCs oder z. B. den PC mit einem Router oder dem DSL-Modem verbindet. Über das Ethernet-Netzwerk können z. B. Internetverbindungen abgewickelt werden.

Schritt 4

Mit der *Häufigkeit des Vorkommens* können Sie die Relevanz der gefundenen Artikel steuern. Wählen Sie hier *im Produktnamen*, dürften Sie meist weniger, aber zutreffende Ergebnisse erhalten, weil nur solche Angebote gefunden werden, die den oder die Suchbegriffe direkt im Produktnamen haben. Mit *in der Produktbeschreibung* dürften Sie z. B. Zubehör zu einem vorhandenen Gerät gut finden. Die Standardeinstellung *im Produktnamen oder in der Beschreibung* ist sehr allgemein und liefert im Zweifelsfall die meisten Ergebnisse.

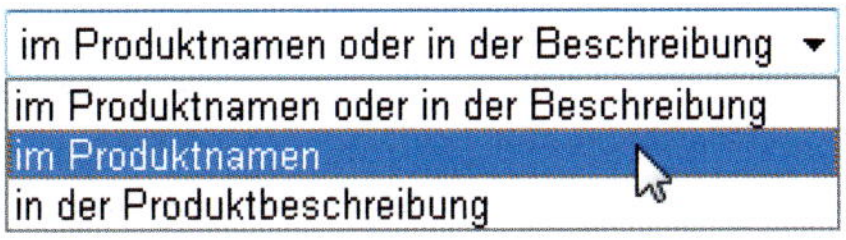

Schritt 5

Für allgemeinere Suchen, bei denen Sie nicht schon ein konkretes Produkt und dessen Bezeichnung kennen, kann die Möglichkeit interessant sein, Angebote aus bestimmten Kategorien zu bevorzugen. Die Google-Produktsuche kennt eine Reihe von Rubriken. Wenn Sie eine davon vorgeben, wird die Suche gleich in die richtige Richtung gelenkt und Sie müssen das gesuchte Produkt vielleicht weniger ausführlich anhand von Suchbegriffen beschreiben.

Tipp

Zubehörartikel über die Preisspanne ausschließen

Häufig tauchen bei der Suche nach einem Artikel auch jede Menge Angebote für passendes Zubehör auf. Beim Sortieren nach Preis kommen diese dann als Erstes. Das können Sie mit der Preisspanne vermeiden. Geben Sie als Mindestpreis einen Betrag an, der knapp unter dem erwarteten günstigsten Preis liegt. Dann fallen die ganzen Zubehörartikel für wenige Euro aus dem Suchraster.

Schritt 6

Schließlich können Sie noch angeben, ob Sie die Ergebnisse in der für Google üblichen *Liste* präsentiert haben möchten. Alternativ steht Ihnen eine Bildergalerie zur Verfügung. Da die meisten erfassten Produkte mit einem Bild versehen sind, kann Google aus diesen Vorschaubildern eine visuelle Übersicht der Suchergebnisse erstellen. Dies kann bei manchen, allgemeinen Produktsuchen hilfreich sein, um sich einen schnellen Überblick zu verschaffen.

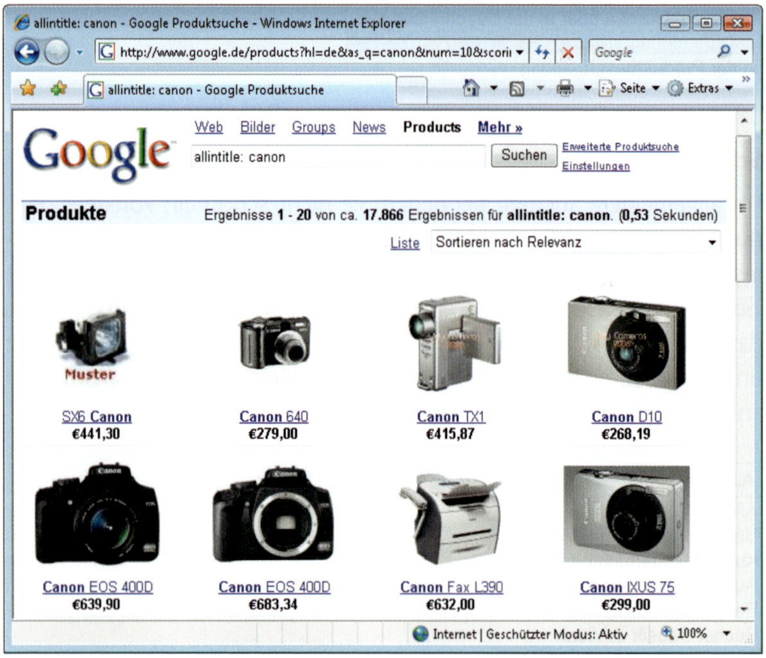

Tipp

SafeSearch-Filter bei der Produktsuche

Auch bei der Produktsuche kommt der bei Google übliche SafeSearch-Filter zum Einsatz, der ungeeignete (z. B. pornografische oder Gewalt verherrlichende) Inhalte heraussiebt. Bei der Preisrecherche dürfte das normalerweise kein Problem sein. Sollten Sie aber einmal z. B. nach DVDs mit FSK 18 suchen oder einschlägige Artikel aus dem Bereich der Erwachsenenunterhaltung, sollten Sie in der erweiterten Produktsuche unten bei *SafeSearch* die Option *Kein Filter* wählen, um wirklich alle Angebote zu sehen.

Innerhalb der gefundenen Webseiten noch weiter suchen

Manchmal führt eine erfolgreiche Suche über mehrere Schritte, in denen man den Suchbegriff immer mehr optimiert. Google unterstützt diese Herangehensweise, indem Sie die erzielten Treffer in einem weiteren Schritt mit einer weiteren Suchanfrage verfeinern können. Die vorhandenen Ergebnisse bleiben dabei erhalten und bilden die Basis für eine weitere Suche, die nur innerhalb dieser schon gefundenen Webseiten stattfindet.

Schritt 1

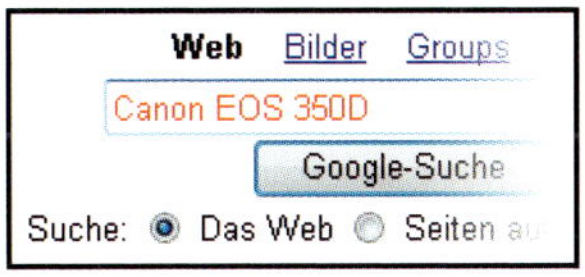

Kommen wir noch mal auf das Beispiel im vorangehenden Abschnitt zurück: die Suche nach dem günstigsten Preis für eine bestimmte Digitalkamera. Vielleicht stellen Sie bei der Suche (mal wieder) fest, dass die üblichen Hinweise auf Auktionen bei eBay zu dominant sind und die wirklich interessanten Treffer verdrängen.

Schritt 2

Deshalb müssen Sie nicht gleich eine neue Suche anfangen. Gehen Sie stattdessen auf einer Seite der Trefferliste ganz nach unten. Hier finden Sie den Link *In den Ergebnissen suchen*.

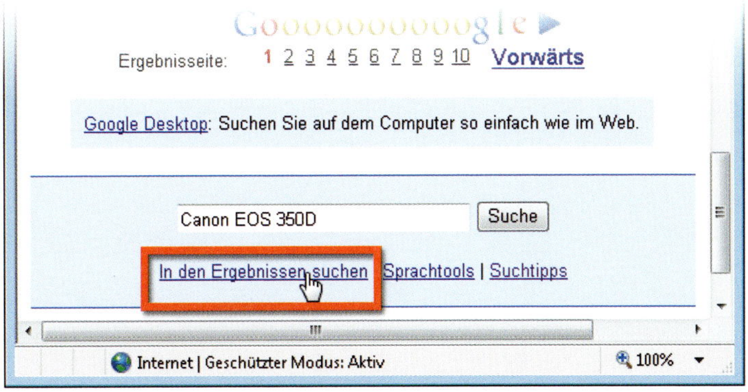

Tipp

Suchen nach und nach durchführen

Das Suchen in Ergebnissen eignet sich prima, um Google kennen zu lernen und mit den Möglichkeiten zu experimentieren. Anstatt gleich einen komplexen Suchbegriff einzugeben, fangen Sie mit einem Suchwort an, ergänzen dann ein weiteres etc. Bei jedem Schritt überprüfen Sie, wie sich die Anzahl der Treffer verändert hat bzw. ob sich nun relevantere Ergebnisse oben in der Liste finden.

Tipp

Keine Oder-Verknüpfung verwenden

Beim nachträglichen Verfeinern einer Suche sollten Sie auf Oder-Verknüpfungen verzichten. Da die weitere Suche sich immer nur auf die bereits gefundenen Seiten bezieht, können Sie damit keine weiteren Treffer erzielen.

Info

Suche verfeinern oder neue Suche?

Was ist der Unterschied zum Verfeinern einer Suche und dem Erweitern des Suchbegriffs im Suchfeld? Das Verfeinern bezieht sich immer nur auf die schon gefundenen Webseiten. Mit dem normalen Suchfeld suchen Sie jeweils komplett neu.

Schritt 3

Damit öffnen Sie ein Formular, wo oben zunächst noch einmal die zuletzt verwendete Suchanfrage und die Anzahl der damit erzielten Treffer aufgeführt wird.

Schritt 4

Darunter können Sie im Eingabefeld die Verfeinerung der Suche eingeben. Hierbei können Sie einen beliebigen Suchbegriff verwenden, auch die verschiedenen Verknüpfungen und Suchoperatoren stehen zur Verfügung.

Schritt 5

Klicken Sie dann auf die Schaltfläche *In den Ergebnissen suchen* oder drücken Sie [Enter]. Als Ergebnis erhalten Sie wiederum eine Trefferliste, die eine Untermenge der zuvor gefundenen Webseiten enthält. Da die erneute Suche auf die zuvor bereits gefundenen Webseiten beschränkt ist, wirkt sich eine solche Verfeinerung stets einschränkend auf die Suchergebnisse aus.

3

Mit dem erweiterten Suchformular noch genauer & flexibler recherchieren

Von der Standardsuche zum erweiterten Suchformular wechseln

Neben der Standardsuche bietet Google Ihnen ein erweitertes Formular mit zahlreichen Möglichkeiten, Einschränkungen und Vorauswahlen zu treffen und so auf Anhieb ein besseres Ergebnis der Suche zu erreichen. In diesem Kapitel stellen wir Ihnen die verschiedenen Suchkriterien vor und zeigen Ihnen, wie Sie diese für die verschiedensten Suchaufgaben effektiv einsetzen können.

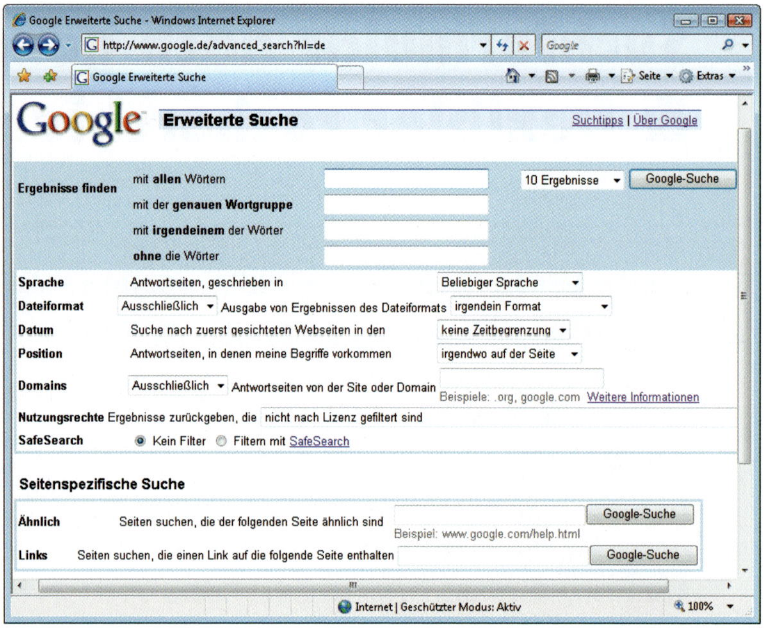

Das erweiterte Suchformular von Google eröffnet Ihnen zahlreiche Funktionen und Suchmöglichkeiten.

Wenn Sie Google unter der gewohnten Adresse aufrufen, erhalten Sie zunächst immer das Standardsuchformular, bei dem Sie einfach nur das Eingabefeld zur Verfügung haben. Wollen Sie eine detaillierte Suche formulieren, müssen Sie zum erweiterten Suchformular wechseln.

Info

Wann lohnt sich das erweiterte Suchformular?

Zugegebenermaßen kann das erweiterte Suchformular mit seinen vielen Eingabefeldern und der Auswahl auf den ersten Blick etwas abschreckend wirken. Für viele alltägliche Suchen benötigen Sie es auch nicht. Aber immer wenn Sie mit dem Standardformular nicht weiterkommen, lohnt sich ein Blick hierhin. In diesem Kapitel finden Sie Beispiele, wie Sie die erweiterte Suche sinnvoll einsetzen.

Schritt 1

Um die erweiterte Suche zu verwenden, rufen Sie zunächst wie gewohnt das Standardformular auf.

Schritt 2

Klicken Sie in diesem rechts neben dem Eingabefeld auf den Link *Erweiterte Suche*. Damit öffnen Sie das Formular für die erweiterten Sucheinstellungen.

Schritt 3

Im oberen Bereich des Formulars geben Sie den eigentlichen Suchbegriff ein. Das oberste Feld mit allen Wörtern entspricht dem Eingabefeld des Standardformulars. Die anderen Felder ermöglichen eine abweichende Verknüpfung, wenn Sie mehr als einen Suchbegriff eingeben. Diese verschiedenen Verknüpfungen stellen wir in Kapitel 2 ausführlicher vor. Zusätzlich können Sie in diesem Bereich die gewünschte Anzahl der Ergebnisse pro Seite einstellen.

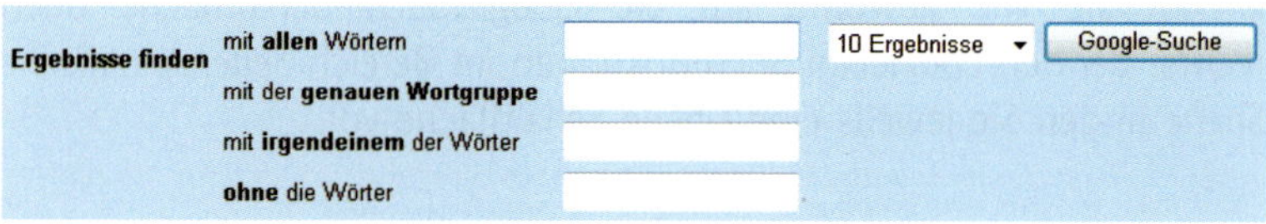

Tipp

Die erweiterte Suche direkt aufrufen

Anstelle des Umwegs über das Standardsuchformular können Sie die erweiterte Suche auch direkt unter der Adresse *http://www.google.de/advanced_search* aufrufen. Dies ist auch die Webseite bzw. Adresse, mit der Sie Favoriten anlegen sollten, um schnell auf die erweiterte Suche zugreifen zu können. Vom erweiterten Suchformular gelangen Sie übrigens zurück zur einfachen Standardsuche, indem Sie oben links auf das *Google*-Symbol klicken.

Tipp

Erweiterte Suchmöglichkeiten im Standardformular

Fast alle Funktionen des erweiterten Suchformulars können Sie auch im Standardsuchformular von Google oder in anderen Suchfeldern z. B. in der Symbolleiste des Internet Explorer nutzen. Allerdings müssen Sie dabei Parameter anstelle von komfortablen Auswahlfeldern verwenden. Wie das geht, wird am Ende dieses Kapitels ausführlich beschrieben.

Schritt 4

Mit den Einstellungen darunter können Sie weitere Einschränkungen vornehmen. Google findet dann nur solche Webseiten, die neben dem oben formulierten Suchbegriff auch die unten festgelegten Kriterien erfüllen. Die verschiedenen Möglichkeiten, die sich daraus ergeben, stellen wir im Folgenden ausführlicher vor.

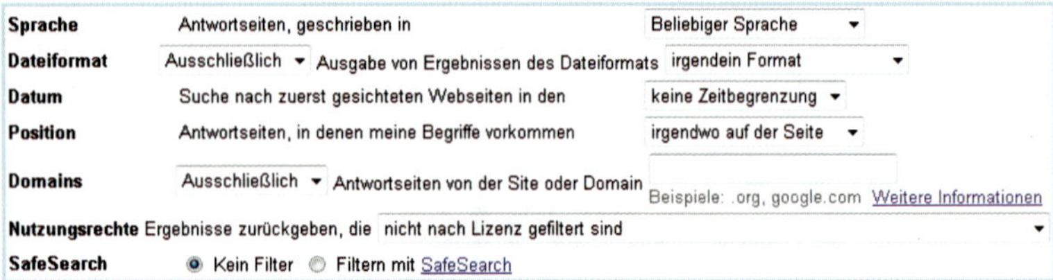

Schritt 5

Ganz unten finden Sie schließlich die *Seitenspezifische Suche*, mit der Sie einander ähnliche Webseiten aufstöbern sowie den Verknüpfungen zwischen verschiedenen Webangeboten nachgehen können. Auch hierzu finden Sie in diesem Kapitel konkrete Suchbeispiele.

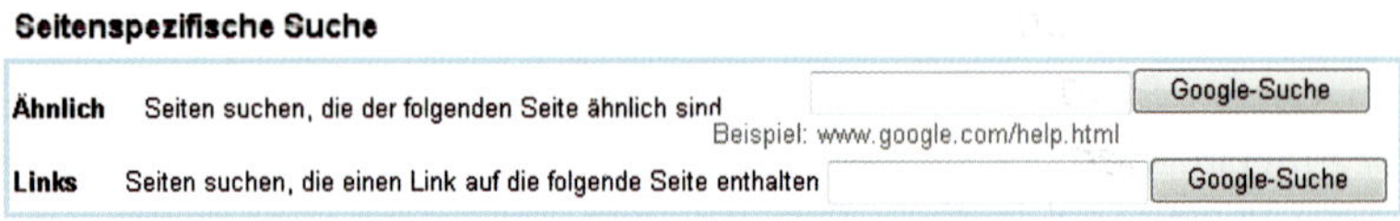

Schritt 6

Haben Sie Ihre Suchanfrage im erweiterten Formular formuliert und alle gewünschten Vorgaben festgelegt, klicken Sie wie gewohnt auf die *Google-Suche*-Schaltfläche oben rechts. Bei den speziellen Suchfunktionen im Bereich *Seitenspezifische Suche* finden Sie jeweils eine eigene Schaltfläche vor.

Beschränken Sie Ihre Suche auf topaktuelle Webseiten

Gerade bei komplexen Suchanfragen präsentiert Ihnen Google auch ganz oben in der Trefferliste gern mal Webseiten älteren Datums. Über das erweiterte Suchformular können Sie dafür sorgen, nur Webseiten neueren Datums zu berücksichtigen. So ersparen Sie sich Webseiten, die womöglich schon lange nicht mehr gepflegt und aktualisiert wurden.

Schritt 1

Öffnen Sie das Formular für die erweiterte Suche und geben Sie oben bei *Ergebnisse finden* den oder die Suchbegriff(e) ein. Sie können hier eine beliebig komplexe Suchanfrage mit all den in Kapitel 2 vorgestellten Verknüpfungen für Suchbegriffe verwenden.

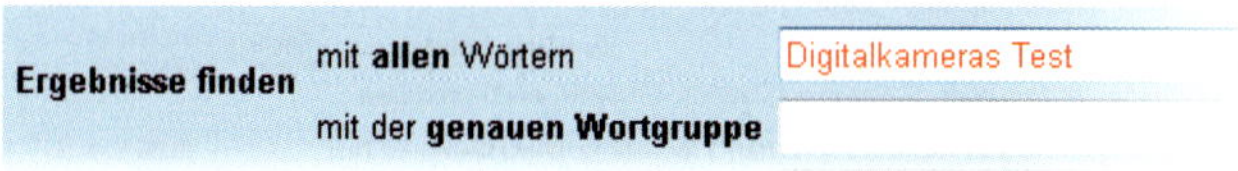

Schritt 2

Gehen Sie dann nach unten zu den weiteren Eigenschaften und lokalisieren Sie dort die Zeile, die ganz links mit *Datum* beginnt.

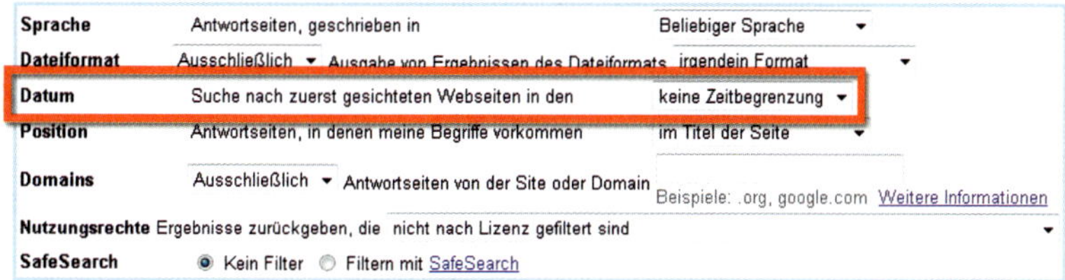

Info

Die Aktualität der gefundenen Webseiten

Die Reihenfolge der gefundenen Webseiten in der Ergebnisliste bestimmt allein die Relevanz und die Bewertung der Seite durch Google (PageRank). Die Aktualität spielt dabei nur eine untergeordnete Rolle. Generell werden Webseiten, die neuer sind bzw. regelmäßig aktualisiert werden, eine höhere Bewertung erhalten und deshalb auch weiter vorn in den Ergebnislisten auftauchen. Trotzdem ist eine gute Platzierung einer Webseite kein Garant für aktuellen Inhalt.

Hinweis

Was genau besagt das Datum?

Das von Google verwendete Datum bezieht sich auf den Zeitpunkt, zu dem eine Webseite zum ersten Mal von Google erfasst wurde. Es stimmt also nicht automatisch mit dem Termin überein, zu dem die Webseite tatsächlich erstellt und veröffentlicht wurde. Trotzdem ist dieses Datum ein ganz guter Indikator für die Aktualität eines Webangebots.

Tipp

Den Suchzeitraum verlängern

Sollte die Suche mit eingeschränktem Zeitraum nicht die gesuchten Ergebnisse erbracht haben, können Sie die Recherche einfach ausdehnen: Bei Suchen mit Einschränkung des Datums zeigt Google in den Ergebnisseiten oben ein Auswahlfeld für den Suchzeitraum an. Wählen Sie hier einfach den nächstgrößeren Zeitraum aus, um eine neue Ergebnisliste mit einer weniger strengen Zeitbegrenzung zu erhalten.

Schritt 3

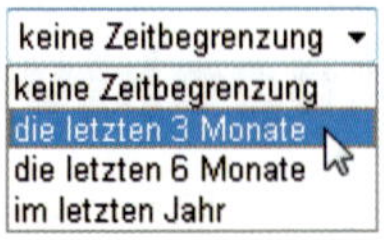

Klicken Sie hier ganz rechts auf die Auswahlschaltfläche, um den Zeitraum zu wählen, aus dem die gefundenen Seiten stammen sollen. Wollen Sie den Bereich einschränken, können Sie einen Zeitraum zwischen *die letzten 3 Monate*, *die letzten 6 Monate* sowie *im letzten Jahr* wählen. Spielt es keine Rolle, von wann eine Webseite stammt, belassen Sie es beim Standard *keine Zeitbegrenzung*.

Schritt 4

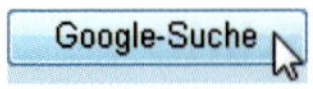

Klicken Sie dann oben rechts auf die Schaltfläche *Google-Suche*, um die Suche zu starten.

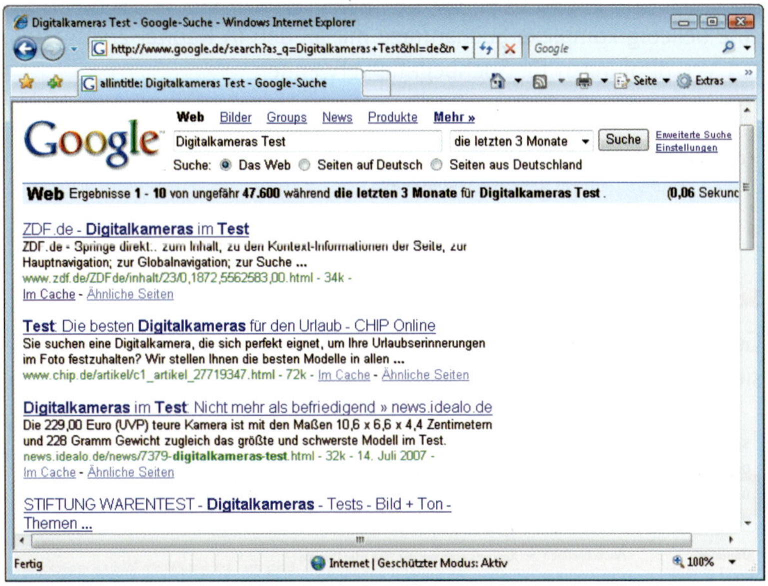

Durch das Einschränken des Datums erhalten Sie z. B. topaktuelle Testberichte statt alter Kamellen.

International suchen: nur Webseiten in einer bestimmten Sprache berücksichtigen

Sie können nicht nur auf Deutsch, sondern auch in verschiedenen Fremdsprachen suchen. Hierzu bietet Google die Möglichkeit, den Suchbereich direkt im Standardformular sprachlich einzuschränken oder Ihre sprachlichen Vorlieben in den Grundeinstellungen festzulegen (siehe Kapitel 1). Auch im erweiterten Suchformular können Sie die Sprache der zu findenden Webseiten vorgeben, etwa wenn Sie in einer Sprache suchen wollen, die im Standardformular nicht direkt gewählt werden kann.

Schritt 1

Öffnen Sie das Formular für die erweiterte Suche und formulieren Sie oben bei *Ergebnisse finden* einen beliebig einfachen oder komplexen Suchbegriff.

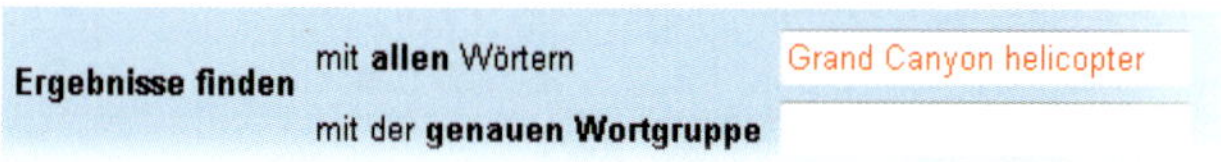

Schritt 2

Lokalisieren Sie dann unten bei den Sucheinschränkungen die Zeile *Sprache*.

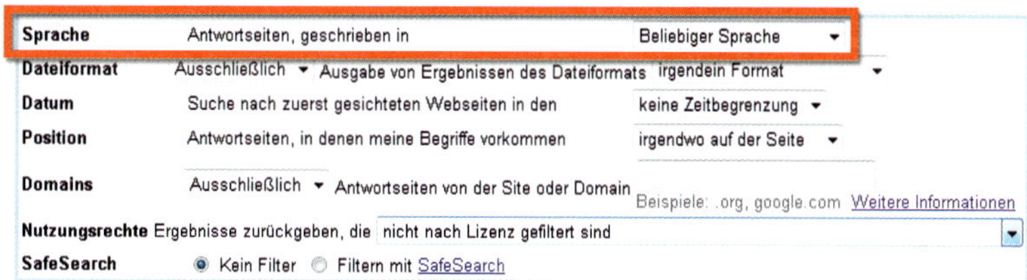

Info

Mehrere Sucheinschränkungen kombinieren

Die detaillierten Vorgaben für die Suche im erweiterten Suchformular lassen sich beliebig kombinieren. Sie können also z. B. sowohl für die Sprache als auch für den Zeitraum, aus dem die Ergebnisse stammen sollen, Vorgaben machen. Prinzipiell können Sie alle Felder des erweiterten Suchformulars in einer einzigen Suchanfrage gemeinsam verwenden.

Tipp

In mehreren Sprachen gleichzeitig suchen

Im Suchformular müssen Sie sich immer für eine Sprache entscheiden. Mit einem Trick können Sie aber auch in mehreren Sprachen gleichzeitig suchen: Stellen Sie in den Sucheinstellungen (siehe Kapitel 1) alle gewünschten Sprachen ein und wählen Sie im einfachen Suchformular dann die Sprachoption *Anpassen*.

Schritt 3

Klicken Sie im Auswahlfeld ganz rechts auf die gewünschte Sprache. Google bietet hier die wichtigsten Sprachen aus dem europäischen Raum, Amerika und Asien an. Nur afrikanische Dialekte sucht man bislang vergebens.

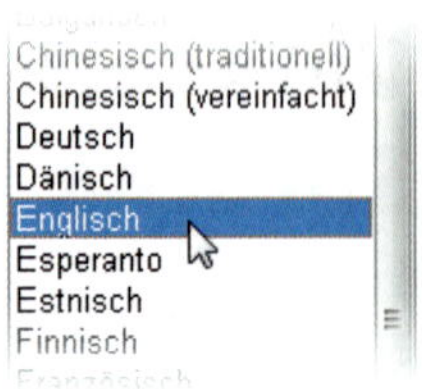

Schritt 4

Klicken Sie dann oben rechts auf die Schaltfläche *Google-Suche*, um die Suche zu starten.

Schritt 5

Google präsentiert Ihnen daraufhin wie gewohnt die Suchergebnisse als Liste. Wie Sie mit einem Blick auf die Titel der gefundenen Webseiten und auch die Kurzzusammenfassungen schnell feststellen können, handelt es sich dabei aber jetzt ausschließlich um Webseiten in der Sprache, die Sie in den Sucheinstellungen vorgegeben hatten.

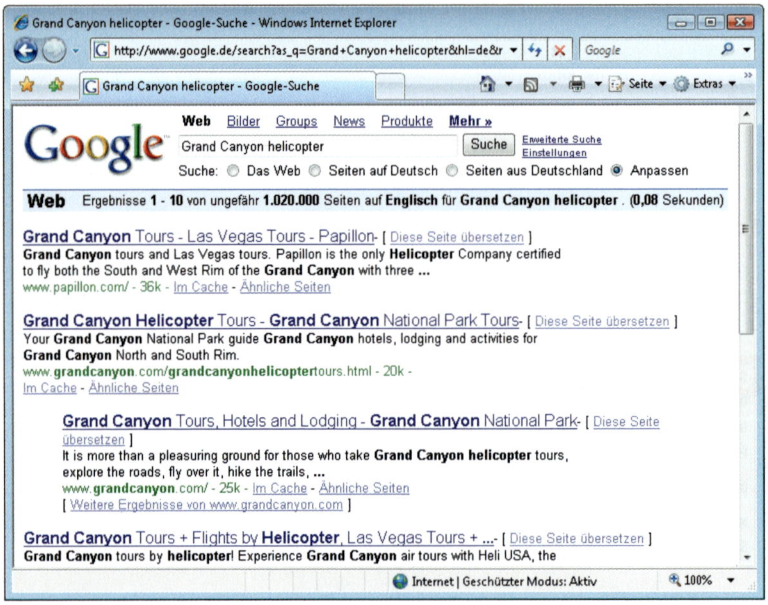

Auf Wunsch sucht Google gezielt Webseiten in einer Fremdsprache und zeigt nur diese als Ergebnis.

Tipp

Fremdsprachige Webseiten automatisch übersetzen

Haben Sie in den Ergebnisseiten den Link *Diese Seite übersetzen* hinter jedem fremdsprachigen Suchergebnis bemerkt? Wenn Sie darauf klicken, übersetzt Google den Inhalt der gefundenen Webseite und zeigt Ihnen diese in deutscher Sprache an. Die Übersetzung erfolgt sofort und vollautomatisch. Völlige Korrektheit und hohe Sprachqualität sollten Sie deshalb nicht erwarten.

Fremdsprachige Webseiten über die Sprachtools suchen

Eine andere Möglichkeit, Webseiten in einer bestimmten Sprache zu suchen, sind die Google-Sprachtools. Sie erlauben es, nicht nur die Sprache zu berücksichtigen, in der eine Webseite verfasst ist, sondern auch, aus welchem Land (bzw. welcher nationalen Top-Level-Domain) eine Seite stammt. Diese Form der Suche erlaubt noch weitere Varianten beim gezielten Suchen nach Informationen.

Schritt 1

Öffnen Sie dazu das Google-Suchformular und klicken Sie rechts neben dem Eingabefeld auf den Link *Sprachtools*.

Schritt 2

Hier finden Sie ganz oben den Bereich *Suche in bestimmten Sprachen oder Ländern*.

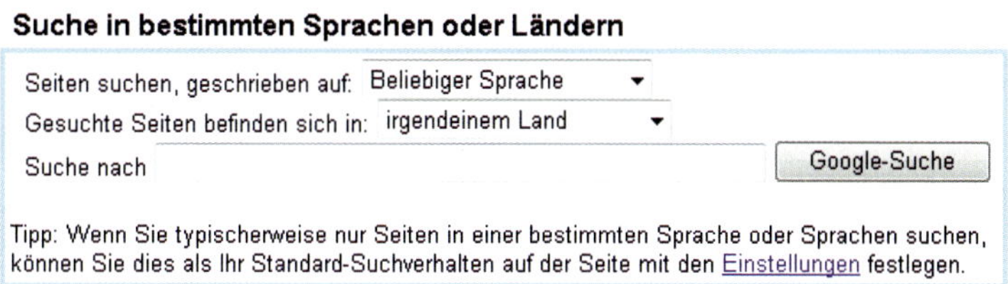

Schritt 3

Mit der Eigenschaft *Seiten suchen, geschrieben auf* legen Sie fest, in welcher Sprache die Webseiten verfasst sein sollen, die als Treffer in Frage kommen.

Tipp

Die Sprachtools direkt abrufen

Auch die Google-Sprachtools haben ihre eigene Adresse, über die Sie sie ohne Umwege direkt abrufen können: *http://www.google.de/language_tools*.

Hinweis

Noch mehr Sprachtools

Die Google-Sprachtools haben noch einige Funktionen mehr zu bieten. Wir gehen in Kapitel 8 ausführlicher darauf ein.

Tipp

Völlige Freiheit bei Sprach- und Ländervorgaben

Die Einstellungen für Sprache und Land müssen übrigens nicht übereinstimmen, auch wenn das meistens nahe liegend sein dürfte. Sie können also ohne Weiteres auch nach deutschen Seiten auf russischen Servern suchen. Auch wenn Sie z. B. gezielt Seiten aus dem französischsprachigen Teil Kanadas suchen, sind die Sprachtools eine gute Hilfe.

Schritt 4

Die Einstellung *Gesuchte Seiten befinden sich in* beschränkt die zu durchsuchenden Webseiten auf ein bestimmtes Land. Diese Einschränkung ist allerdings nicht geografisch zu verstehen, sondern bezieht sich auf die nationale Top-Level-Domain, zu der der jeweilige Server gehört (also z. B. *.de* für Deutschland, *.at* für Österreich und *.ch* für die Schweiz). Mit dieser zusätzlichen Einschränkung können Sie insbesondere bei Suchen in weltweit relevanten Sprachen wie z. B. Englisch noch eine genauere regionale Vorgabe für die Suchergebnisse machen.

Schritt 5

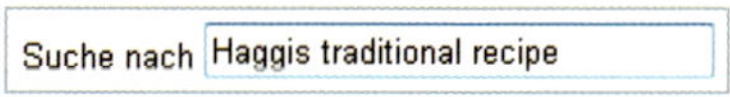

Schließlich geben Sie bei *Suche nach* wie gewohnt den Suchbegriff ein. Wie immer darf dieser beliebig komplex sein und Verknüpfungen enthalten, wenn Sie die entsprechenden Parameter direkt eingeben.

Schritt 6

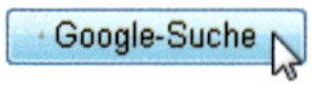

Starten Sie die Suche dann mit einem Klick auf die Schaltfläche *Google-Suche* links oder mit Enter.

Die Sprachtools erlauben noch mehr Präzision beim Formulieren internationaler Suchen.

Sie haben eine Bedienungsanleitung verloren? – Finden Sie mit Google schnell Ersatz

Google sammelt in seinem Datenbestand neben Webseiten auch andere Dokumente aus dem Web. Dazu gehören insbesondere plattformunabhängige Textdokumente sowie die Microsoft Office-Formate. Bei einer Standardsuche werden alle Formate berücksichtigt. Wenn Sie auf der Suche nach ausführlichen, fundierten Informationen oder technischen Daten sind, kann sich das Beschränken der Suche auf bestimmte Arten von Dokumenten aber lohnen.

Schritt 1

Öffnen Sie das Formular für die erweiterte Suche und geben Sie oben neben *Ergebnisse finden* den oder die Suchbegriff(e) ein.

Schritt 2

Lokalisieren Sie dann unten bei den Sucheinschränkungen die Zeile zum *Dateiformat*.

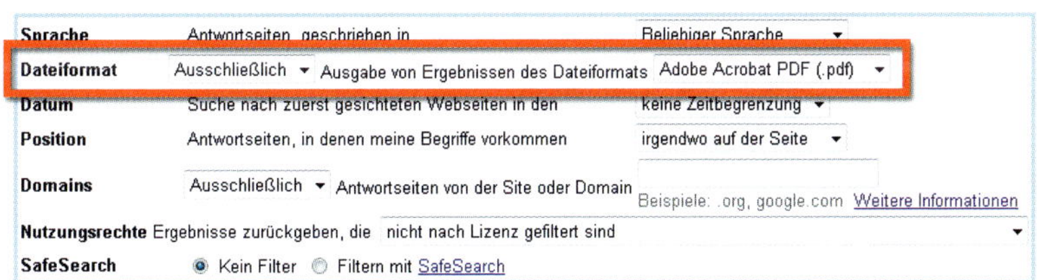

Schritt 3

Stellen Sie hier im linken Auswahlfeld zunächst *Ausschließlich* ein, um nur Dokumente in einem bestimmten Dokumentformat zu finden.

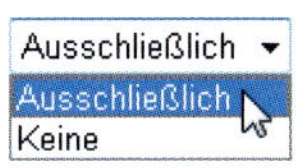

Glossar

Plattformunabhängig

Die Computerwelt kennt verschiedene Plattformen wie Windows, UNIX (Linux) oder Macintosh. Dokumente, die überall exakt gleich aussehen, heißen plattformunabhängig.

Info

Diese Dateiformate kennt Google

Neben herkömmlichen Webseiten erfasst Google auch spezielle Dokumente, die im Web veröffentlicht sind. Dazu gehören das Adobe Acrobat-Format PDF, das PostScript-Format PS und das Format für formatierte Texte RTF. Außerdem erfasst und indiziert die Google-Suchmaschine auch Dokumente in den Microsoft Office-Formaten DOC (Word), XLS (Excel) sowie PPT (PowerPoint). Hinzukommen noch spezielle Dateien für Google Earth und Autodesk sowie Shockwave Flash-Anwendungen.

Schritt 4

Legen Sie dann im rechten Auswahlfeld das Dokumentformat fest, auf dass Sie die Suche beschränken bzw. das Sie von der Suche ausschließen wollen (je nachdem, welche Einstellung Sie links gewählt haben).

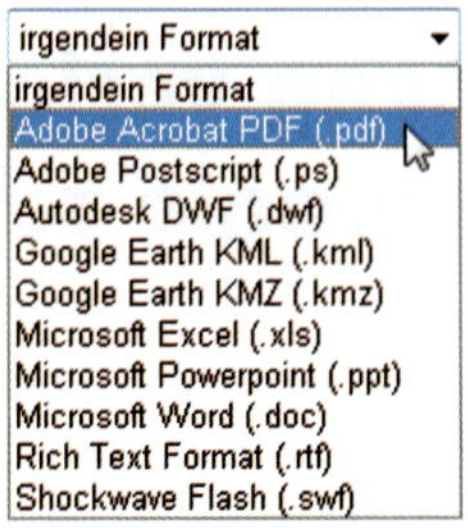

Schritt 5

Klicken Sie dann oben rechts auf die Schaltfläche *Google-Suche*, um diese Suche durchzuführen.

Schritt 6

Google präsentiert daraufhin eine Trefferliste, in der Sie ausschließlich Dokumente in dem gewählten Format finden, die die Suchbegriffe enthalten. Das erkennen Sie leicht an der Angabe des Dateiformats vor jedem Eintrag der Liste, also z. B. *[PDF]* für PDF-Dokumente oder *[DOC]* für Word-Dateien.

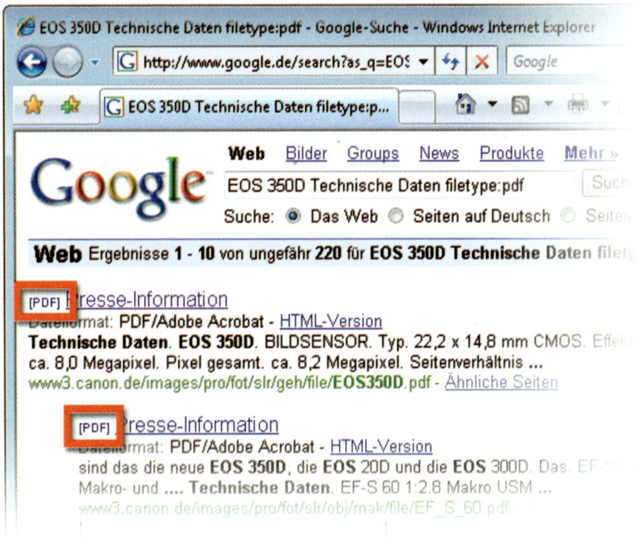

Tipp

Bedienungsanleitungen und Ähnliches finden

Mit dem Produktnamen und Stichwörtern wie „Bedienungsanleitung" werden Sie nicht immer Erfolg haben. Wenn Sie ausführliche Informationen zu einem Produkt suchen, versuchen Sie es mal so: Jedes Produkt hat spezifische Funktionen, die z. B. eine Bedienungsanleitung erklären sollte. Dazu muss der Name der Funktion (der z. B. auf dem Display oder am Bildschirm erscheint) erwähnt werden. Kombinieren Sie also mehrere solcher spezifischer Bezeichnungen zu einer Suchanfrage.

Glossar

Acrobat Reader

Der Acrobat Reader ist ein Programm zum Anzeigen von PDF-Dateien. Er ist kostenlos erhältlich und kann als Plug-in direkt in den Internet Explorer integriert werden.

Schritt 7

Für viele der Dokumentformate benötigen Sie ein spezielles Programm zum Betrachten. Solche Viewer sind häufig als Plug-ins für den Internet Explorer kostenlos erhältlich. Sie werden dann beim Laden eines solchen Dokuments automatisch aktiviert und zeigen den Inhalt direkt innerhalb des Browserfensters an.

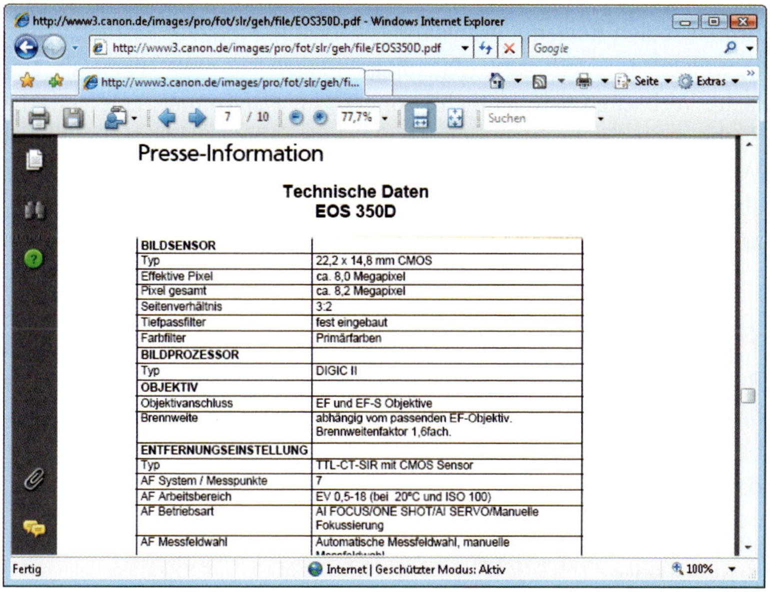

Fundierte Informationen und technische Daten finden sich häufig speziell in PDF-Dokumenten.

Tipp

Bestimmte Dateiformate ausschließen

Um ein bestimmtes Dateiformat bei der Suche auszuschließen, wählen Sie im linken Auswahlfeld die Option *Keine*. Das kann z. B. sinnvoll sein, wenn eine vorherige Suche erbracht hat, dass der Suchbegriff in vielen solcher Dokumente gefunden wird, ohne dass Ihnen das weiterhilft.

Bedienungsanleitungen im Internet finden

Angenommen, Sie haben bei eBay ein gebrauchtes Schnurlostelefon supergünstig erstanden. Leider hatte der Verkäufer die Bedienungsanleitung nicht mehr. Mit etwas Glück ist das kein Problem, denn viele Firmen stellen Bedienungsanleitungen für ihre Produkte kostenlos zum Download zur Verfügung. Allerdings werden sie meist nicht als einfache Webseiten veröffentlicht, sondern im PDF-Format. Eine einfache Suche nach der Bezeichnung des Telefons würde zahllose Treffer mit Werbung und Verkaufsangeboten erbringen. Schränken Sie die Suche aber auf PDF-Dokumente ein, finden Sie die gewünschte Bedienungsanleitung ganz schnell.

Info

PDF-Dokumente direkt im Webbrowser betrachten

Um PDF-Dateien betrachten und ausdrucken zu können, benötigen Sie z. B. den Acrobat Reader. Dieser installiert in gängigen Webbrowsern ein Plug-in, sodass PDF-Dokumente direkt im Browserfenster angezeigt werden können. Sie finden dann am oberen Rand eine Symbolleiste vor, mit der Sie z. B. durch die Seiten des Dokuments blättern können. Am linken Rand können Sie oft bei längeren Dokumenten ein Inhaltsverzeichnis abrufen und bestimmte Abschnitte direkt anwählen.

Schritt 1

Rufen Sie das erweiterte Suchformular auf und geben Sie bei *Ergebnisse finden* im Feld *mit allen Wörtern* den Hersteller und die Produktbezeichnung des Telefons an. Wenn das allein noch nicht reicht, kann das Schlüsselwort „Bedienungsanleitung" nicht schaden.

Schritt 2

Gehen Sie dann unten zur Zeile *Dateiformat* und stellen Sie hier im linken Auswahlfeld die Option *Ausschließlich* ein.

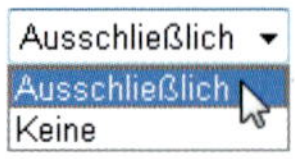

Schritt 3

Wählen Sie anschließend im rechten Auswahlfeld *Adobe Acrobat PDF (.pdf)*, um nur PDF-Dokumente zu berücksichtigen. Gerade Bedienungsanleitungen werden typischerweise in diesem plattformunabhängigen Format im Internet veröffentlicht.

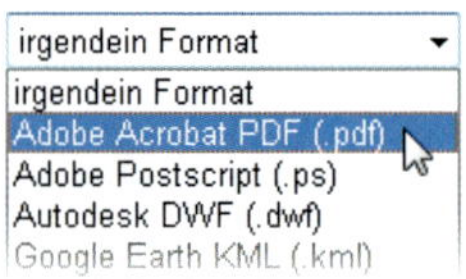

Schritt 4

Klicken Sie dann rechts oben auf die *Google-Suche*-Schaltfläche.

Schritt 5

Die Anzahl der Treffer dürfte bei der Einschränkung auf ein bestimmtes Dokumentformat im Allgemeinen recht gering sein. Schon die Treffer auf der ersten Seite klingen sehr vielversprechend.

Schritt 6

Tatsächlich führt uns bereits der zweite Treffer genau zu der gesuchten Bedienungsanleitung. Ist der Acrobat Reader oder ein anderes Programm zum Betrachten von PDFs installiert, können Sie die Bedienungsanleitung direkt betrachten und z. B. ausdrucken.

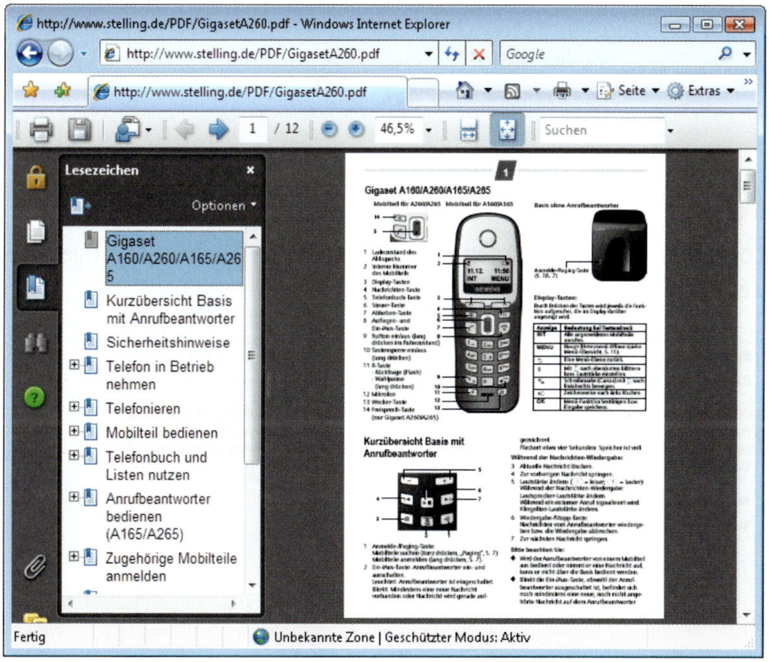

Info

Warum gerade PDF?

Das **P**ortable **D**ocument **F**ormat ist plattformunabhängig. Das bedeutet, dass ein Dokument in diesem Format auf jedem Endgerät gleich aussieht, egal ob Windows PC, Linux-Recher oder Handy. Zum Betrachten ist ein spezielles Programm erforderlich (Acrobat Reader), der für viele Hardwareplattformen kostenlos erhältlich ist.

Besonders relevante Webseiten anhand des Seitentitels aufspüren

Bestimmte, häufig verwendete Begriffe tauchen auf vielen Webseiten auf oder werden als Werbung für ganz andere Dinge missbraucht. Um Seiten zu finden, die sich auch wirklich ausführlich mit dem gesuchten Thema auseinandersetzen, sind die Titel der Seiten eine gute Hilfe. Google erlaubt es festzulegen, wo die gesuchten Begriffe im Dokument vorkommen sollen.

Schritt 1

Öffnen Sie das Formular für die erweiterte Suche und geben Sie oben bei *Ergebnisse finden* den oder die Suchbegriff(e) ein.

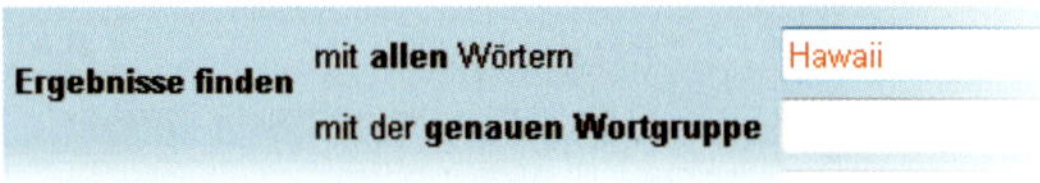

Schritt 2

Lokalisieren Sie dann unten in den erweiterten Sucheinstellungen die Zeile *Position*.

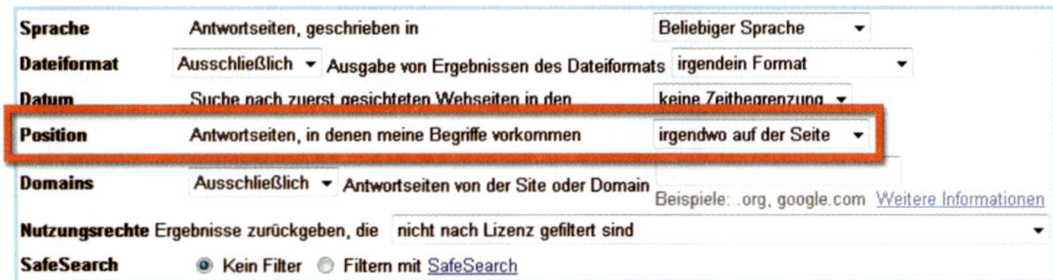

Schritt 3

Stellen Sie hier ganz rechts im Auswahlfeld ein, auf welchen Seitenbereich Sie die Suche beschränken wollen. Um z. B. Seiten zu finden, die sich mit dem Suchbegriff ganz bestimmt ausführlich beschäftigen, wählen Sie die Einstellung *im Titel der Seite*.

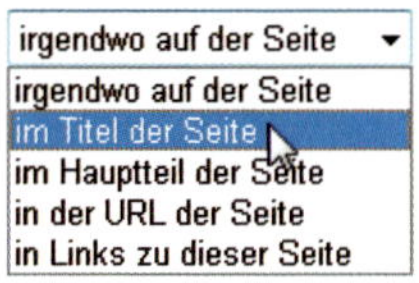

Info

Irgendwo auf der Seite

Dies ist die Standardeinstellung für Google-Suchen. Eine Webseite wird gefunden, wenn sie den Suchbegriff irgendwo innerhalb ihrer Datei enthält, ob nun Titel, URL oder Hauptteil.

Info

Im Hauptteil der Seite

Diese Option entspricht dem Gegenteil von *im Titel der Seite*. Es wird nur der eigentliche Inhalt beachtet, der auch im Browserfenster dargestellt würde.

Info

In der URL der Seite

Mit dieser Einstellung beachtet Google beim Suchen nur die Adresse der Webseiten, also z. B. *www.server.de/inhalt/willkommen.html*. Nur wenn der Suchbegriff irgendwo darin enthalten ist, gilt die Seite als Treffer.

Schritt 4

Klicken Sie dann oben rechts auf die Schaltfläche *Google-Suche*, um die Suche zu starten.

Schritt 5

Beim anschließenden Betrachten der Suchergebnisse werden Sie feststellen, dass Google Ihnen nur solche Webseiten anbietet, die (im wahrsten Sinne des Wortes) schon auf den ersten Blick mit dem gesuchten Begriff zu tun haben.

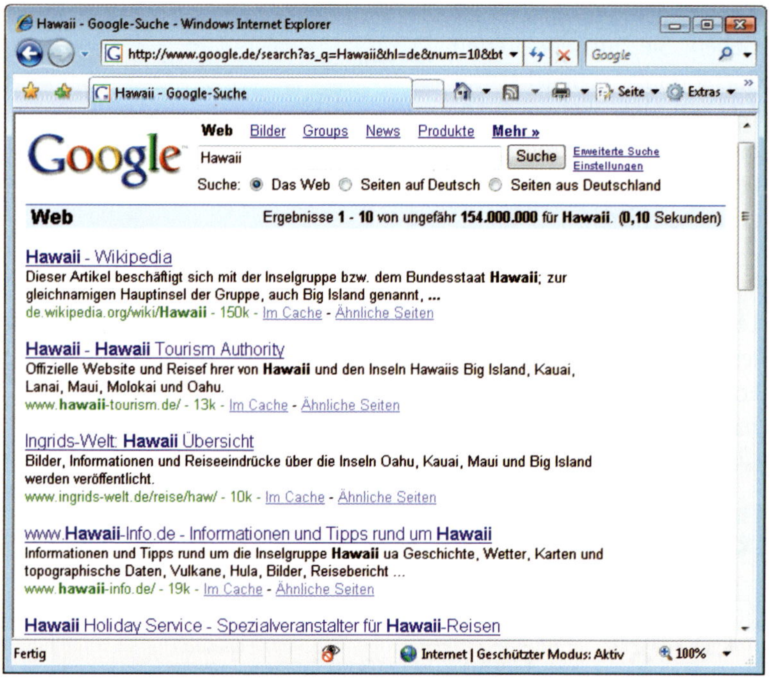

Info

In Links zu dieser Seite

Hiermit finden Sie Seiten, auf die andere Seiten mit dem gesuchten Begriff verweisen. Die gefundene Webseite muss den Suchbegriff also nicht zwangsläufig selbst enthalten.

Info

Seitentitel

Der Titel einer Webseite ist nicht Bestandteil der Webseite selbst, sondern wird in der Kopfzeile des Browserfensters angezeigt. Auch in den Trefferlisten der Google-Suche werden die einzelnen Webseiten anhand ihres Titels aufgeführt. Der Seitentitel muss vom Autor einer Webseite ausdrücklich festgelegt werden. Er sollte in der Regel den Inhalt der Seite kurz und präzise beschreiben.

Tarifvergleiche im Internet finden

Dank der Liberalisierung der Märkte kann man heutzutage in vielen Bereichen einiges an Geld sparen, wenn man jeweils den günstigsten Anbieter sucht. Im Internet stehen entsprechende Preisinformationen und komplette Tarifübersichten und -vergleiche zur Verfügung. Sucht man allerdings nach populären Begriffen wie z. B. „DSL Tarifvergleich", wird man schnell mit nervender Werbung überschwemmt. Solchen Tricks können Sie mit präziser Formulierung Ihrer Suche begegnen.

Schritt 1

Geben Sie im erweiterten Suchformular zunächst im Feld *mit allen Wörtern* z. B. die Suchanfrage *Strom Tarifvergleich* ein, um aktuelle Informationen und Angebote zum Strompreis zu recherchieren.

Schritt 2

Legen Sie dann weiter unten in der Zeile *Position* fest, dass die Suchbegriffe *im Titel der Seite* vorkommen sollen. Mit einer solchen Suchanfrage erhalten Sie auf Anhieb eine vielversprechende Auswahl an Webseiten mit Strom-Tarifinformationen.

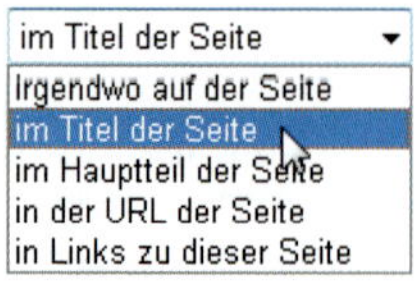

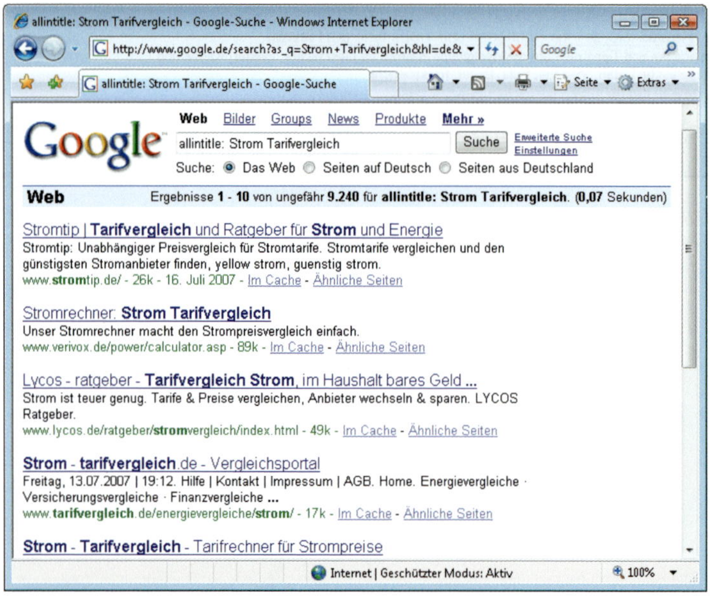

Durch Einschränken der Suche auf Seitentitel erhalten Sie wesentlich relevantere Ergebnisse.

Tipp

Relevante Ergebnisse durch Referenzen von anderen Webseiten

Das Einschränken der Suche auf bestimmte Seitenbereiche bringt noch mehr Möglichkeiten, möglichst relevante Ergebnisse zu erhalten. Wählen Sie z. B. die Option *in Links zu dieser Seite*, findet Google Webseiten, auf die von anderen Adressen aus mit dem gesuchten Begriff verwiesen wird. Dies ist also so eine Art Referenz für die gefundenen Webseiten, denn wenn jemand zu einem bestimmten Thema auf diese Seite verweist, kann sie ja wohl so falsch nicht sein.

Wenn Sie nur noch einen Teil einer Webadresse kennen

Sie haben beim Surfen eine tolle Webseite mit genau den richtigen Informationen z. B. über Ihr nächstes Urlaubsziel gefunden. Leider haben Sie nicht daran gedacht, die Seite als Favoriten zu speichern oder sich die Adresse anderweitig zu notieren. Wenn Sie sich noch an einen Teil der Adresse erinnern, kann Google Ihnen alle Webseiten liefern, deren Adresse diesen Teil enthält.

Schritt 1

Öffnen Sie zunächst die erweiterten Suchoptionen und geben Sie hier im oberen Bereich *Ergebnisse finden* die Bestandteile der Webadresse an, an die Sie sich erinnern können. Wissen Sie z. B. noch, dass es sich um eine Schweizer Webseite handelte und der Begriff Zermatt darin vorkam, können Sie als Suchbegriff eben „Zermatt" und die schweizerische Top-Level-Domäne „ch" verwenden.

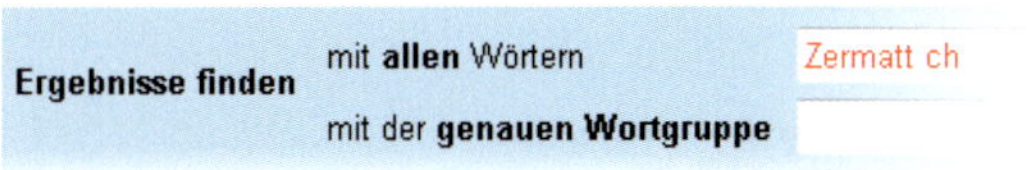

Schritt 2

Wählen Sie dann unten in der Zeile *Position* im Auswahlfeld ganz rechts die Option *in der URL der Seite.*

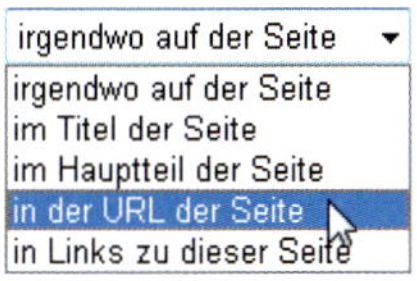

Glossar

URL

Der **U**niform **R**esource **L**ocator ist die exakte Adresse einer Webseite. Sie verrät dem Webbrowser, bei welchem Server er welches Dokument anfordern muss, um diese Webseite zu erhalten. Eine URL besteht dementsprechend in der Regel aus der Angabe eines Protokolls (*http://*), eines Servers (*www.server.de*) sowie eines konkreten Dokuments (*/inhalt/willkommen.html*).

Schritt 3

Klicken Sie dann oben rechts auf die Schaltfläche *Google-Suche*.

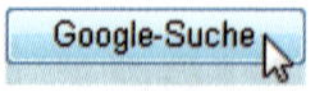

Schritt 4

Auf der Ergebnisseite präsentiert Ihnen Google dann verschiedene Webadressen, die die gesuchten Begriffe beinhalten. Hoffentlich ist die gesuchte Webadresse möglichst weit oben dabei, sodass Sie Ihre Wunschseite schnell wiederfinden.

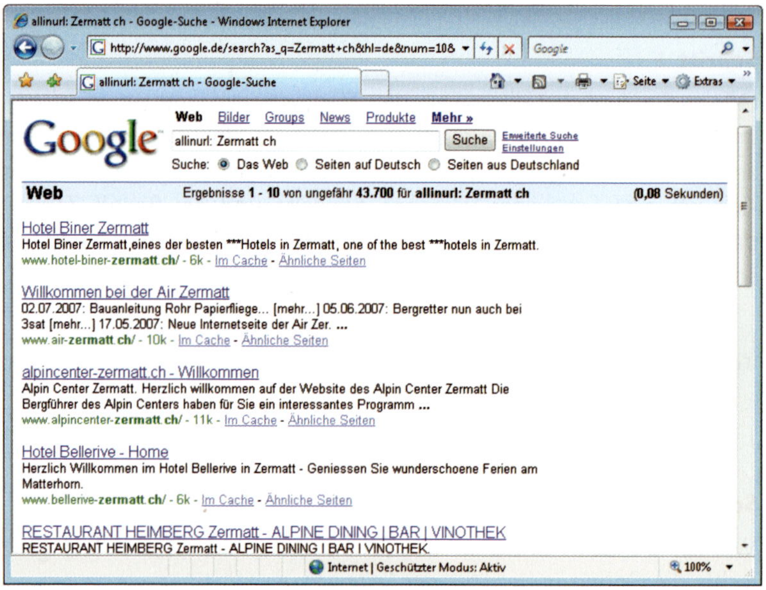

Tipp

Noch nicht gleich das Richtige dabei?

Wenn die Anzahl der auf diese Weise gefundenen Webseiten noch zu groß sein sollte, ist dies eine gute Gelegenheit, das Verfeinern der Suche zu nutzen (siehe Kapitel 2). Klicken Sie ganz unten auf der Ergebnisseite auf den Link *In den Ergebnissen suchen*. Geben Sie dann einen Suchbegriff ein, der den Inhalt der gesuchten Webseite beschreibt. Diese Suche wird dann nur in den Seiten durchgeführt, bei denen auch die Adresse passt. So sollten Sie schnell zum Ziel gelangen.

So durchsucht Google für Sie eine bestimmte Website

Was tun, wenn Sie z. B. in einem Webangebot bestimmte Informationen (wieder)finden wollen, das keine eigene Suchfunktion bietet? Mit Google können Sie eine Suche durchführen, die sich allein auf die Seiten dieses einen Webangebots beschränkt. Das ist dann fast genauso, als wenn diese Webseite eine eigene Suchfunktion hätte.

Schritt 1

Wenn Sie ein bestimmtes Webangebot mit Google durchsuchen wollen, benötigen Sie zunächst dessen Adresse. Öffnen Sie dazu am besten die Webseite im Webbrowser.

Schritt 2

Markieren Sie dann die Adresse im Adressfeld des Browsers, indem Sie einmal mit gedrückter linker Maustaste von links nach rechts darüberziehen.

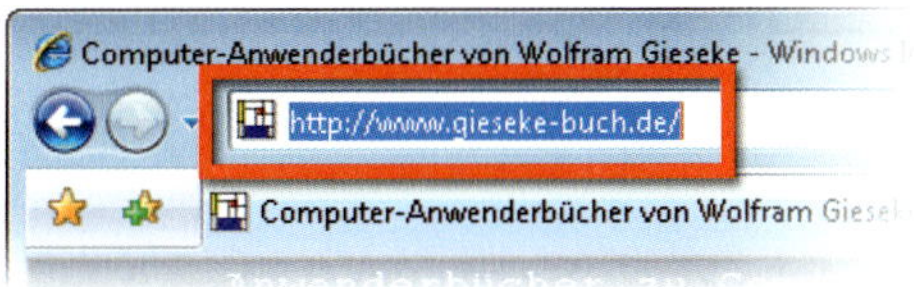

Schritt 3

Drücken Sie dann Strg+C, um die Webadresse in der Windows-Zwischenablage Ihres Windows-PCs zu speichern.

Schritt 4

Öffnen Sie daraufhin das erweiterte Suchformular von Google und geben Sie im oberen Bereich *Ergebnisse finden* Ihren Suchbegriff ein. Sie können hierzu eine beliebig komplexe Suchanfrage mit den verschiedenen Verknüpfungsmöglichkeiten erstellen.

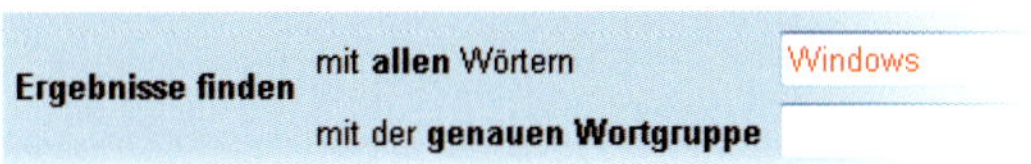

Info

Die Grenzen der internen Google-Suche

Ganz ebenbürtig ist diese Variante der Google-Suche einer echten internen Suche nicht. Google kann immer nur Seiten finden, die in seinem Datenbestand erfasst sind. Dies muss beim gewählten Webangebot aber nicht unbedingt der Fall sein. Außerdem dürfte Google häufig nicht ganz so aktuell wie interne Suchfunktionen sein, da viele Webangebote nur hin und wieder neu erfasst werden. Da kann es etwas dauern, bis neue Webseiten eines Angebots auch von Google gefunden werden.

Glossar

Firewall

Eine Firewall schützt den PC vor Angriffen aus dem Web, indem unerwünschte Datenpakete automatisch erkannt und blockiert werden.

Schritt 5

Lokalisieren Sie dann im unteren Bereich die Zeile *Domains*.

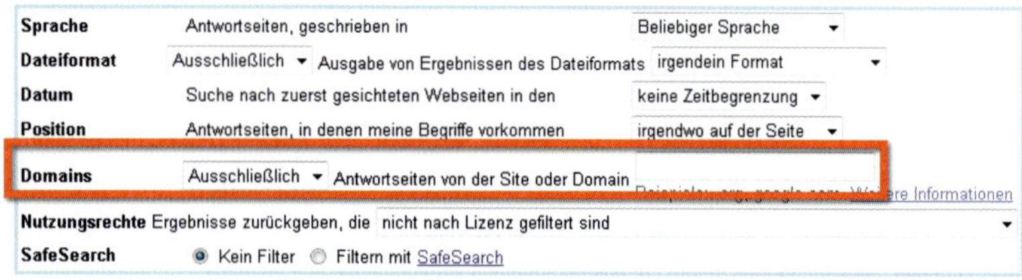

Schritt 6

Stellen Sie im linken Auswahlfeld dieser Zeile die Option *Ausschließlich* ein.

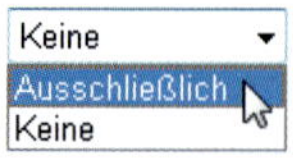

Schritt 7

Platzieren Sie dann den Mauszeiger durch einen einfachen Klick im Eingabefeld am rechten Rand der Zeile und fügen Sie die zuvor kopierte Webadresse hier mit Strg+V aus der Zwischenablage ein.

Schritt 8

Klicken Sie dann oben rechts auf *Google-Suche*, um die so festgelegte Suche durchzuführen.

Die Adresse für interne Suchen richtig wählen

Von der richtigen Wahl der Adresse hängt der Sucherfolg stark ab. Wenn Sie wie im Beispiel einfach nur den Servernamen verwenden, durchsuchen Sie das gesamte Angebot. Behalten Sie weitere Teile der Adresse bei (z. B. *www.server.de/forum*),beschränken Sie die Suche auf diesen Unterteil des Webangebots. Dies kann bei großen Angeboten sinnvoll sein, um die Treffer zu reduzieren.

Schritt 9

Als Antwort erhalten Sie wie üblich eine Ergebnisliste. An den grünen Adressangaben können Sie hier leicht feststellen, dass es sich tatsächlich ausschließlich um Webseiten des voreingestellten Angebots handelt.

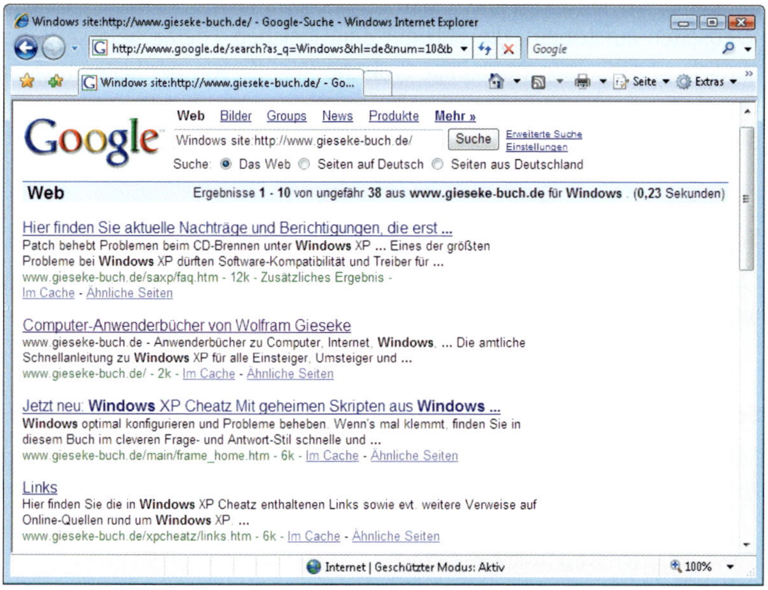

Durch das Beschränken auf ein bestimmtes Webangebot nutzen Sie Google als interne Suchfunktion.

Glossar

FTP

File **T**ransfer **P**rotocol zum Übertragen von Dateien. Die meisten Webbrowser beherrschen grundlegende FTP-Funktionen, sodass man kein FTP-Programm benötigt.

Finden Sie zu einer Webseite ähnliche Angebote im Netz

Sie haben im Web eine interessante Seite gefunden und wollen weitere Webseiten aufstöbern, die sich mit dem gleichen Thema befassen und ähnlich sind? Sie könnten einige typische Begriffe von der Seite zu einer Google-Suchanfrage zusammenstellen. Oder aber Sie lassen Google die ganze Arbeit machen:

Schritt 1

Öffnen Sie die Seite, zu der Sie themenverwandte Seiten auffinden wollen, im Internet Explorer.

Schritt 2

Markieren Sie oben im Adressfeld die Adresse dieser Webseite und kopieren Sie sie mit Strg+C in die Zwischenablage.

Schritt 3

Öffnen Sie das erweiterte Suchformular von Google.

Schritt 4

Lokalisieren Sie hier ganz unten im Bereich *Seitenspezifische Suche* die Zeile *Ähnlich*.

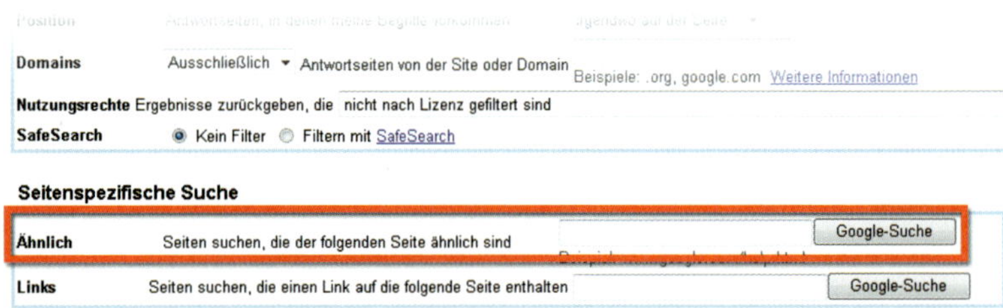

Hintergrund

So findet Google verwandte Seiten

Bei der Suche nach verwandten Seiten überprüft Google zunächst, welche Schlüsselwörter es für die angegebene Webseite in seinem Datenbestand gespeichert hat. Dann sucht es nach anderen Webseiten, die möglichst viele dieser Schlüsselwörter ebenfalls enthalten. In der Regel klappt das sehr gut. Je spezifischer die angegebene Ursprungsseite ist, desto ähnlicher werden die Webseiten sein, die Ihnen Google als themenverwandte Seiten präsentiert.

Schritt 5

Platzieren Sie den Mauszeiger mit einem einfachen Linksklick in diesem Feld und drücken Sie [Strg]+[V], um die in der Zwischenablage gespeicherte Webadresse hier einzufügen. Klicken Sie dann rechts daneben auf die Schaltfläche *Google-Suche*.

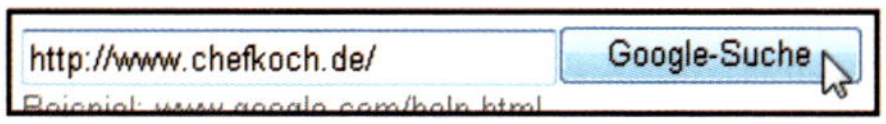

Schritt 6

Google präsentiert Ihnen dann Webseiten, die der ursprünglichen Seite inhaltlich zumindest ähnlich sind.

Info

Die Windows-Zwischenablage

Mit der Tastenkombination [Strg]+[C] kopieren Sie jeweils den gerade markierten Inhalt in einen Zwischenspeicher, der vom Windows-Betriebssystem bereitgehalten wird. Er kann von allen Anwendungen verwendet werden, um Daten dort zu speichern und wieder abzurufen. Mit [Strg]+[V] fügen Sie den gespeicherten Inhalt der Zwischenablage jeweils wieder an der aktuellen Position ein.

Falls Sie sich mal im Web verlaufen haben

Beim Surfen durch das Web kann es schon mal passieren: Man findet sich plötzlich auf einer Webseite wieder und weiß nicht mehr, wie man dahin gekommen ist. An sich nicht tragisch, doch wenn man kurz vorher noch auf einem anderen Webangebot war, das ebenfalls sehr spannend war und dessen Adresse man nun nicht mehr weiß, ist das schon ärgerlich. Google kann Ihnen in solchen Fällen helfen, indem es ausgehend von der aktuellen Webseite eine Art Rückwärtssuche erlaubt.

Schritt 1

Markieren Sie im Adressfeld des Webbrowsers die Adresse der aktuellen Webseite und kopieren Sie diese mit Strg+C in die Zwischenablage.

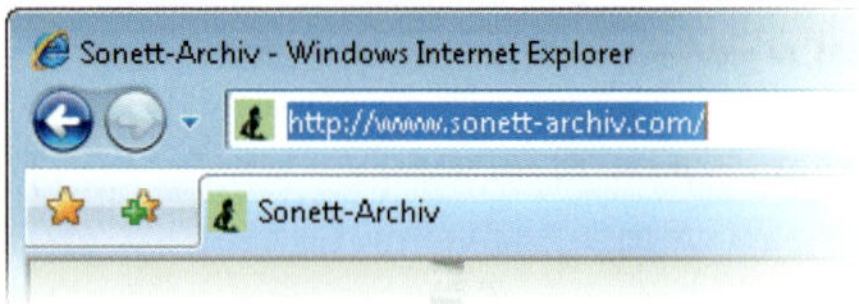

Schritt 2

Öffnen Sie das erweiterte Suchformular von Google und lokalisieren Sie hier unten im Bereich *Seitenspezifische Suche* die Zeile *Links*.

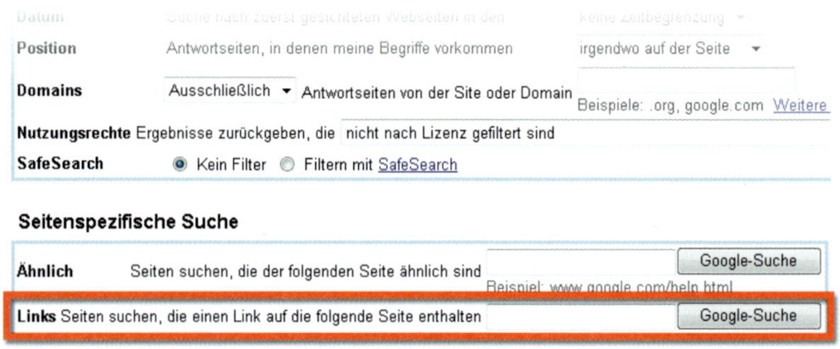

Hintergrund

So funktioniert die Rückwärtssuche

Google weiß selbstverständlich auch nicht, welche Webseiten Sie vor der aktuellen besucht haben. Aber wenn Sie im Formular die Adresse der aktuellen Webseite angeben, kann es seinen Datenbestand danach durchsuchen. Als Ergebnis erhalten Sie eine Liste aller Webseiten, die einen Verweis enthalten, der zu eben dieser Adresse führt. Höchstwahrscheinlich sind Sie einem dieser Links gefolgt, um auf die aktuelle Webseite zu gelangen.

Schritt 3

Platzieren Sie den Mauszeiger hier mit einem einfachen linken Mausklick im Eingabefeld ganz rechts und drücken Sie [Strg]+[V], um die in der Zwischenablage gespeicherte Webadresse hier einzufügen.

Schritt 4

Drücken Sie dann [Enter] oder klicken Sie rechts daneben auf die Schaltfläche *Google-Suche*, um die Suche durchzuführen.

Schritt 5

Google präsentiert Ihnen als Ergebnis eine Liste der Webseiten, die einen Verweis auf die aktuelle Webseite enthalten. Sie sollten also von einer dieser Seiten dorthin gelangt sein.

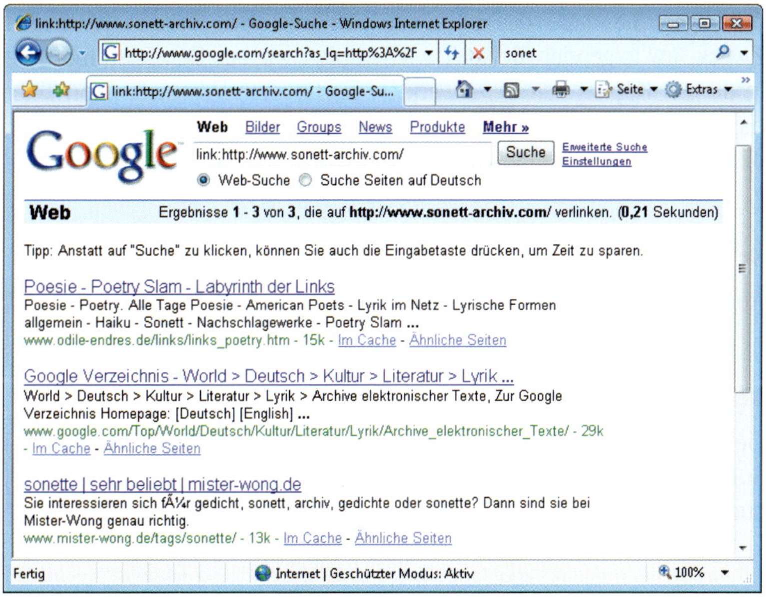

Tipp

Werfen Sie einen Blick in den Browserverlauf

Alle Webbrowser führen ein eigenes Surfprotokoll, in dem die zuletzt besuchten Webseiten vermerkt sind. Beim Internet Explorer 7 finden Sie diese Funktion in der Favoritenleiste in der Rubrik *Verlauf*. Auch hier können Sie Webseiten ausfindig machen, die Sie in den letzten Stunden oder Tagen besucht haben.

Die Funktionen der erweiterten Suche auch in einfachen Suchformularen nutzen

Die auf den vorangegangenen Seiten vorgestellten zusätzlichen Vorgaben und Einschränkungen des Suchergebnisses können nicht nur über Optionen im erweiterten Suchformular aktiviert werden. Auch das Standardformular bzw. Suchfelder z. B. im Internet Explorer bieten diese Möglichkeiten. Da dort keine Menüs vorgesehen sind, müssen Sie allerdings bestimmte Suchoperatoren kennen, um die gleiche Wirkung zu erzielen.

Suchoperatoren im Standardformular eingeben

Durch das Eingeben von Schlüsselwörtern im Standardformular ersparen Sie sich den Umweg über das erweiterte Suchformular. Allerdings benötigen Sie dazu das passende Schlüsselwort für den jeweiligen Zweck. Im folgenden Beispiel wiederholen wir zur Demonstration die in diesem Kapitel bereits verwendete Suche nach Webseiten von einer bestimmten Domäne. Das Schlüsselwort dafür lautet *site:* gefolgt von der gewünschten Domäne.

Schritt 1

Rufen Sie das Standardsuchformular auf.

Schritt 2

Geben Sie hier zunächst den bzw. die Suchbegriff(e) ein, nach denen Google suchen soll.

Schritt 3

Fügen Sie hinter dem letzten Begriff ein Leerzeichen ein und geben Sie dann das Schlüsselwort für die erweiterte Suchoption ein, in diesem Fall also *site*.

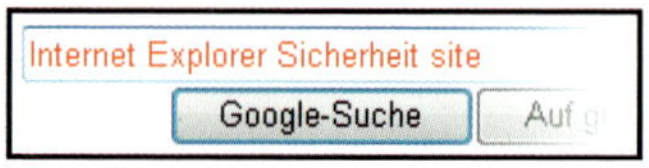

Glossar

Operatoren

Operatoren sind Schlüsselwörter, mit denen sich eine Suche präziser definieren lässt, indem z. B. genaue Vorgaben gemacht werden. Die Operatoren werden genau wie die Suchbegriffe selbst direkt in das Suchfeld eingegeben. Google erkennt die Operatoren aber an ihrer speziellen Form. Dementsprechend interpretiert es sie nicht als Suchbegriffe, sondern leitet daraus die weiteren Einschränkungen für das Suchergebnis ab, z. B. dass nur aktuelle Seiten aus den letzten drei Monaten gefunden werden sollen.

Schritt 4

Dem Schlüsselwort folgt ein Doppelpunkt (:), der das Schlüsselwort mit dem nachfolgenden Parameter verbindet.

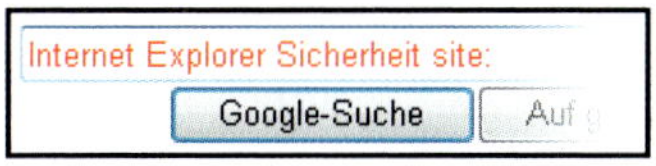

Schritt 5

Im Anschluss an den Doppelpunkt folgt schließlich der Parameter für das Schlüsselwort, in diesem Fall also die Domäne, auf die sich die gezielte Suche beschränken soll.

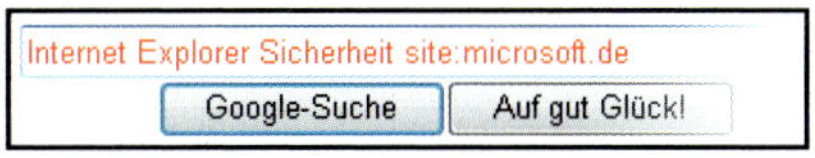

Schritt 6

Diese Suche können Sie nun wie gewohnt mit einem Klick auf *Google-Suche* oder noch schneller mit [Enter] abschicken. Das Suchergebnis wird exakt dasselbe sein, als wenn Sie die gleiche Suche im erweiterten Suchformular eingegeben hätten.

Die wichtigsten Suchoperatoren

Fast alle erweiterten Funktionen, die wir in diesem Kapitel vorgestellt haben, lassen sich auch durch Suchoperatoren verwenden. Die folgende Tabelle gibt einen Überblick:

Funktion	Operator	Beispiel
Dateiformat	filetype:<Dateityp>	filetype:pdf
auf eine Domäne beschränken	site:<Domäne>	site:microsoft.de
eine Domäne ausschließen	-site:<Domäne>	-site:cia.gov
Links auf eine Seite finden	link:<Webadresse>	link:www.meine-homepage.de
Seiten aus dem Google-Cache	cache:<Webadresse>	cache:www.server.de/aktuell.htm
verwandte Seiten finden	related:<Webadresse>	related:www.server.de/info.html

Info

in... vs. allin...

In der Tabelle finden Sie verschiedentlich die Parameter *in...* und *allin...* (z. B. *intitle* und *allintitle*). Der Unterschied ist, dass bei *in...*-Operatoren bei mehreren Suchbegriffen jeweils nur einer im Titel, in der URL oder im Link sein muss. Verwenden Sie hingegen *allin...* mit mehreren Suchwörtern, findet Google nur Webseiten, die alle aufgeführten Begriffe im jeweiligen Titel der Seite aufweisen.

Funktion	Operator	Beispiel
im Titel der Seiten suchen	intitle: <Suchbegriff> allintitle: <Suchbegriffe>	intitle: Tarifvergleich allintitle: Strom Tarifvergleich
im Hauptteil der Seiten suchen	intext: <Suchbegriff> allintext: <Suchbegriffe>	intext: Canon allintext: Canon Technische Daten
in der Adresse von Seiten suchen	inurl: <Suchbegriff> allinurl: <Suchbegriffe>	inurl: Zermatt allinurl: Zermatt ch
in Links auf Seiten suchen	inanchor: <Suchbegriff> allinanchor: <Suchbegriffe>	inanchor: Tarifvergleich allinanchor: Strom Tarifvergleich

Machen Sie es sich leicht: Suchoperatoren selbst ermitteln

Sie können die Suchoperatoren selbst in Aktion sehen und so feststellen, welche Suchbeschränkungen zu welchen Suchoperatoren führen. Das hilft dabei, die Suchoperatoren besser zu verstehen, und erleichtert es, sie bei Bedarf selbst einzusetzen. Beim Verständnis der Suchparameter hilft ein einfacher Trick:

Schritt 1

Öffnen Sie das Formular für die erweiterte Suche.

Tipp

Suchoperatoren kombinieren

Genauso wie in den erweiterten Einstellungen können Sie auch bei dieser Methode Suchoperatoren beliebig kombinieren. Tippen Sie dazu einfach mehrere Operatoren hintereinander ein, jeweils mit einem Leerzeichen getrennt. Selbstverständlich sollten sich die Operatoren nicht gegenseitig widersprechen, sonst wird die Trefferliste sehr kurz.

Schritt 2

Formulieren Sie hier Ihre Suche, indem Sie einen Suchbegriff eingeben und eine zusätzliche Einschränkung der Suche Ihrer Wahl vornehmen. Selbstverständlich können Sie auch gleich mehrere Einschränkungen auf einmal kombinieren, allerdings macht dies das anschließende Analysieren der Operatoren nicht unbedingt leichter.

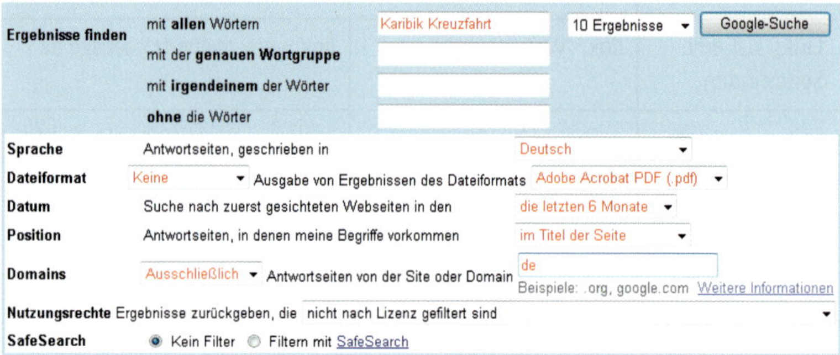

Schritt 3

Klicken Sie dann oben rechts auf die Schaltfläche *Google-Suche*, um die Suche zu starten.

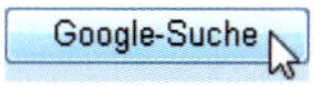

Schritt 4

Auf der anschließenden Webseite mit den Suchergebnissen finden Sie wiederum ein Eingabefeld für die Suche, in dem die zuvor im Formular eingestellte Suche ausformuliert ist. Diesem Feld können Sie entnehmen, welche Operatoren Google wie verwendet hat, um Ihre Suchvorgaben in eine Anfrage umzusetzen.

Tipp

Das gesamte Suchfeld beachten

Kombinieren Sie mehrere Operatoren, passen nicht alle davon auf einmal in das Suchfeld. Dann sehen Sie immer nur einen Teil davon auf dem Bildschirm. Platzieren Sie den Mauszeiger mit einem linken Klick in das Suchfeld hinein und benutzen Sie dann z. B. die Pfeiltasten, um ganz ans rechte oder linke Ende des Suchbegriffs zu gehen. So sehen Sie wirklich alle Operatoren.

4

Gewünschte Bilder, Musik & Videos mit Google in großer Auswahl finden

Mit Google gezielt nach Bildmotiven und Grafiken suchen

Das Web besteht nicht nur aus Texten, sondern ist auch eine fast unerschöpfliche Quelle von Bildern zu beinahe jedem Ort, jeder Sache und vielen Personen. Google stellt eine spezielle Suchfunktion für Bilder zur Verfügung, mit der Sie gezielt nach allen Arten von Bildern suchen können.

Schritt 1

Rufen Sie das normale Google-Suchformular im Internet Explorer (*http://www.google.de*) auf und klicken Sie hier in der Navigationsleiste über dem Eingabefeld auf *Bilder*. Mit *http://images.google.de* können Sie die Bildersuche auch direkt ansteuern oder z. B. einen Favoriten darauf setzen.

Schritt 2

Damit öffnen Sie das Suchformular für Bilder, das sich auf den ersten Blick nur geringfügig vom normalen Suchformular unterscheidet.

Info

Woher kommen die Bilder bei Google?

Die Daten für die Bildersuche sammelt Google ganz nebenbei, wenn es Webseiten für seinen Datenbestand erfasst. Viele Webseiten enthalten Verknüpfungen zu Bilddateien. Der Name der Datei, die Verknüpfung sowie der Inhalt der Webseite lassen Rückschlüsse auf den Inhalt eines Bildes zu. Diese Erkenntnisse macht Google über die Bildersuche zugänglich.

Info

Bitte Copyright unbedingt beachten

Musik-, Foto- und Videodateien im Internet unterliegen i. d. R. einem Copyright, das Sie unbedingt beachten müssen, um hinsichtlich des Urheberschutzes im legalen Bereich zu sein.

Schritt 3

Geben Sie im Eingabefeld den Begriff oder Namen ein, zu dem Sie Bildmaterial suchen. Klicken Sie dann rechts daneben auf die Schaltfläche *Bilder-Suche* oder drücken Sie [Enter].

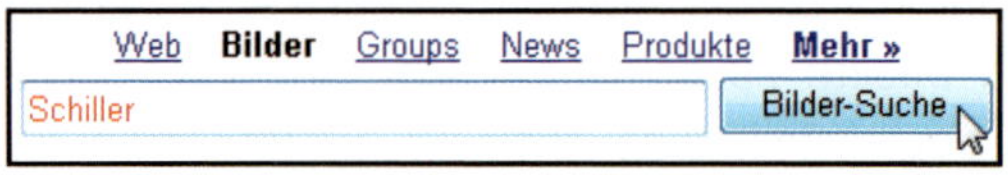

Schritt 4

Google präsentiert Ihnen dann die Trefferliste in einer Art Bilderkatalog, wo Sie zu jeder Fundstelle gleich eine Miniaturansicht des Bildes sehen. So können Sie auf den ersten Blick feststellen, welches der Bilder tatsächlich Ihren Anforderungen entspricht. Zu jedem Bild erfahren Sie darunter neben Dateiname und Adresse auch die genauen Maße des Bildes und die Größe der Bilddatei.

Tipp

Gefundene Bilder nach Größe sortieren

Google unterscheidet in seiner Bilddatenbank nach verschiedenen Bildgrößen. Deshalb können Sie sich bei der Anzeige der Suchergebnisse z. B. nur große oder nur kleine Bilder anzeigen lassen. Verwenden Sie hierfür das Auswahlfeld oben links in der *Bilder*-Leiste über den eigentlichen Suchergebnissen. Google filtert dann die Suchergebnisse jeweils entsprechend und präsentiert Ihnen eine neue Antwortseite mit den Bildern der gewählten Größe.

Schritt 5

Wollen Sie ein Bild genauer betrachten bzw. die Webseite, die es enthält, laden, klicken Sie einfach auf die Miniaturversion des Bildes. Google lädt dann eine spezielle zweigeteilte Seite. Diese enthält oben erneut das gefundene Bild. Wollen Sie es in seiner vollen Größe laden, klicken Sie darunter auf den Link *Bild in Originalgröße anzeigen*.

Schritt 6

Im unteren Teil der Seite finden Sie die Webseite, die das gefundene Bild enthält. Dort können Sie den Zusammenhang sehen, in dem das Bild im Web veröffentlicht wurde, und erfahren eventuell weitere interessante Informationen zu Bild und Thema.

Info

Bilder anhand ihres Inhalts suchen

Den Inhalt von Bildern automatisch zu erkennen und sie so durchsuchbar zu machen, ist derzeit noch Gegenstand der Forschung. In Zukunft wird das sicherlich möglich sein, und vermutlich wird Google zu den Ersten gehören, die solche Funktionen anbieten.

Größe und Format für gesuchte Bilder genau vorgeben

Ähnlich wie bei der normalen Google-Websuche gibt es auch bei der Bildersuche eine erweiterte Version, mit der Sie Ihre Vorstellungen vom gewünschten Bild genauer definieren können. Insbesondere wenn Sie etwa Bilder für einen ganz bestimmten Verwendungszweck suchen, können Sie so sicherstellen, dass Google nur Bilder in ausreichender Qualität und Größe berücksichtigt und z. B. kleine Symbole und Minigrafiken automatisch verwirft.

Schritt 1

Um die erweiterten Funktionen der Bildersuche nutzen zu können, öffnen Sie das Bildersuchformular und klicken rechts neben dem Eingabefeld auf den Link *Erweiterte Bildsuche*.

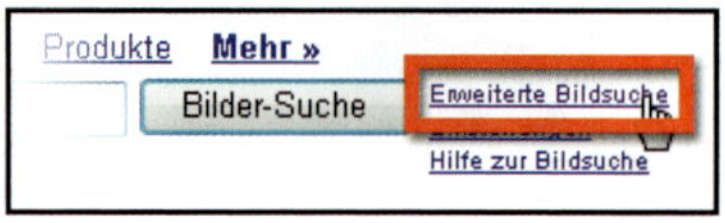

Schritt 2

Damit öffnen Sie das erweiterte Formular für die Bildersuche. Hier können Sie in der oberen Hälfte wiederum einen oder mehrere Suchbegriffe eingeben.

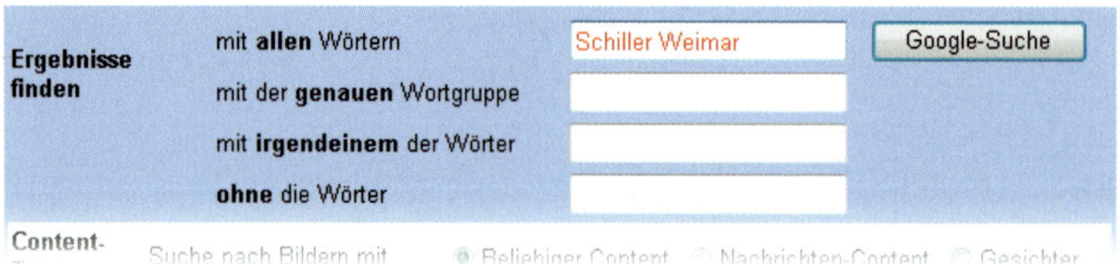

Hinweis

Gefundene Bilder selbst verwenden

Wenn Sie ein Bild im Web abrufen können, bedeutet das nicht, dass Sie es beliebig für andere Zwecke verwenden dürfen. Grundsätzlich unterliegen alle diese Bilder einem Urheberrecht. Das Speichern und Verwenden für persönliche Zwecke ist in der Regel problemlos möglich. Wollen Sie ein Bild aber in irgendeiner Form veröffentlichen oder gar kommerziell nutzen, müssen Sie in jedem Fall die Genehmigung des Rechteinhabers einholen. Keinesfalls sollten Sie solche Bilder einfach auf eigenen Webseiten veröffentlichen.

Schritt 3

Darunter beginnen die zusätzlichen Einschränkungen, die Sie für die Suche angeben können. Dazu gehört zunächst die *Größe* des Bildes. Hier können Sie abhängig vom vorgesehenen Verwendungszweck vorgeben, welche Größe das Bild in etwa haben soll.

Schritt 4

Ein weiteres Kriterium sind die *Dateiarten*. Im Web sind verschiedene Bildformate etabliert. Wollen Sie nur Bilder in einem bestimmten Format haben, können Sie dieses hier festlegen. Stellen Sie dazu im Auswahlfeld das gewünschte Format ein. Mit *irgendeine Dateiart* werden Bilder unabhängig von ihrem Format gesucht.

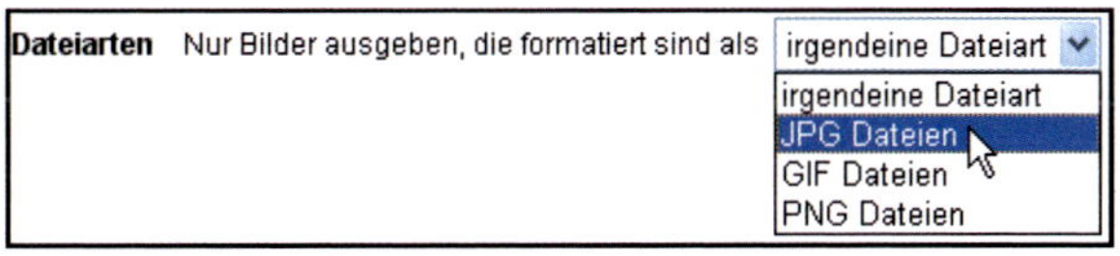

Schritt 5

Des Weiteren können Sie die Anzahl der Farben des gesuchten Bildes angeben. Google kann für Sie nach Bildern in Schwarz-Weiß, nach Graustufenbildern oder aber Farbbildern suchen.

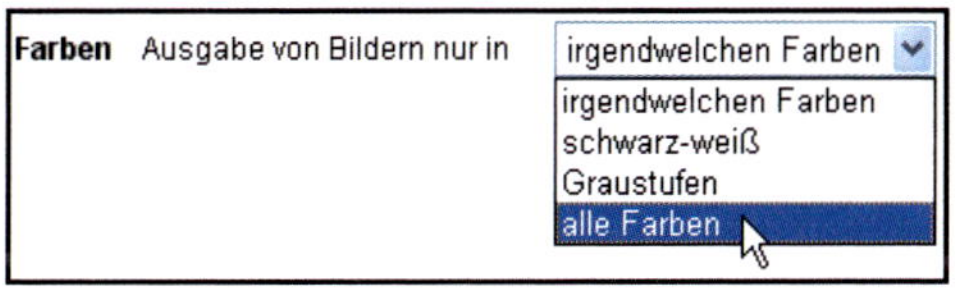

Schritt 6

Wenn Sie den Suchbegriff und alle erforderlichen Einschränkungen festgelegt haben, klicken Sie schließlich oben rechts im Formular auf die Schaltfläche *Google-Suche*.

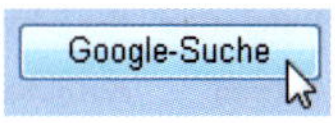

Tipp

Die Google-Bildersuche direkt verwenden

Der Umweg zur Bildersuche über das normale Google-Suchformular ist nicht unbedingt notwendig. Zum einen können Sie die Bildersuche direkt aufrufen und sich z. B. einen Favoriten dafür anlegen. Zum anderen bietet die Google Toolbar für den Internet Explorer (siehe Kapitel 6) die Möglichkeit, statt einer normalen Suche direkt eine Bildersuche durchzuführen.

Ein optischer Blickfang aus dem Internet für Ihre Anzeige am Schwarzen Brett

Sie wollen Ihr altes Auto verkaufen und zu dem Zweck einen Anhang am Schwarzen Brett machen? Mit ein paar kleinen passenden Grafiken können Sie Ihre Anzeige prima aufpeppen, sodass sie auf den ersten Blick auffällt. Wenn Sie gerade keine passende Bildersammlung zur Hand haben und selbst nicht zeichnerisch begabt sind, findet Google für Sie im Handumdrehen ein paar passende Bildchen:

Schritt 1

Rufen Sie das Formular für die Bildersuche auf und öffnen Sie dort die *Erweiterte Bildsuche*.

Schritt 2

Geben Sie hier bei *Ergebnisse finden* im Feld *mit allen Wörtern* den Suchbegriff *auto* ein.

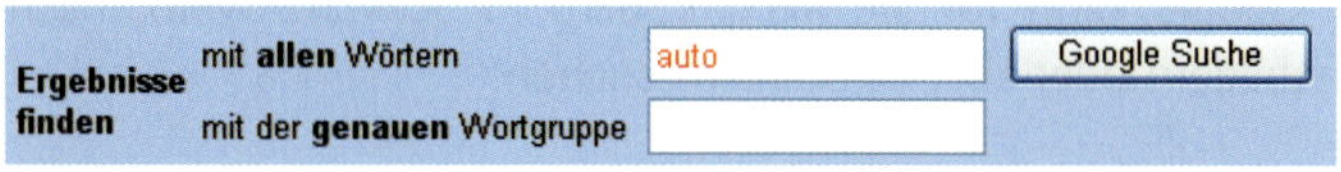

Schritt 3

Schränken Sie dann die *Größe* der Bilder auf *klein* ein, um möglichst nur kleine, symbolartige Grafiken zu finden.

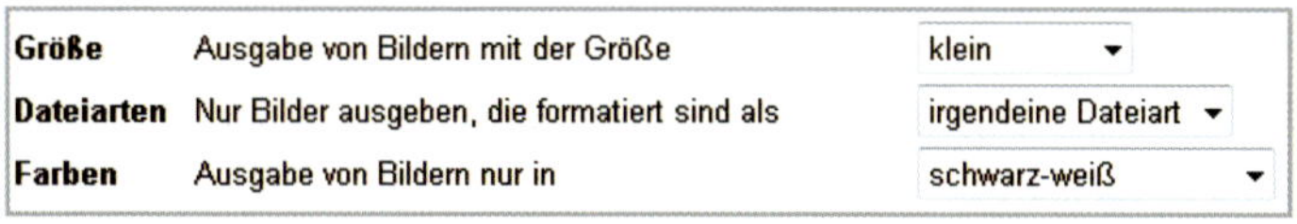

Hinweis

Die Bildgrößen bei der Google-Bildersuche

Google unterscheidet bei den Bildern die Größen *klein*, *mittel* und *groß*. Die Einteilung nimmt Google selbst aufgrund der für die Bilddateien ermittelten Abmessungen vor. Wenn Sie ein gefundenes Bild in guter Qualität ausdrucken oder z. B. als Hintergrundbild verwenden wollen, sollten Sie unbedingt ein großes dafür auswählen. In diese Kategorie fallen allerdings meist die wenigsten. Mittlere Größen eignen sich zur Betrachtung am Bildschirm und ggf. für Webseiten.

Schritt 4

Wählen Sie bei *Farben* die Vorgabe *schwarz-weiß*, damit Sie möglichst nur grafische Symbole erhalten, die sich problemlos für den Schwarz-Weiß-Druck und z. B. das Vervielfältigen per Kopierer eignen. Wollen Sie den Aushang farbig gestalten, sollten Sie hingegen gezielt *alle Farben* wählen.

Schritt 5

Klicken Sie dann oben rechts im Formular auf *Google-Suche*.

Schritt 6

Google präsentiert Ihnen dann die erste Galerieseite mit den gefundenen Bildern nach Ihren Vorgaben. Häufig werden Sie hier schon geeignetes Material finden. Sind die Ergebnisse noch nicht zielgerichtet genug, erweitern Sie den Suchbegriff um weitere Wörter, die das gesuchte Thema gut umschreiben (in dem Fall z. B. Cabrio, Sportwagen, Jeep o. Ä.).

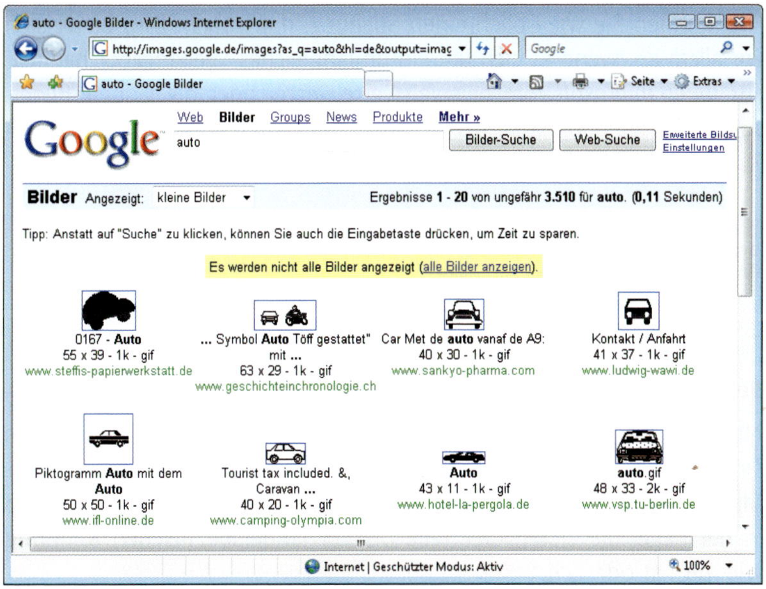

Mit der erweiterten Bildersuche finden Sie ganz schnell beliebige Motive für jeden Zweck.

Info

Die verschiedenen Dateiarten bei Bildern

Die Google-Bildersuche unterscheidet bei Bildformaten zwischen dem im Web verbreiteten JPEG-Format, dem JPEG-Nachfolger PNG sowie dem klassischen GIF-Format für Symbole und Grafiken. Die meisten Bildbetrachter und Bearbeitungsprogramme können mit allen drei Formaten gleich gut umgehen. Meist können Sie es deshalb bei der Standardeinstellung *irgendeine Dateiart* belassen.

Beim Surfen ein schönes Bild gesehen? – So finden Sie es schnell wieder

Ihnen ist beim Surfen ein schönes Bild begegnet, aber Sie haben nicht gleich daran gedacht, es sich auf Ihren PC zu kopieren. Wenn Sie zumindest noch wissen, auf welchem Webangebot Sie gerade unterwegs waren, kann Google Ihnen helfen. Es kann Ihnen eine Übersicht aller Bilder eines bestimmten Webangebots anzeigen, sodass Sie das gesuchte Bild schnell wiederfinden können.

Schritt 1

Öffnen Sie das Formular für die Google-Bildersuche und dort die *Erweiterte Bildsuche*.

Schritt 2

Hier können Sie wie üblich einen Suchbegriff angeben. Dies bietet sich vor allem an, wenn es sich um ein umfangreiches Webangebot handelt. Für *www.microsoft.com* beispielsweise verzeichnet die Google-Bildersuche über 60.000 Bilder. Bei kleineren Angeboten können Sie auf einen Suchbegriff verzichten, um alle Bilder angezeigt zu bekommen.

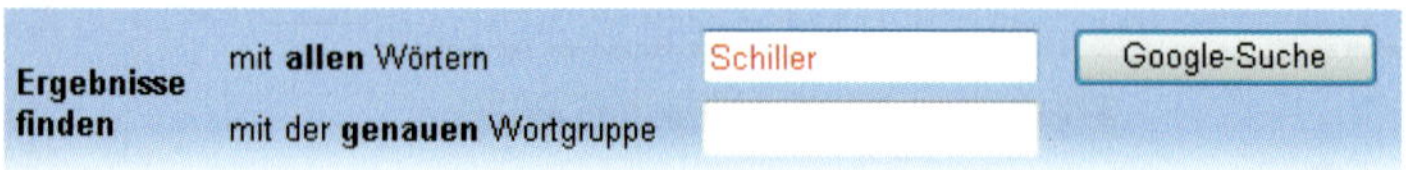

Schritt 3

Nun folgt der entscheidende Schritt: Geben Sie unten bei *Domains* die Adresse des Webangebots an, in dem Sie das gesuchte Bild vermuten. Mit Adresse ist hierbei nur der Name des Webangebots gemeint, also in der Regel die ersten drei Teile bis zur länderspezifischen Kennung wie *.de*, *.at* oder *.ch*.

Tipp

Alle Bilder einer Webseite im Überblick

Das hier gezeigte Szenario - ein bestimmtes Bild von einem bekannten Webangebot - wiederzufinden, ist nur eine Einsatzmöglichkeit dieser speziellen Funktion. Sie können sie auch dazu benutzen, schnell einen Überblick über alle Bilder eines Webangebots zu erlangen, ohne sich dafür durch eine Vielzahl von Webseiten klicken zu müssen. Wenn Sie keinen Suchbegriff angeben, sondern einfach nur eine bestimmte Webadresse durchsuchen lassen, zeigt Google Ihnen alle dort verzeichneten Bilder an.

Schritt 4

Wenn Sie nun diese Recherche mit der Google-Suche durchführen, erhalten Sie von der Bildersuche eine Übersicht aller unter dieser Adresse verzeichneten Bilder. Haben Sie einen Suchbegriff angegeben, liefert Google nur die Bilder von dieser Adresse, die dem Suchbegriff entsprechen.

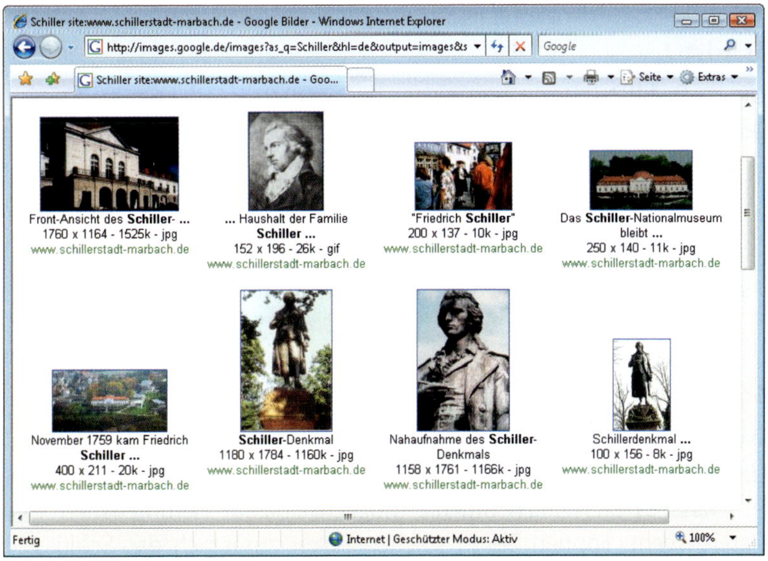

Die grüne Quellenangabe zeigt: Alle gefundenen Bilder stammen vom durchsuchten Webangebot.

Info

Nicht alle Bilder gefunden?

Wenn Sie mit dieser Suchvariante herumspielen, werden Sie möglicherweise feststellen, dass sie nicht wirklich jedes vorhandene Bild findet. Google kann nur die Webseiten (und ihre Bilder) erfassen, die für die Suchmaschine direkt zugänglich sind. Werden Webseiten z. B. dynamisch aus einer Datenbank erzeugt, kann Google sie nicht immer vollständig berücksichtigen.

Hinweis

Schutzfilter bei der Bildersuche

Um speziell Kinder und Jugendliche zu schützen, verwendet Google für die Bildersuche Filter. Diese sollen ungeeignetes Bildmaterial wie z. B. pornografische Darstellungen ausblenden. Manchmal schießen sie aber über das Ziel hinaus. Bei Suchen im Grenzbereich sollten Sie deshalb im erweiterten Suchformular ganz unten bei *SafeSearch* die Option *Kein Filter* wählen.

Musik & mehr: MP3- und andere Audiodateien zum Herunterladen finden

Hinweis

Vorsichtsmaßnahmen bei der Suche nach MP3-Downloads

Wenn Sie nach MP3-Dateien insbesondere bekannter Künstler suchen, sollten Sie Vorsicht walten lassen, vor allem wenn Sie auf sehr günstige oder gar kostenlose Angebote stoßen. Häufig handelt es sich dabei um illegale Anbieter, die diese Stücke gar nicht anbieten dürfen. Außerdem werden beliebte Künstler und Reizwörter wie MP3 leider immer wieder benutzt, um Kreditkartendaten oder andere Informationen zu ergaunern. Gesundes Misstrauen gerade bei attraktiven Angeboten ist also angesagt.

Für Musikdateien bietet Google keine spezielle Suchfunktion. Dies hat wohl vor allem mit den urheberrechtlichen Problemen zu tun, denn nicht wenige Angebote von Musikdownloads im Internet sind rechtlich zumindest fragwürdig. Trotzdem können Sie Google verwenden, um gezielt nach Musikstücken und anderen Audioaufnahmen zu suchen, die Sie herunterladen können.

Schritt 1

Um z. B. MP3-Dateien von einem bestimmten Interpreten zu finden, geben Sie dessen Namen und die Dateiendung *.mp3* ein.

Schritt 2

Da es sich bei MP3 um einen Modebegriff handelt, werden Sie unter Umständen eine recht große Zahl an Seiten finden. Um sicherzustellen, dass es tatsächlich um die Möglichkeit zum Herunterladen von Dateien geht, können Sie in solchen Fällen zusätzlich das Schlüsselwort „Download" verwenden.

Schritt 3

Schicken Sie die Suchanfrage mit Enter oder mit einem Klick auf die Schaltfläche *Google-Suche* im Suchformular ab.

Schritt 4

Mit einer solchen Suchanfrage dürften Sie in den meisten Fällen Downloadseiten finden, auf denen MP3-Dateien des gesuchten Künstlers angeboten werden. Bitte beachten Sie, dass das Herunterladen von urheberrechtlich geschützten Musikdateien nicht ohne Weiteres erlaubt ist.

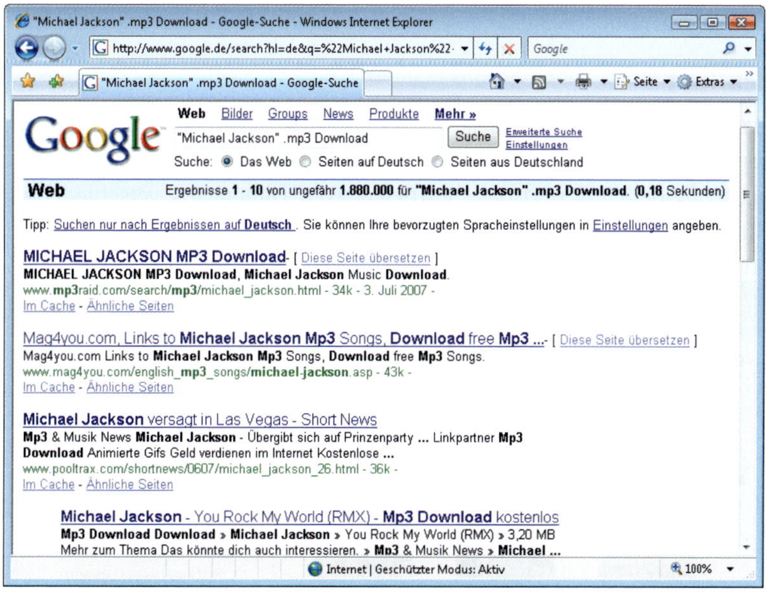

Info

Mehr als MP3

MP3 ist das beliebteste Dateiformat für Audioaufnahmen. Es gibt aber noch andere Formate, die Sie für die Suche verwenden können, z. B. *.wav* für unkomprimierte Klangdateien, *.ogg* für Aufnahmen im Ogg Vorbis-Format oder *.wma* für das von Microsoft entwickelte WMA. Für elektronische Musik gibt es außerdem das MIDI-Format, das in Dateien mit der Endung *.mid* gespeichert wird.

Mit Google Video lustige Clips, Kinotrailer und Musikvideos finden

Auch für Videoclips bietet Google eine spezielle Suchhilfe an. Sie basiert auf dem Onlinevideoportal *www.youtube.com*, berücksichtigt aber auch andere Quellen und ermöglicht es Benutzern, selbst eigene Videos für die Allgemeinheit zu veröffentlichen. Selbstverständlich können Sie in diesem Videoarchiv mit den bei Google üblichen Funktionen nach bestimmten Clips suchen.

Schritt 1

Das Videoportal von Google finden Sie unter *video.google.de*. Es präsentiert Ihnen direkt auf der Startseite eine Auswahl von besonders beliebten Videoclips und den bestbewerteten Filmen aus verschiedenen Rubriken.

Hinweis

Videostreams

Bei den mit Google gefundenen Videos handelt es sich nicht wie z. B. bei der Bildersuche um Videodateien, die Sie herunterladen können. Stattdessen werden die Clips als Videostreams angeboten. Dabei lädt das in den Webbrowser integrierte Wiedergabeprogramm jeweils den Teil des Videos herunter, der angezeigt werden soll. Um einen uneingeschränkten Filmgenuss ohne Wartepausen zu gewährleisten, werden die nächsten Sekunden bis Minuten jeweils in einem Puffer gespeichert.

Schritt 2

Um Videoclips zu einem bestimmten Thema zu suchen, finden Sie ganz oben ein Eingabefeld und die *Suchen*-Schaltfläche. Hier können Sie wie bei Google üblich einen oder mehrere Suchbegriffe eingeben.

Schritt 3

Drücken Sie dann Enter oder klicken Sie rechts auf die *Suchen*-Schaltfläche, um die Suche durchzuführen.

Schritt 4

Google präsentiert Ihnen dann in einer Übersicht die Videoclips, die es zum gesuchten Begriff gefunden hat. Zu jedem Clip sehen Sie ein Vorschaubild und erhalten Informationen zum Veröffentlichungsdatum, zur Länge, zu den Bewertungen durch andere Benutzer sowie den für Ihre Suche relevanten Teil der Kurzbeschreibung.

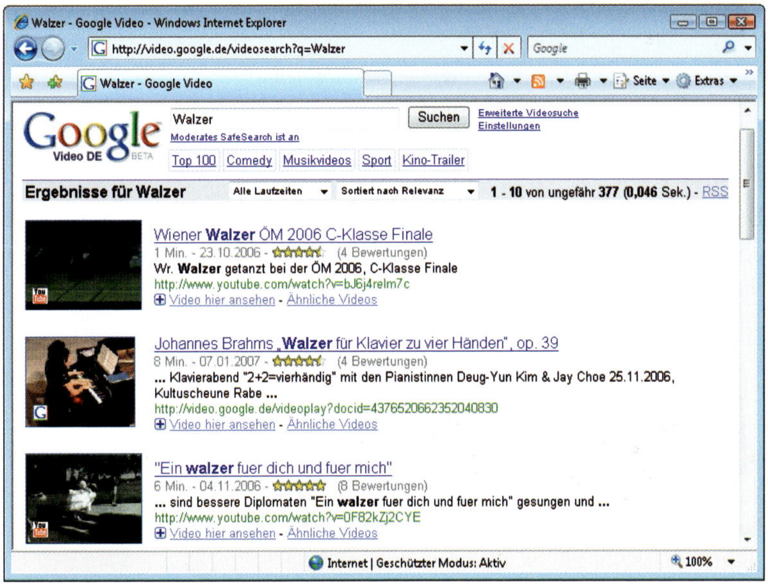

Tipp

Abspielprogramm für die Wiedergabe der Clips

Die Videoportale setzen in der Regel eigene Wiedergabeprogramme für ihre Videoclips ein. Allerdings müssen Sie sich nicht alle diese Programme herunterladen und installieren. Stattdessen benötigen Sie den Macromedia Flash Player. Das ist eine Erweiterung des Webbrowsers, die die Abspielprogramme der Videoportale ausführen kann. Meist ist diese Erweiterung bereits installiert. Andernfalls erhalten Sie einen Hinweis, wo und wie Sie den Player kostenlos herunterladen können.

Info

Windows Media Player

Der Windows Media Player gehört zum Lieferumfang von Windows und spielt fast alle Musik- und Videodateien ab. Er startet automatisch, wenn Sie einen Link auf eine entsprechende Datei im Internet Explorer anklicken oder eine heruntergeladene Datei ausführen.

Glossar

Server

Ein spezieller Rechner im Internet, der ein Angebot für Benutzer bereitstellt, z. B. Webseiten. Auch Google betreibt Server, die den Zugriff auf die Suchdatenbank zur Verfügung stellen.

Glossar

Host

Englisches Wort für Gastgeber, das auch als Synonym für Server verwendet wird. Insbesondere im Bereich der Onlinespiele spricht man vom Host, der das Spiel bereitstellt, zu dem sich die einzelnen Spieler verbinden.

Schritt 5

Um eines der Videos anzusehen, klicken Sie auf die Minivorschau des Clips. Damit öffnen Sie dessen Detailansicht im Webbrowser. Da die Videos von verschiedenen Plattformen stammen, sieht diese Webseite jeweils etwas anders aus. Sie finden aber in jedem Fall alle Informationen zum Video. Häufig finden Sie auch Hinweise auf ähnliche Videos, mit denen Sie schnell weitere Clips zum Thema abrufen können.

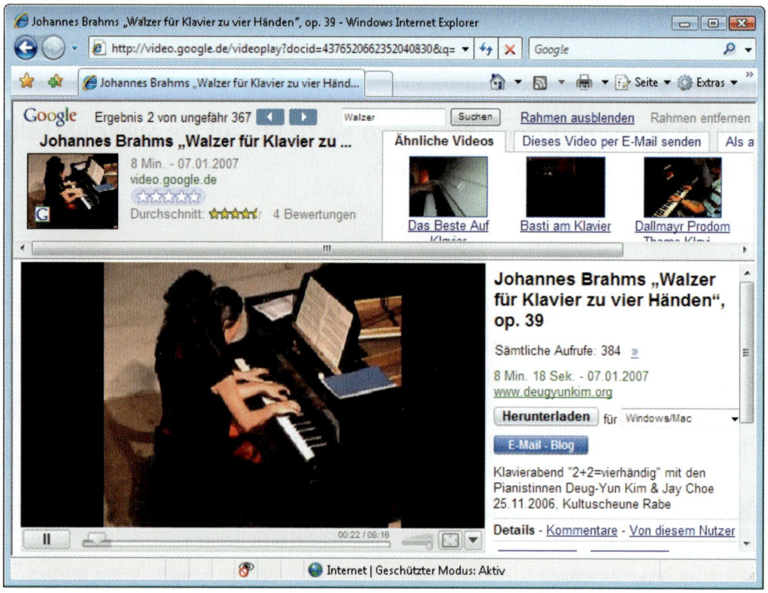

Schritt 6

Die Wiedergabe des Clips startet in der Regel automatisch. Sie finden aber auch Steuerelemente vor, mit denen Sie selbst die Kontrolle über die Wiedergabe ausüben können.

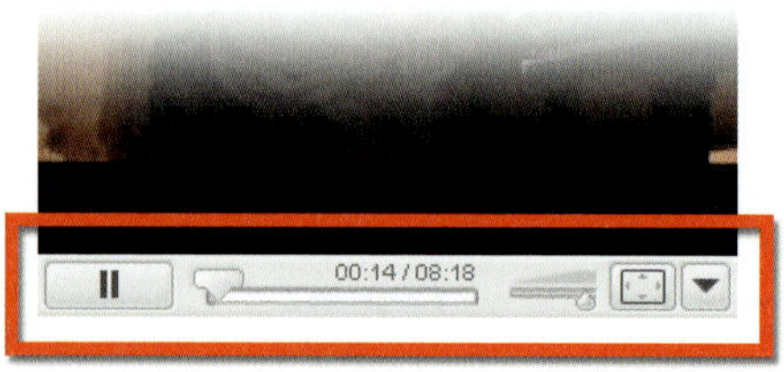

Mit der erweiterten Videosuche Clips nach Spieldauer oder Genre suchen

Auch für die Videosuche gibt es eine erweiterte Variante, wo Sie in einem umfangreicheren Suchformular verschiedene Vorgaben machen können, die die zu findenden Clips aufweisen sollen. So können Sie z. B. Eigenschaften wie Sprache, Dauer oder Genre vorgeben, die Ihr Wunschvideo aufweisen soll.

Schritt 1

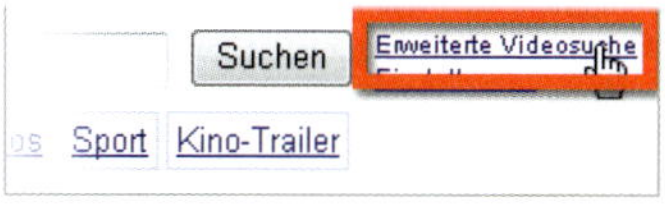

Für die Detailsuche finden Sie wie bei anderen Google-Suchfunktionen auch rechts neben dem Eingabefeld des einfachen Standardformulars für die Videosuche den Link *Erweiterte Videosuche*. Klicken Sie darauf, um die erweitere Suche zu öffnen.

Schritt 2

In diesem Formular finden Sie oben zunächst wieder die verschiedenen Felder, in die Sie den oder die Suchbegriffe eingeben können. Die vier Felder sind in Aussehen und Funktion mit den anderen Suchfunktionen von Google identisch. Auch hier können Sie also nach allen Wörtern, nach irgendeinem der Wörter bzw. nach der genauen Wortgruppe suchen oder aber bestimmte Begriffe von der Suche ausschließen (siehe Kapitel 2).

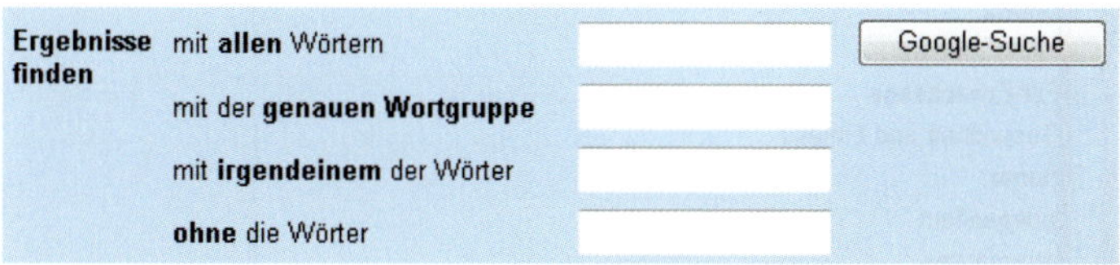

Schritt 3

Die eigentlichen erweiterten Suchoptionen finden Sie in der unteren Hälfte des Formulars. Hier können Sie zunächst die *Sprache* festlegen, die in dem Videoclip vorherrschen soll. Auch wenn Deutsch hier nahe liegend ist, werden Sie wegen des internationalen Charakters der Videoportale mit Englisch in der Regel die meisten Ergebnisse erzielen. Mit der Voreinstellung *Beliebiger Sprache* wird diese Option bei der Suche ignoriert.

Info

Wie sucht Google in Videoclips?

Den Inhalt eines Videoclips kann Google nicht erfassen. Es orientiert sich bei der Videosuche zum einen an Dateinamen. Zum anderen sind die Filme meist mit einem Titel sowie einer kurzen Beschreibung versehen. Sind die gesuchten Begriffe darin enthalten, bewertet Google dieses Video als Treffer und nimmt es mit in die Ergebnisliste auf.

Info

Urheberrechte bei Videoclips

Ähnlich wie bei Musik und Bildern sind auch bei Videoclips die Urheberrechte ein wichtiges Thema. Auch wenn Clips zum Betrachten und Herunterladen angeboten werden, dürfen Sie sie meist höchstens für private Zwecke verwenden. Dass ein Clip bei einem Videoportal veröffentlicht und von Google dort gefunden wurde, heißt übrigens nicht, dass dieser Film legal veröffentlicht wurde. Nach Expertenschätzungen ist ein nicht unerheblicher Teil der z. B. bei *www.youtube.com* angebotenen Clips nicht legal.

Schritt 4

Ein wichtiges Kriterium kann die *Dauer* sein. In den Onlinevideoportalen finden Sie sowohl kurze Clips von wenigen Sekunden als auch ganze Spielfilme von 90 Minuten und länger. Suchen Sie z. B. einen spaßigen Clip, den Sie an Ihre Freunde mailen wollen, sollte die gesuchte Dauer eher *Kurz (< 4 Min.)* sein. Typische Anleitungsvideos oder Making-ofs liegen eher im Bereich *Mittel (4 bis 20 Min.)*. Interessieren Sie sich hingegen für komplette Filme oder Dokumentationen, wählen Sie *Lang (> 20 Min.)*.

Schritt 5

Schließlich bietet auch die Suche anhand des Genres eine gute Möglichkeit zur Vorauswahl. Alle Videoportale organisieren die Filmclips thematisch in verschiedenen Rubriken. Wenn Sie also z. B. Clips aus dem Bereich Sport suchen, sollten Sie die Option *bestimmte Genres* wählen. Daraufhin wird eine Liste der verfügbaren Rubriken eingeblendet, wo Sie wiederum die *Sportarten* ankreuzen. Dann beschränkt sich die Suche auf Clips, die zu diesem Thema passen.

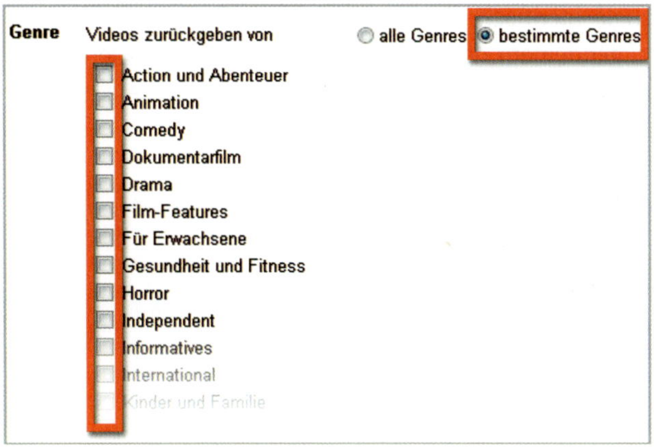

Im Handumdrehen die besten Tore von David Beckham als Videoclip finden

Wollen Sie z. B. Videoclips mit den schönsten Toren des englischen Spitzenfußballers David Beckham finden, bietet sich dessen Name als Suchbegriff an. Da er allerdings mit Victoria Beckham von den Spice Girls verheiratet ist, finden Sie so nicht nur Fußballclips, sondern auch Musikvideos, Aufnahmen von Society Events etc. Geben Sie aber Sport als Genre vor, fällt dieses störende Beiwerk schnell weg und Sie können sich auf die Tore konzentrieren.

Schritt 1

Öffnen Sie mit *Erweiterte Videosuche* das detaillierte Suchformular.

Schritt 2

Geben Sie hier ganz oben bei *Ergebnisse finden mit allen Wörtern* den Suchbegriff *Beckham* ein.

Schritt 3

Aktivieren Sie unten im Suchformular bei *Genre* die Option *bestimmte Genres*.

Tipp

Videostreams als Videodatei speichern

Videostreams können Sie eigentlich nur direkt anschauen und nicht lokal auf Ihrer Festplatte speichern. „Eigentlich" deshalb, weil es mit einem Trick eben doch geht. Spezielle Webdienste wie *www.keepclip.de* bieten einen Service an, bei dem Sie lediglich die genaue Adresse eines Clips angeben müssen, den Sie dann z. B. als AVI-Datei herunterladen und speichern können.

Schritt 4

Damit blenden Sie eine Liste der Genres für die Videosuche ein. In dieser (alphabetisch sortierten) Liste finden Sie recht weit unten die Rubrik *Sportarten*. Setzen Sie dort ein Häkchen, um dieses Genre bei der Suche zu berücksichtigen.

Schritt 5

Drücken Sie dann Enter oder klicken Sie oben im Formular auf die Schaltfläche *Google-Suche* und kontrollieren Sie die Ergebnisse. Bei diesem Suchbeispiel dürfte sich die Trefferzahl in etwa halbieren, sodass Sie ein wesentlich kompakteres und zutreffenderes Suchergebnis erhalten.

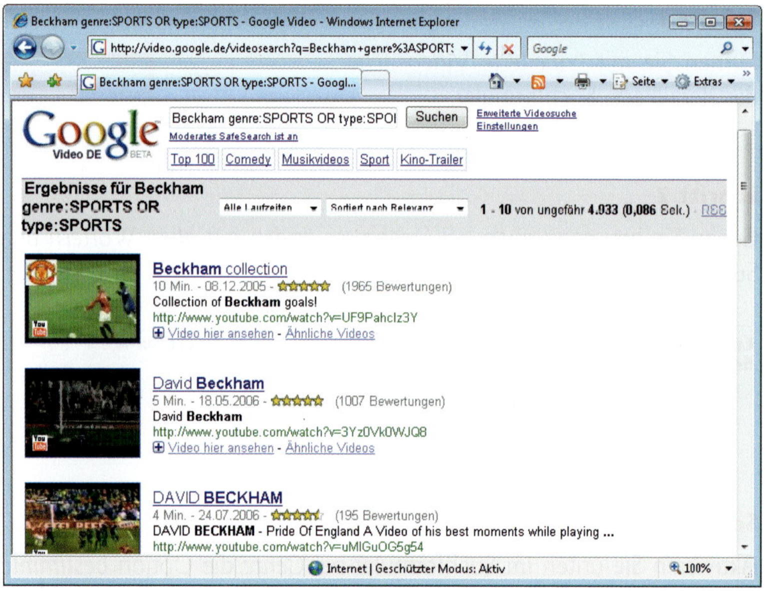

Info

Unpassende Genres?

Bei einer Genre-Suche können durchaus Clips auftauchen, die in diesem Genre nichts zu suchen haben. Das Genre legt der Benutzer fest, der den Clip veröffentlicht hat.

Tipp

Keine Genres zu sehen?

Die Liste der Genres wird erst in das Formular eingeblendet, wenn Sie bei der Sucheinstellung *Genre* die Option *bestimmte Genres* ausgewählt haben!

5

So können Sie immer schnell auf die Google-Suche zugreifen

Die Google-Suche als Lesezeichen oder Startseite im Browser eintragen

Wenn Sie Google zu Ihrer Lieblingssuchmaschine auserkoren haben und regelmäßig als Ausgangspunkt für Surftouren und Recherchen im Web verwenden, sollte der Zugriff auf die Google-Suche so schnell und komfortabel wie möglich sein. In diesem Kapitel zeigen wir Ihnen verschiedene Möglichkeiten, wie Sie Google möglichst schnell befragen können.

Das Suchformular schnell als Favoriten abrufen

Ein erster, wirkungsvoller Schritt ist das Anlegen eines Lesezeichens im Webbrowser. Dann müssen Sie die Webadresse für die Google-Suche nicht jedes Mal mühsam eintippen, sondern können diese Seite bequem über das *Favoriten*-Menü des Internet Explorer aufrufen.

Schritt 1

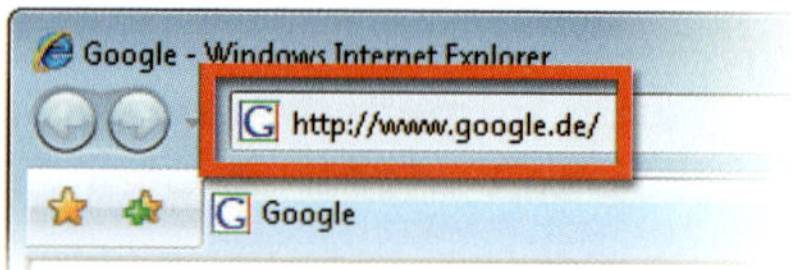

Starten Sie den Internet Explorer und öffnen Sie die Google-Startseite *http://www.google.de* (noch ein letztes Mal von Hand). Sie können dies direkt in das Adressfeld eingeben oder über das Menü mit *Datei/Öffnen* den *Öffnen*-Dialog verwenden.

Schritt 2

Wenn die Seite geladen ist, rufen Sie im Internet Explorer die Menüfunktion *Favoriten/Zu Favoriten hinzufügen* auf.

Hinweis

Favoriten, Lesezeichen oder Bookmarks

Praktisch alle Webbrowser bieten die Möglichkeit, einmal eingegebene Webadressen zu speichern, um sie bei erneuten Besuchen nicht jedes Mal wieder eingeben zu müssen. Der Internet Explorer bezeichnet dies als „Favoriten", bei anderen Browsern heißt es „Lesezeichen" oder auf Englisch „Bookmark". Die grundlegende Funktion ist überall dieselbe.

Tipp

Die Reihenfolge der Favoriten beeinflussen

Sind schon Favoriten vorhanden, steht der Google-Favorit weit unten im Menü. Wollen Sie ihn ganz oben haben, klicken Sie auf den Eintrag und ziehen ihn mit gedrückter linker Maustaste an die gewünschte Stelle. Ein schwarzer Strich markiert dabei jeweils die voraussichtliche Position in der Liste. Lassen Sie die Maustaste los, wird der Google-Eintrag an diese Stelle verschoben.

Schritt 3

Geben Sie im anschließenden Dialog einen Namen für den Favoriten an, wenn Sie den Vorschlag des Internet Explorer nicht übernehmen wollen. Klicken Sie dann auf *OK*, um den Favoriten zu speichern.

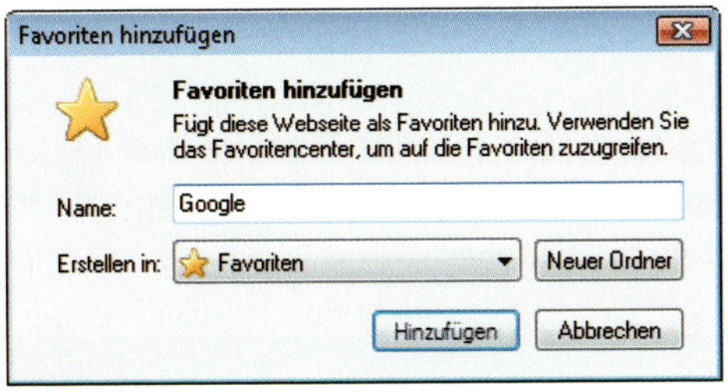

Schritt 4

Den so eingerichteten Favoriten können Sie jederzeit abrufen, indem Sie auf das *Favoriten*-Menü im Internet Explorer und darin auf den angelegten Eintrag klicken. Der Internet Explorer öffnet dann automatisch die dazugehörende Webseite.

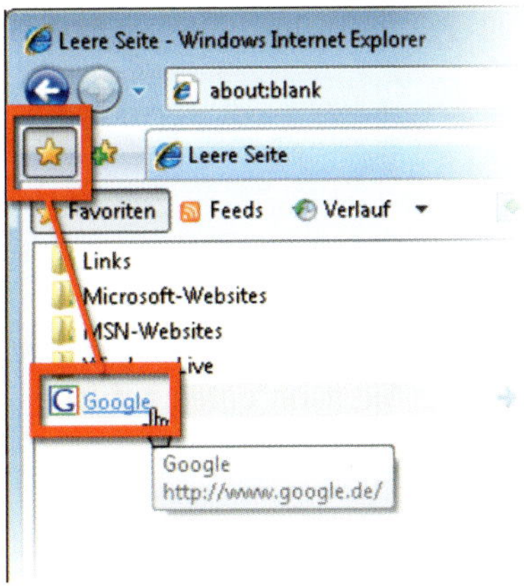

Das Google-Suchformular beim Browserstart direkt anzeigen

Eine andere schnelle Zugriffsmöglichkeit ist die Startseite des Internet Explorer. Diese wird bei jedem Start des Internet Explorer automatisch aufgerufen. Wenn Sie Ihre Surfexpedition regelmäßig mit Google beginnen, kommt Ihnen das ja sehr entgegen. Aber auch sonst bietet die Startseite eine praktische Abkürzung zu Google, da sie jederzeit mit einer eigenen Schaltfläche in der Symbolleiste abgerufen werden kann.

Glossar

Hacker

Personen, die ohne Erlaubnis in fremde Computer oder Netzwerke eindringen, um z. B. an sensible Daten zu gelangen, das System zu manipulieren oder eigene Daten oder Programme einzuschleusen.

Glossar

Homepage

Eine oder mehrere zusammenhängende Webseiten. Der Name bezieht sich im Allgemeinen speziell auf private Webseiten, die keinen kommerziellen Hintergrund haben. Sonst spricht man von Websites – oder auf Deutsch von Webangeboten.

Glossar

Startseite

Startseite meint in diesem Fall eine Webseite, die beim Start des Webbrowsers automatisch geladen und angezeigt wird. Bei Webangeboten bezeichnet man als Startseite die zentrale Eingangsseite, mit der die Besucher begrüßt werden.

Schritt 1

Starten Sie den Internet Explorer und öffnen Sie die Google-Suchseite *http://www.google.de*.

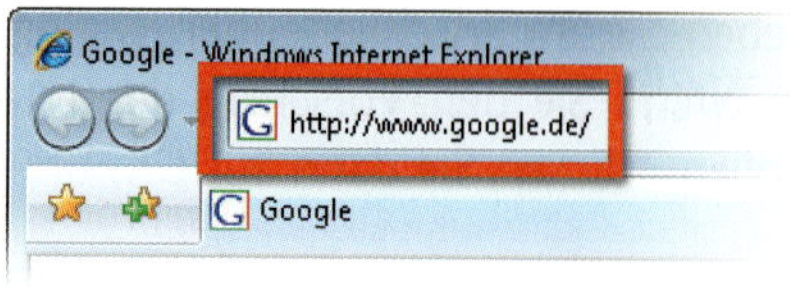

Schritt 2

Suchen Sie dann in der Steuerleiste des Internet Explorer das Startseitensymbol. Klicken Sie aber nicht auf das Symbol selbst, sondern auf den kleinen Pfeil rechts daneben.

Schritt 3

Damit öffnen Sie ein Untermenü, in dem Sie den Punkt *Startseite hinzufügen oder ändern* auswählen.

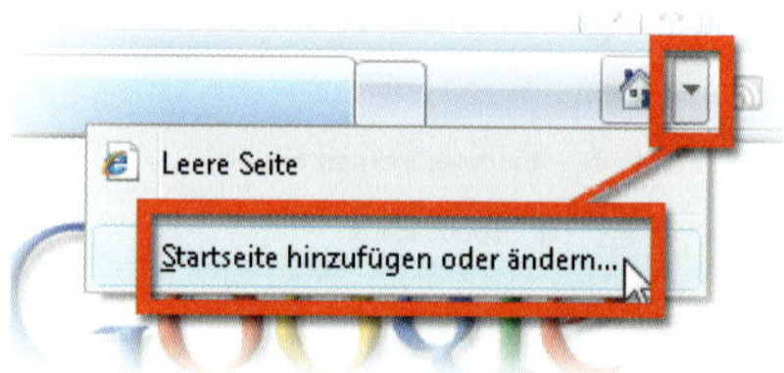

Schritt 4

Wählen Sie im anschließenden Dialog die obere Option *Diese Webseite als einzige Startseite verwenden* und klicken Sie dann unten auf *Ja*.

Ab sofort wird die Google-Startseite bei jedem Start des Internet Explorer automatisch geöffnet und angezeigt. Außerdem können Sie sie jederzeit aufrufen, indem Sie auf die *Startseite*-Schaltfläche in der Symbolleiste des Internet Explorer klicken.

Tipp

Startseite per Tastenkombination

Um eine Google-Suche zu starten, können Sie die Startseite nicht nur per Mausklick in der Symbolleiste aufrufen. Per Tastatur geht es mit Alt+Pos1 ggf. noch schneller.

Tipp

Mehrere Startseiten gleichzeitig nutzen

Beim Internet Explorer 7 können Sie mehrere Webseiten gleichzeitig beim Start automatisch öffnen lassen. Jede Seite wird dann in ihrer eigenen Registerkarte geladen und angezeigt. So kann das Google-Suchformular eine von mehreren Startseiten sein. Wählen Sie dazu im Dialog die Option *Diese Webseite zur Registerkarte der Startseiten hinzufügen*.

Fertig formulierte Google-Suchen als Favoriten jederzeit wieder abrufen

Wenn Sie regelmäßig Informationen zu einem bestimmten Thema suchen, können Sie die Favoriten-Funktion Ihres Webbrowsers dafür verwenden. Ist eine Suche erst mal formuliert, kann sie nämlich problemlos als Favorit gespeichert werden. Rufen Sie diesen Favoriten später wieder ab, wird die Google-Suche erneut ausgeführt und Sie bekommen dann jeweils die aktuellen Ergebnisse angezeigt.

Schritt 1

Rufen Sie die Startseite von Google im Internet Explorer auf.

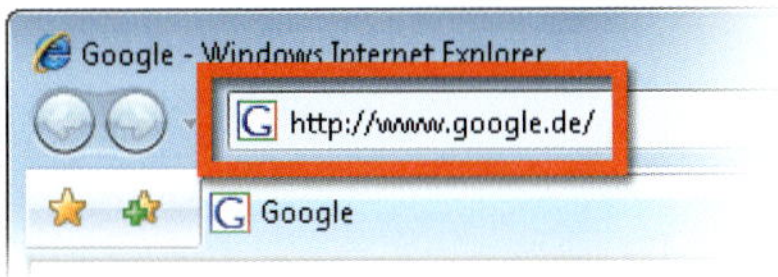

Schritt 2

Geben Sie im Eingabefeld die Suchanfrage ein, die Sie als Favorit speichern wollen. Selbstverständlich können Sie auch die *Erweiterte Suche* verwenden, um die Suchanfrage genauer zu definieren.

Schritt 3

Schicken Sie die Suche mit Enter oder einem Klick auf *Google-Suche* ab und warten Sie auf die Ergebnisseite. Überprüfen Sie, ob die Ergebnisse dem gesuchten Thema entsprechen, und optimieren Sie die Suchanfrage ggf., um die gewünschten Ergebnisse zu erzielen.

Info

Das wird bei Suchen als Favorit gespeichert

Die Google-Suche basiert auf Internetadressen. Das Suchformular erstellt aus Ihrer Anfrage eine – recht komplizierte – Adresse. Diese führt zur Webseite mit den Ergebnissen. Wenn die Ergebnisseite angezeigt wird, können Sie diese Adresse oben im Adressfeld des Webbrowsers sehen. Diese Adresse lässt sich wie jede andere als Favoriten speichern. Rufen Sie den Favoriten wieder ab, wird die gleiche Suchanfrage erneut übermittelt und Sie erhalten als Antwort die aktuellen Ergebnisse zu Ihrer Suche.

Tipp

Favoriten-Ordner für Google anlegen

Wenn die Favoritenliste des Webbrowsers zu unübersichtlich wird, können Sie für gespeicherte Google-Suchen ein eigenes Untermenü anlegen. Öffnen Sie die Favoriten und klicken Sie mit der rechten Maustaste auf einen der Einträge. Wählen Sie den Befehl *Neuen Ordner erstellen*. Nun brauchen Sie nur noch eine passende Bezeichnung für die Unterordner festzulegen.

Schritt 4

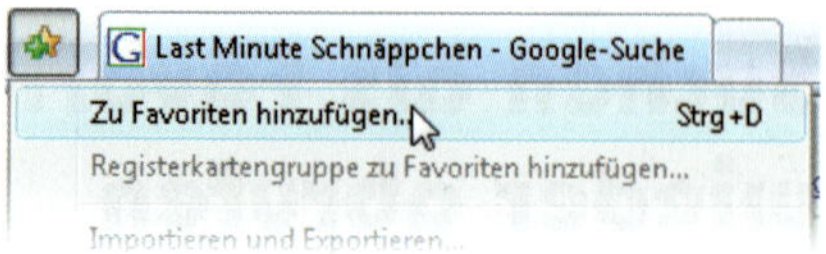

Wenn die Ergebnisseite wie gewünscht im Webbrowser angezeigt wird, klicken Sie im Internet Explorer auf die Schaltfläche *Zu Favoriten hinzufügen* und wählen Sie im Untermenü den Punkt *Zu Favoriten hinzufügen*.

Schritt 5

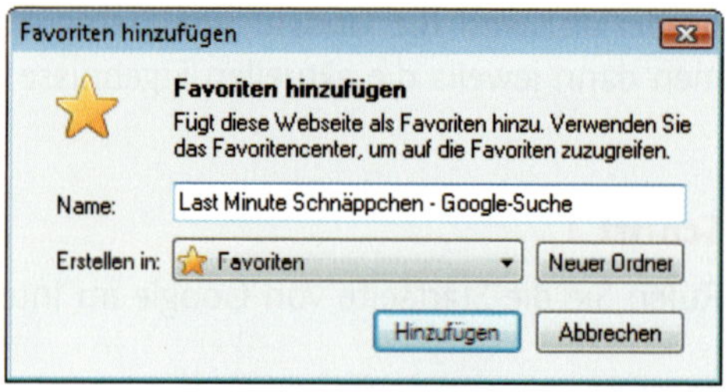

Geben Sie im anschließenden Dialog eine Bezeichnung an, unter der diese Suche als Favorit gespeichert werden soll. Der Internet Explorer macht im *Name*-Feld automatisch einen Vorschlag, den Sie aber beliebig abändern können.

Schritt 6

Um den Favoriten direkt in einem Unterordner anzulegen, etwa wenn Sie extra einen Google-Favoritenordner angelegt haben, wählen Sie diesen im Feld *Erstellen in* aus. Mit der Schaltfläche *Neuer Ordner* können Sie auch jetzt noch einen Favoritenordner für diesen und andere Favoriten anlegen.

Schritt 7

Klicken Sie schließlich unten auf *Hinzufügen*, um den Favoriten zu speichern.

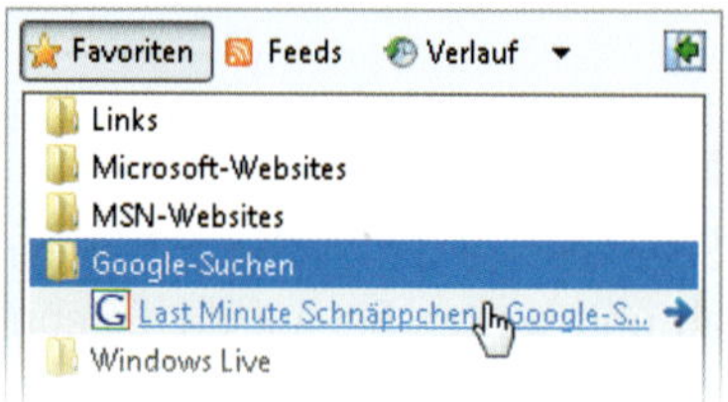

Eine als Favorit gespeicherte Suche können Sie jederzeit abrufen, indem Sie das *Favoriten*-Menü aufrufen, ggf. das entsprechenden Untermenü öffnen und dort auf den Eintrag klicken. Der Webbrowser übermittelt die Suchanfrage und stellt die Antwortseite der Suchmaschine dar, so als ob Sie die Anfrage manuell eingegeben hätten.

Google als Standardsuchdienst im Suchfeld des Internet Explorer nutzen

Der Internet Explorer 7 verfügt über ein eigenes Suchfeld oben rechts, für das er standardmäßig den Microsoft-eigenen Suchdienst Live Search verwendet. Sie können aber auch Google direkt aus diesem Suchfeld heraus befragen. Das muss allerdings zunächst einmalig eingerichtet werden.

Schritt 1

Klicken Sie auf das kleine Pfeilsymbol ganz rechts neben dem Suchfeld.

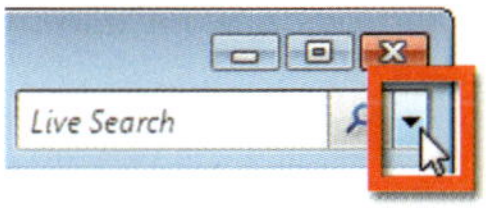

Schritt 2

Dadurch öffnen Sie das Menü für das Suchfeld. Wählen Sie darin den Befehl *Weitere Anbieter suchen* aus.

Schritt 3

Im Hauptfenster des Internet Explorer wird daraufhin eine Webseite geöffnet, die die verschiedenen angebotenen Suchdienste auflistet.

Info

Weitere Anbieter im Suchfeld einrichten

Der Internet Explorer unterstützt für das Einrichten von Suchdiensten den Open Search 1.1 Standard, der ein einheitliches Format definiert. Mithilfe dieses Formats kann jeder Beschreibungen von Suchdiensten erstellen und veröffentlichen. Außer auf den Microsoft-eigenen Webseiten können Sie solche Angebote also auch überall sonst finden und bedenkenlos installieren.

Hinweis

Das bedeutet „Standardsuche“

Das Suchfeld unterstützt das Verwenden verschiedener Suchdienste. Welchen Sie benutzen wollen, legen Sie jeweils beim Abschicken der Suchanfrage fest. Wenn Sie die Suche allerdings ohne ausdrückliche Auswahl eines Suchdienstes abschicken, verwendet der Internet Explorer den Suchdienst, der als Standardsuche festgelegt ist. Wenn Sie hauptsächlich mit Google suchen, sollten Sie diesen Suchdienst als Standard wählen, da Sie Ihre Suche dann immer einfach eintippen und abschicken können.

Schritt 4

Suchen Sie sich hier den Eintrag für die Internetsuche von Google und klicken Sie auf den dazugehörenden Link *Google*.

Schritt 5

Bestätigen Sie im anschließenden Hinweisfenster das Hinzufügen des Google-Suchdienstes. Wollen Sie Google als Standardsuche verwenden, können Sie auch gleich die Option *Als Standardsuchanbieter festlegen* aktivieren.

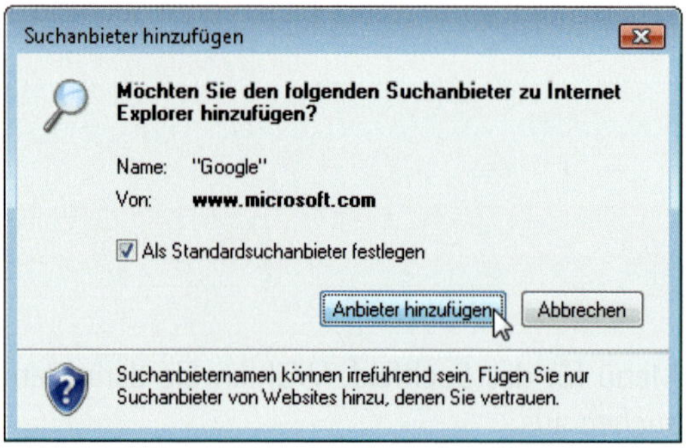

Schritt 6

Anschließend finden Sie Google sofort als zusätzliche Auswahlmöglichkeit im Menü des Suchfeldes vor. Haben Sie es als Standardsuche festgelegt, wird es mit dem Zusatz *(Standard)* angezeigt.

So suchen Sie mit Google über das Internet Explorer-Suchfeld

Haben Sie Google in der Suchleiste eingerichtet, können Sie Ihre Suchanfragen immer direkt über das Suchfeld abschicken:

Schritt 1

Geben Sie den gesuchten Begriff in das Feld ein. Sie können hier beliebig komplexe Suchanfragen formulieren, also z. B. auch logische Verknüpfungen und Suchoperatoren eingeben (siehe die Kapitel 2 und 3).

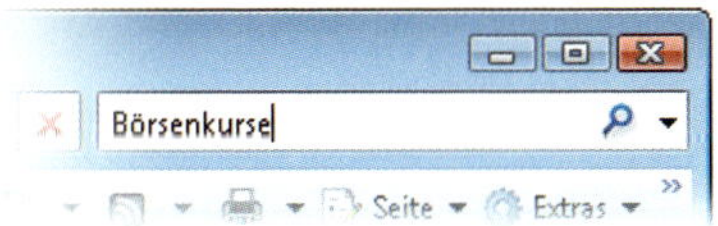

Schritt 2

Haben Sie Google als Standardsuchdienst festgelegt, brauchen Sie anschließend einfach nur [Enter] zu drücken.

Schritt 3

Andernfalls klicken Sie auf die kleine Schaltfläche am rechten Rand des Suchfeldes.

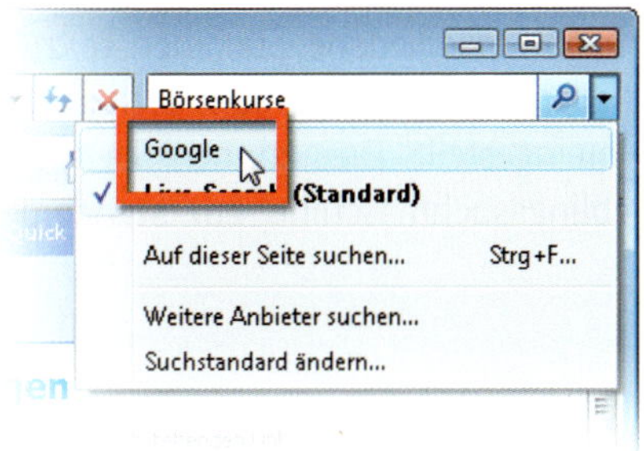

Schritt 4

Damit öffnen Sie ein Menü, in dem Sie Google als Suchdienst auswählen können. Mit dem Klick auf den Google-Eintrag wird die Suchanfrage automatisch auch gleich an Google übermittelt.

Tipp

Weitere Suchen mit Google

Sie müssen die Auswahl von Google als Suchdienst nicht ständig wiederholen. Sie bleibt erhalten, bis Sie einen anderen Suchdienst wählen oder den Internet Explorer beenden.

Tipp

Komplexe Suchabfragen

Wenn Sie Google im Suchfeld verwenden, können Sie dieses Feld wie das Eingabefeld im Google-Suchformular benutzen, also z. B. auch Operatoren der erweiterten Suche einsetzen.

Tipp

Suchergebnisse in einer neuen Registerkarte darstellen

Wenn Sie eine Suche über das Suchfeld ausführen, wird die Ergebnisseite in der aktuellen Registerkarte angezeigt und verdrängt dort ggf. die bislang dargestellte Webseite. Dies können Sie verhindern, indem Sie die Suchergebnisse in einer neuen, eigenen Registerkarte anzeigen lassen. Halten Sie dazu die Taste [Alt] gedrückt, während Sie die Suche mit [Enter] abschicken bzw. auf das Lupensymbol im Suchfeld klicken. Der Internet Explorer öffnet dann ein neues Register für die Suchergebnisse.

Schritt 5

Die Antwort der Suchmaschine erhalten Sie als Webseite im Browserfenster, ganz so, als ob Sie die Anfrage im Formular des Suchdienstes direkt eingegeben hätten.

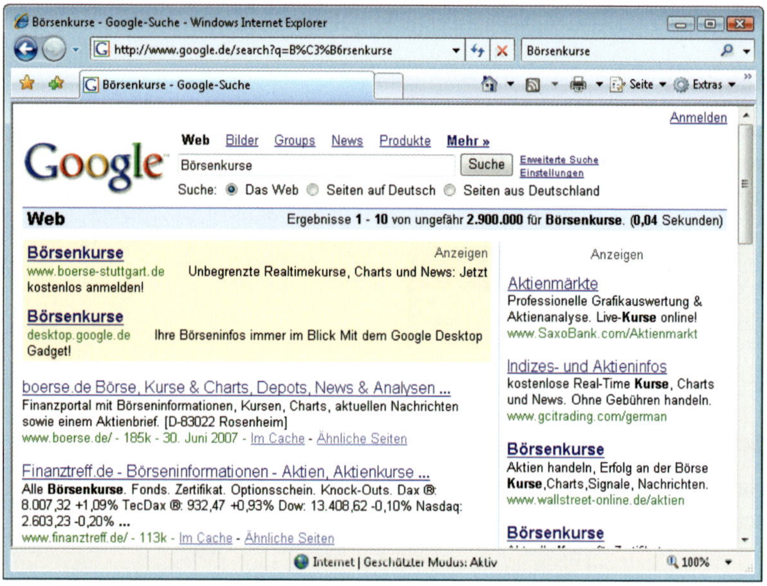

Legen Sie Ihren Lieblingssuchdienst als Standardsuche fest

Mithilfe der Suchleiste kann man sich verschiedene Suchdienste zunutze machen. Standardmäßig ist allerdings – wenig überraschend – das Microsoft-eigene Live Search voreingestellt. Dies können Sie allerdings ändern, indem Sie Ihre Lieblingssuchmaschine zur standardmäßigen Voreinstellung machen.

Schritt 1

Klicken Sie rechts in der Suchleiste auf die Schaltfläche für das Menü und wählen Sie hier ganz unten den Menüpunkt *Suchstandard ändern*.

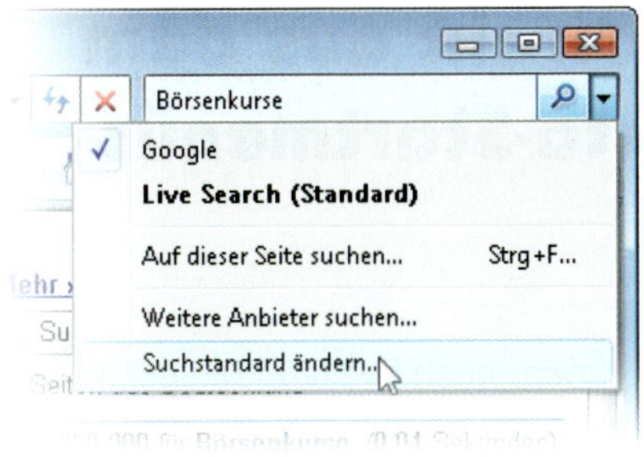

Schritt 2

Damit öffnen Sie einen Konfigurationsdialog, in dem Sie die verschiedenen Suchdienste verwalten können.

Schritt 3

Markieren Sie hier den Eintrag von *Google* und klicken Sie dann unten auf die Schaltfläche *Als Standard*.

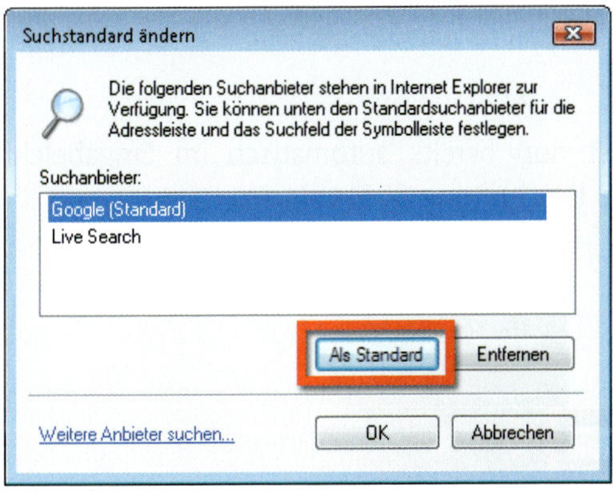

Schritt 4

Der Google-Eintrag im Menü des Suchfeldes wird dann mit der Ergänzung *(Standard)* versehen.

Schritt 5

Klicken Sie dann auf unten auf *OK*, um die Änderung zu übernehmen. Sie ist ohne Neustart sofort gültig.

Tipp

Suchmaschinen aus der Auswahl entfernen

Wenn Sie eine der eingetragenen Suchmaschinen nicht benutzen wollen, können Sie diese aus dem Menü entfernen, um das Menü etwas übersichtlicher zu gestalten. Wählen Sie den Eintrag dazu im Suchstandard-Menü aus und klicken Sie auf die *Entfernen*-Schaltfläche.

Google-Suchen direkt aus dem Suchfeld des Vista-Startmenüs durchführen

Das Betriebssystem Vista bietet Ihnen noch weitere Möglichkeiten, Internetsuchen schnell und unkompliziert durchzuführen. Hierzu können Sie ähnlich wie beim Suchfeld im Internet Explorer an verschiedenen Stellen Ihren Suchbegriff eingeben und suchen lassen. Für die Ergebnisse wird automatisch ein Fenster des Internet Explorer zur Anzeige geöffnet. Die zentrale Stelle für solche schnellen Suchläufe ist das Eingabefeld direkt im Startmenü von Windows Vista.

Info

Wie und wo sucht das Suchfeld?

Das Suchfeld im Vista-Startmenü ist sehr eng mit dem Suchfeld im Internet Explorer verwandt und verwendet dessen Einstellungen. Wenn Sie wie beschrieben eine Suche über das Startmenü durchführen, kommt dabei der Suchdienst zur Verwendung, der im Suchfeld des Internet Explorer als Standardsuchdienst eingetragen ist. Über diese Einstellung können Sie also auch beeinflussen, welche Suchhilfe beim Suchen aus dem Startmenü zum Einsatz kommt.

Schritt 1

Öffnen Sie das Startmenü von Vista, indem Sie auf das runde Startsymbol unten links in der Startleiste klicken.

Schritt 2

Die Eingabemarkierung ist nun bereits automatisch im Eingabefeld markiert, das zunächst die Beschriftung *Suche starten* trägt.

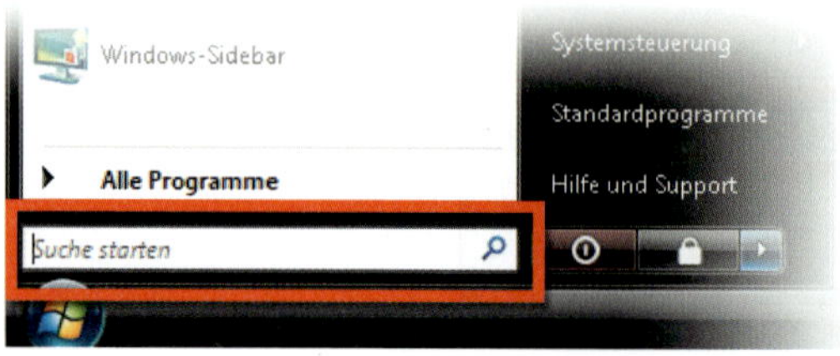

Schritt 3

Geben Sie nun einfach den gesuchten Begriff ein. Sie können einfach nur ein Wort oder auch einen beliebig komplexen Ausdruck suchen lassen. Alle Parameter und Operatoren, die von der Standardsuche im Internet Explorer unterstützt werden, sind hier ebenfalls erlaubt.

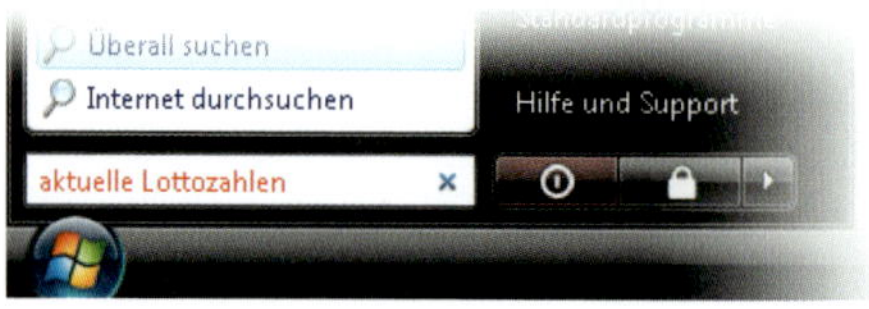

Schritt 4

Haben Sie die Eingabe des Suchbegriffs abgeschlossen, klicken Sie darüber auf den Befehl *Internet durchsuchen*.

Schritt 5

Windows öffnet daraufhin ein Webbrowserfenster und schickt die Anfrage an den Suchdienst. Die Antwortseite mit den Ergebnissen wird anschließend im Browserfenster angezeigt.

Tipp

Suchen ganz ohne Maus

Sie können die Suche über das Startmenü auch ganz ohne Mausklicks durchführen: Öffnen Sie dazu das Startmenü mit der Tastenkombination [Strg]+[Esc]. Nun können Sie den Suchbegriff direkt eingeben. Anschließend benutzen Sie die Pfeiltasten (meist reicht einmal [↓]), um im Menü darüber den Befehl *Internet durchsuchen* auszuwählen. Drücken Sie dann [Enter].

Internetsuchen schnell aus dem Windows-Explorer starten

Auch der Windows-Explorer stellt eine Abkürzung für Internetrecherchen zur Verfügung, sodass Sie sich das Starten des Webbrowsers sparen können, wenn der Windows-Explorer ohnehin schon geöffnet ist. Der Dateimanager verfügt ähnlich wie der Internet Explorer rechts oben über ein Suchfeld. Dieses ist zwar eigentlich Dateisuchen vorbehalten, lässt sich aber auch für Internetsuchen nutzen, die dann an den Internet Explorer weitergeleitet werden.

Schritt 1

Sie finden das Suchfeld des Windows-Explorer oben rechts in dessen Fenster. Unbenutzt ist es mit der Beschriftung *Suchen* versehen.

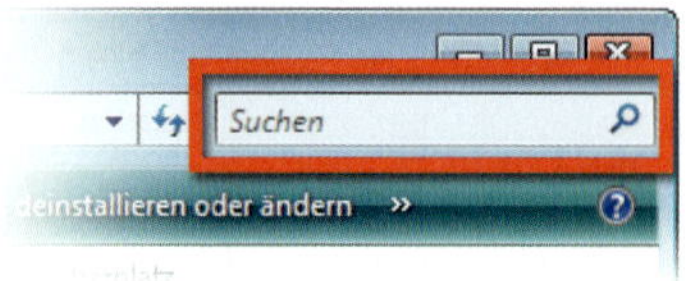

Schritt 2

Klicken Sie mit der Maus in das *Suchen*-Feld, um es zu aktivieren und die Einfügemarke darin zu platzieren. Die *Suchen*-Beschriftung wird dabei automatisch entfernt, um für Ihren Suchbegriff Platz zu schaffen.

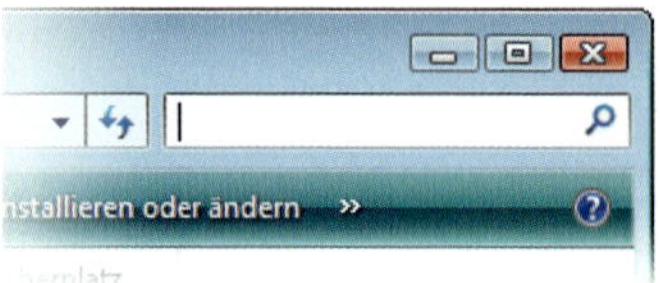

Schritt 3

Geben Sie nun wie gewohnt den Suchbegriff ein. Wie immer können Sie ein einfaches Wort oder aber auch eine beliebig komplexe Suche formulieren.

Hinweis

Merkwürdiges Verhalten beim Eingeben des Suchbegriffs?

Wenn Sie im Suchfeld des Windows-Explorer einen Suchbegriff eingeben, verhält sich der Windows-Explorer während der Eingabe eventuell auffällig, z. B. indem er nach jedem eingetippten Zeichen die Anzeige der Dateien verändert. Das liegt daran, dass dieses Suchfenster hauptsächlich für das Suchen nach Dateien vorgesehen ist. Während Sie den Suchbegriff eintippen, führen Sie also unbeabsichtigt eine Dateisuche durch. Das macht aber nichts und muss Sie nicht weiter stören.

Schritt 4

Um die Suche durchzuführen, drücken Sie schließlich die Tastenkombination [Umschalt]+[Enter].

Schritt 5

Der Windows-Explorer leitet die Suchanfrage daraufhin an den Internet Explorer weiter. Dieser startet, schickt Ihre Anfrage an den als Standard festgelegten Suchdienst und zeigt Ihnen die Ergebnisse anschließend in seinem Fenster an. Das Fenster des Windows-Explorer bleibt im Hintergrund geöffnet, sodass Sie auch dort weiterarbeiten können.

Info

Die verschiedenen Suchvarianten

Egal ob Sie nun direkt auf der Webseite von Google suchen, Ihre Suchanfrage über die Suchleiste des Internet Explorer abschicken, den Windows-Explorer bemühen oder direkt aus dem Vista-Startmenü suchen: Für die Suche selbst besteht kein funktionaler Unterschied. Sie können überall dieselben Suchbegriffe eingeben und erhalten auch jedes Mal die gleichen Ergebnisse.

Das Google-Suchfeld als Minifenster im Vista-Seitenbereich

Zu Windows Vista gehört der Seitenbereich, mit dem Sie verschiedene Minianwendungen auf den Desktop bringen können. Diese werden ständig an einer Seite des Bildschirms angezeigt oder lassen sich auch nur bei Bedarf kurzfristig einblenden. Wenn Sie diesen Seitenbereich verwenden, können Sie damit auch bequem auf Google zugreifen, denn auch für Google-Suchen gibt es eine Minianwendung, die Sie einrichten und verwenden können.

Steuern Sie den Vista-Seitenbereich

Der Seitenbereich ist standardmäßig immer aktiv, was sich empfiehlt, wenn Sie die dort eingerichteten Minianwendungen jederzeit zur Verfügung haben wollen. Sie können ihn aber auch deaktivieren und nur bei Bedarf einsetzen. Sollte der Seitenbereich auf Ihrem PC standardmäßig aktiviert sein, können Sie ihn wie folgt starten:

Tipp

So wird der Seitenbereich immer mit Vista gestartet

Damit der Seitenbereich automatisch immer aktiv ist, klicken Sie mit der rechten Maustaste auf eine freie Stelle des Seitenbereichs und wählen im Menü den Befehl *Eigenschaften*. Aktivieren Sie dann im anschließenden Dialog ganz oben die Option *Sidebar beim Start von Windows starten*. Der Seitenbereich wird dann automatisch bei jedem Windows-Start mit den von Ihnen festgelegten Minianwendungen aktiviert.

Schritt 1

Öffnen Sie das Startmenü und darin mit *Alle Programme/Zubehör* den Unterordner mit den Zusatzprogrammen.

Schritt 2

Hier finden Sie den unscheinbaren Eintrag *Windows-Sidebar*.

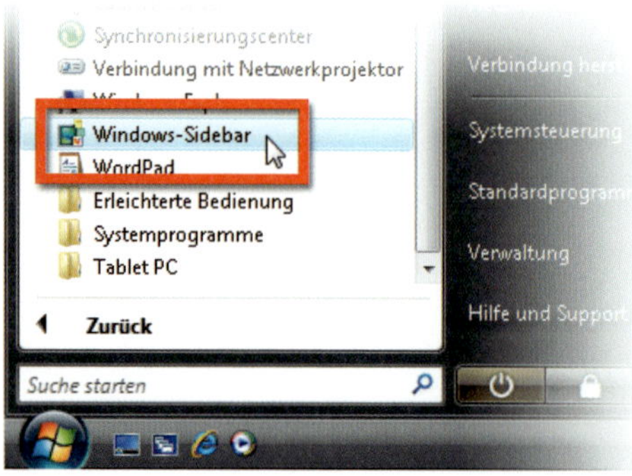

Schritt 3

Vista startet daraufhin die Seitenleiste in der Standardkonfiguration. Dabei wird sie am rechten Rand des Bildschirms eingeblendet und enthält einige Standardelemente wie z. B. eine Uhr und ein Symbol für den Windows-Papierkorb.

Schritt 4

Um die Seitenleiste später wieder zu schließen, klicken Sie mit der rechten Maustaste auf das Seitenleisten-Symbol unten rechts im Infobereich der Taskleiste und wählen im Kontextmenü den Befehl *Beenden*.

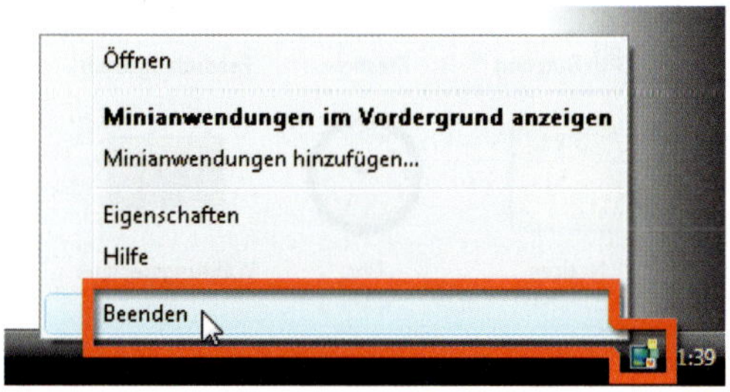

Installieren Sie die Google-Minianwendung für den Seitenbereich

Um direkt aus dem Seitenbereich Internetsuchen durchführen zu können, müssen Sie zunächst einmal eine Google-Minianwendung für den Seitenbereich einrichten. Diese gehört nicht zum Standardlieferumfang von Vista. Sie können sie aber schnell und kostenlos aus dem Internet herunterladen und installieren.

Schritt 1

Klicken Sie mit der rechten Maustaste auf eine beliebige Stelle des Seitenbereichs und wählen Sie den Befehl *Minianwendung hinzufügen*.

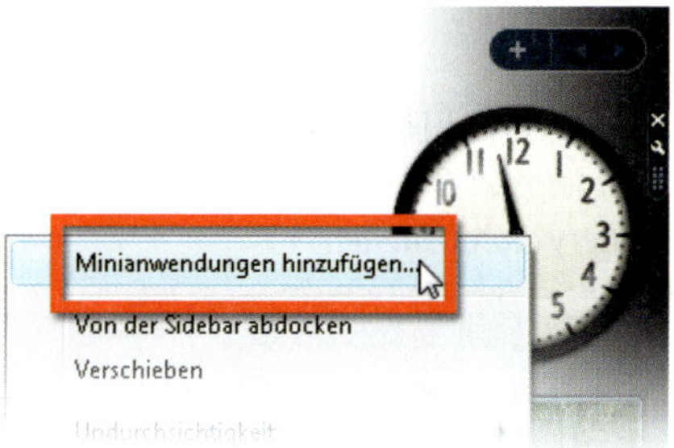

Tipp

Die Seitenleiste lieber links statt rechts?

Standardmäßig wird die Seitenleiste rechts angezeigt. Hätten Sie sie lieber auf der anderen Seite, öffnen Sie die *Eigenschaften* des Seitenbereichs und wählen dort bei *Sidebar auf folgender Seite des Bildschirms anzeigen* die Option *Links*. Sollten Sie mehr als einen Monitor angeschlossen haben, können Sie auch auswählen, auf welchem der Seitenbereich angezeigt werden soll.

Tipp

Seitenbereich immer im Vordergrund anzeigen

Normalerweise wird der Seitenbereich von anderen Anwendungsfenstern überlagert, sobald diese groß genug sind bzw. maximiert werden. Wollen Sie Ihre Minianwendungen immer auf dem Bildschirm präsent haben, wählen Sie in den *Eigenschaften* des Seitenbereichs die Option *Sidebar im Vordergrund anzeigen*. Der Seitenbereich bekommt dann seinen festen Teil des Bildschirms, den andere Fenster auch im maximierten Zustand nicht überdecken können.

Schritt 2

Im anschließenden Dialog sehen Sie eine Übersicht aller bereits installierten Minianwendungen. Dabei handelt es sich um eine kleine Auswahl, die zum Lieferumfang von Windows Vista gehört. Da keine Google-Minianwendung dabei ist, klicken Sie unten rechts auf *Weitere Minianwendungen online beziehen*.

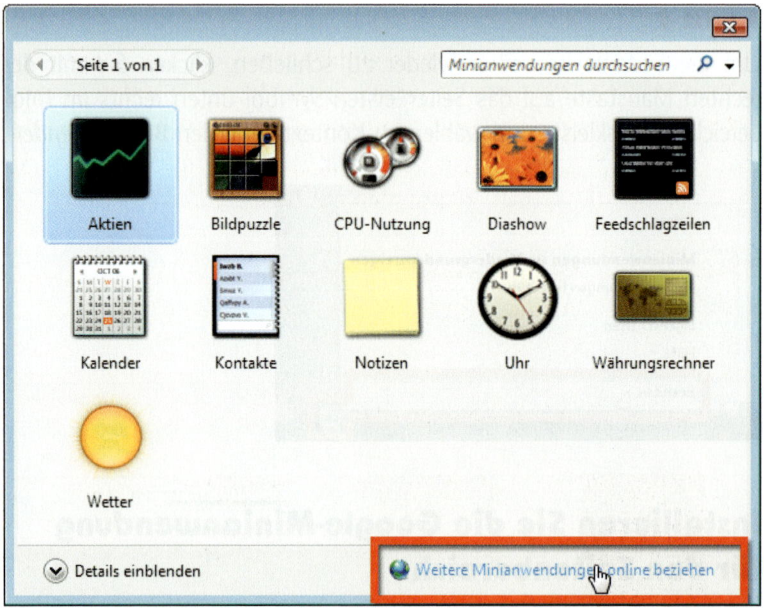

Schritt 3

Damit öffnen Sie eine Microsoft-Webseite, von der Sie weitere Minianwendungen kostenlos herunterladen und in Ihren Seitenbereich integrieren können. Klicken Sie auf der Eingangsseite zunächst einfach auf die Schaltfläche *Alle Gadgets anzeigen*.

Schritt 4

Auf der anschließenden Seite finden Sie ganz oben ein Suchfeld. Geben Sie hier den Begriff *Google* ein und klicken Sie dann rechts daneben auf *Gallery durchsuchen*.

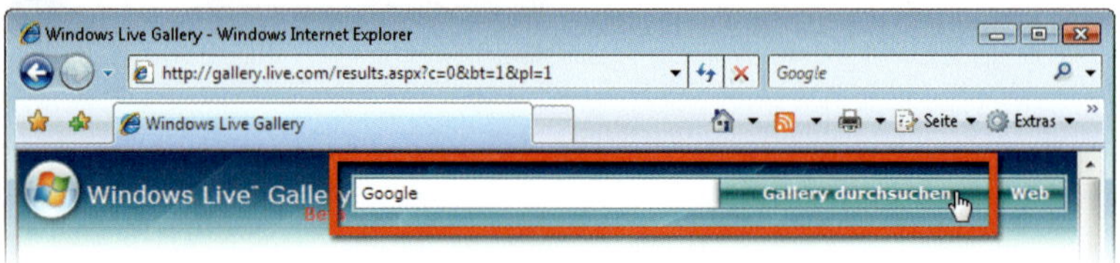

Schritt 5

Auf der anschließenden Webseite sehen Sie zunächst eine Übersicht der Suchergebnisse in verschiedenen Kategorien. Klicken Sie hier in der Rubrik *Sidebargadgets* auf *Alle anzeigen für Windows Vista*, um nur Treffer aus diesem Bereich angezeigt zu bekommen.

Schritt 6

Die dadurch aufgerufene Webseite enthält alle Minianwendungen, die sich für eine Google-Suche einsetzen lassen. Suchen Sie sich anhand der Vorschaubilder eine der Anwendungen heraus. Selbstverständlich können Sie auch mehrere installieren und ausprobieren. Klicken Sie bei der Minianwendung Ihrer Wahl unten auf *Herunterladen*.

Schritt 7

Nach dem Klick auf *Herunterladen* wird ein Sicherheitshinweis angezeigt. Klicken Sie hier auf *Installieren*, um den Vorgang fortzusetzen.

Glossar

Gadget

Gadget oder auch Widget sind englische Fachausdrücke für die Minianwendungen, die im Seitenbereich eingerichtet werden können. Allgemein bezeichnet man damit kleine Programme mit begrenzter Oberfläche und beschränktem Funktionsumfang. Sie werden in der Regel von einer übergeordneten Anwendung (z. B. der Vista-Seitenleiste) organisiert.

Tipp

Nur die Google-Minianwendung auf dem Bildschirm

Sie können auch nur die Google-Minianwendung an beliebiger Stelle auf dem Bildschirm platzieren. Klicken Sie dazu mit der linken Maustaste auf die Minianwendung und halten Sie die Maustaste gedrückt. Ziehen Sie dann mit der Maus die Minianwendung auf eine beliebige Stelle des Bildschirms und lassen Sie die Maustaste dort los. Nun können Sie den Seitenbereich auch ganz ausblenden. Allerdings muss der Seitenbereich immer noch im Hintergrund aktiv bleiben, damit die Minianwendung weiterläuft.

Schritt 8

Klicken Sie im anschließenden Dateidownload-Dialog auf die Schaltfläche *Öffnen*, um die heruntergeladene Minianwendung direkt zu installieren.

Schritt 9

Nun müssen Sie das Installieren der Minianwendung noch mit einem Klick auf *Zulassen* gestatten sowie ggf. bestätigen, dass die Minianwendung trotz unbekannten Herausgebers installiert werden darf. Klicken Sie für Letzteres auf *Installieren*.

Schritt 10

Damit wird die neue Minianwendung endgültig installiert und direkt ganz oben in den Seitenbereich eingefügt.

So suchen Sie schnell und bequem mit dem Vista-Seitenbereich

Ist die Google-Minianwendung einmal in den Seitenbereich eingefügt, können Sie von dort aus jederzeit schnell suchen:

- Platzieren Sie den Mauszeiger in das Eingabefeld der Minianwendung und tippen Sie dort Ihre Suchanfrage ein. Drücken Sie dann Enter, um die Suche abzuschicken.
- Mit einem Klick auf einen anderen Bereich der Minianwendung öffnen Sie die Google-Suchseite im Webbrowser und können von dort aus suchen.

6

Holen Sie sich die Google-Suche direkt in Ihren Webbrowser

Installieren Sie die Google-Suchleiste im Internet Explorer

Google stelltseinen Nutzern eine spezielle Symbolleiste zur Verfügung, die sich nahtlos in den Webbrowser integriert. Hiermit können Sie Ihre Suchanfragen ganz ohne Suchformular direkt losschicken. Darüber hinaus stellt diese Leiste den Zugriff auf fast alle Google-Funktionen bereit und bietet praktischen Zusatznutzen, wie das Markieren der gefundenen Suchbegriffe in den angezeigten Webseiten oder den Werbeblocker, der ungewollte Pop-up-Fenster unterdrückt.

Info

Voraussetzungen

Die Google-Symbolleiste funktioniert unter Windows Vista und Windows XP mit dem Internet Explorer ab Version 6. Es gibt auch eine Version für den Webbrowser Firefox.

Schritt 1

Öffnen Sie das einfache Suchformular unter *www.google.de*.

Tipp

Ältere Windows-Versionen

Sollten Sie noch eine ältere Windows-Version verwenden, können Sie auf der Webseite der Google-Suchleiste auch eine ältere Version der Symbolleiste herunterladen.

Schritt 2

Klicken Sie hier ganz unten auf den Link *Über Google*.

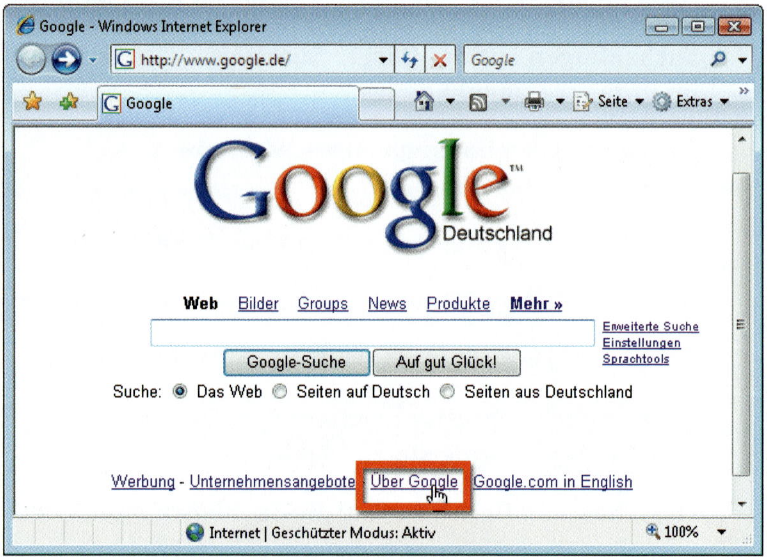

Schritt 3

Auf der anschließenden Webseite *Alles über Google* finden Sie am linken Rand oben den Bereich der Google Toolbar. Klicken Sie dort auf die gleichnamige Verknüpfung, um zunächst eine Informationsseite zur Google-Suchleiste zu öffnen. Hier finden sich auch Hinweise auf die alternativen Versionen für Benutzer des Firefox-Webbrowsers bzw. älterer Windows-Versionen.

Schritt 4

Um die Suchleiste in den Internet Explorer zu installieren, klicken Sie auf die unübersehbare Schaltfläche *Google Toolbar installieren*.

Schritt 5

Nun geht es zunächst darum, die Nutzungsbedingungen für die Google-Suchleiste anzuerkennen. Sie besagen im Wesentlichen, dass die Suchleiste nur für den persönlichen Gebrauch bestimmt ist und Google nicht für Fehler oder Schäden haftet.

Schritt 6

Geben Sie dann Ihren Standort an. Hiervon hängt ab, wie die Suchleiste Ihre Suchanfragen durchführt.

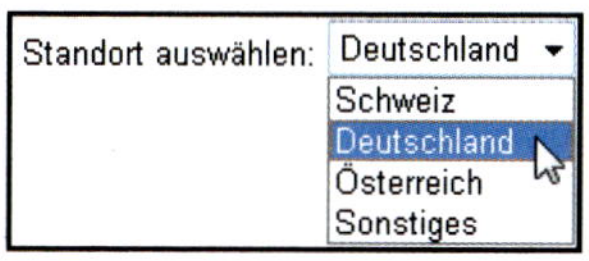

Info

Nationale Google-Suchen

Auch bei deutschsprachigen Suchen unterscheidet Google zwischen Deutschland, Österreich und der Schweiz und bevorzugt jeweils die Seiten aus dem entsprechenden Land. Deshalb ist eine entsprechende Voreinstellung sinnvoll.

Tipp

Falsche Option gewählt?

Sollten Sie sich bei der Auswahl der passenden Optionen bei der Installation vertan haben, ist das kein Problem. Sie können praktisch alle Einstellungen auch nach der Installation in den Optionen noch jederzeit verändern.

Info

Google und der Datenschutz

Die Google-Suchleiste möchte gern statistische Daten zu Ihrem Surfverhalten sammeln, die Google anonym ermittelt und auswertet. Wenn Sie diese Datenansammlung nicht unterstützen wollen, aktivieren Sie diese Option einfach nicht. Es entstehen Ihnen dadurch keine Nachteile und Sie können die Suchleiste trotzdem in vollem Umfang nutzen.

Schritt 7

Nun können Sie noch angeben, ob Sie Google als Standardsuchmaschine und als Startseite im Internet Explorer verwenden wollen. Außerdem legen Sie fest, ob Google Ihre Daten anonym erfassen darf, um seine Software zu verbessern.

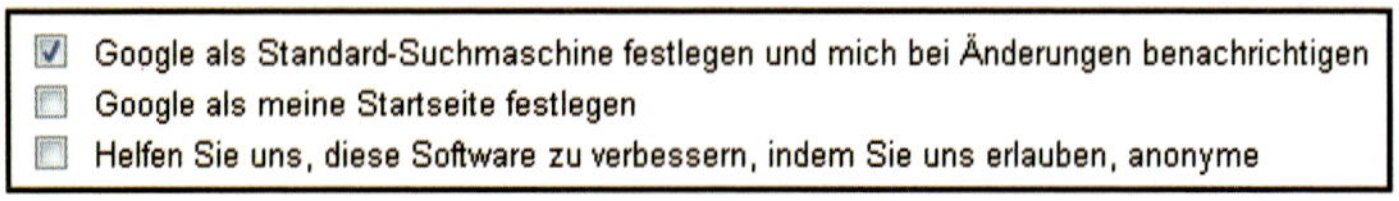

Schritt 8

Klicken Sie dann unten auf die Schaltfläche *Zustimmung und Download*, um die Suchleiste herunterzuladen und entsprechend einzurichten.

Schritt 9

Der Internet Explorer lädt nun das Installationsprogramm für die Google-Suchleiste herunter und führt es aus. Klicken Sie dazu im automatisch angezeigten Warndialog auf die Schaltfläche *Ausführen*.

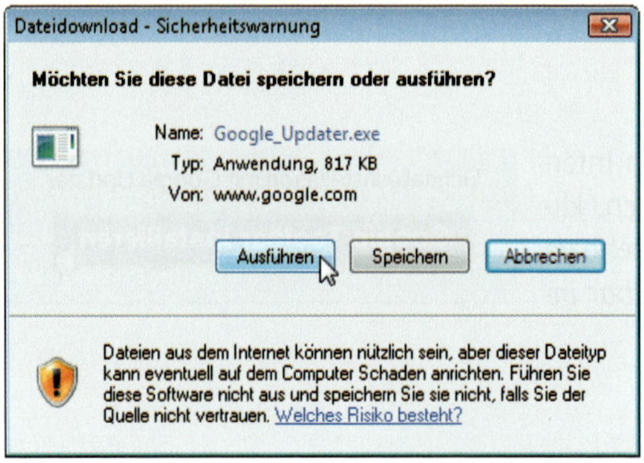

Schritt 10

Die Datei wird nun heruntergeladen, was je nach Geschwindigkeit der Internetverbindung etwas dauern kann.

Schritt 11

Klicken Sie im anschließenden Dialog wiederum auf *Ausführen*, um das Installationsprogramm zu starten.

Schritt 12

Nun meldet sich bei Windows Vista noch die Benutzerkontensteuerung kurz zu Wort. Klicken Sie hier auf die *Fortsetzen*-Schaltfläche, um die Installation der Suchleiste im Internet Explorer zu erlauben.

Schritt 13

Während der Installation lädt das Installationsprogramm weitere Daten aus dem Internet nach und richtet die Suchleiste ein. Den Fortschritt können Sie in einem Statusfenster verfolgen.

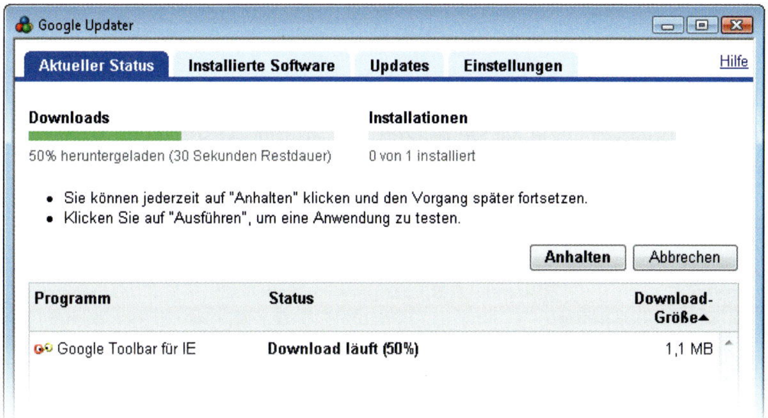

Hinweis

Eine Flut von Hinweisen und Rückfragen

Insbesondere wenn Sie die Google-Suchleiste bei Windows Vista in den Internet Explorer installieren, werden Sie geradezu mit einer Flut von Hinweisen und Warnungen überschüttet, die Sie alle bestätigen müssen. Dies hängt mit dem Sicherheitskonzept von Windows Vista zusammen und lässt sich nicht vermeiden. Solange Sie das Installationsprogramm direkt von den Google-Webseiten heruntergeladen haben, können Sie alle Rückfragen guten Gewissens bestätigen.

Glossar

Symbolleisten

Spezielle Leisten, die in den Internet Explorer eingefügt werden und die Schaltflächen und Elemente enthalten, mit denen bestimmte Aktionen durchgeführt werden können. Einige Symbolleisten bringt der Internet Explorer von Haus aus mit. Andere (z. B. die Google-Suchleiste) können bei Bedarf installiert werden.

Tipp

Wenn es nicht gleich klappt

Sollte die Google-Suchleiste trotz vollständiger Installation nicht angezeigt werden, beenden Sie ggf. den Internet Explorer und starten ihn neu. Hilft das noch nicht, beenden Sie Windows und starten Sie es neu. Ist dann immer noch keine Google-Suchleiste in Sicht, hat die Installation wohl nicht funktioniert und sollte wiederholt werden.

Schritt 14

Abschließend erhalten Sie die Meldung *Installation für Google Toolbar beendet*. Klicken Sie in diesem Dialog auf die Schaltfläche *Google Toolbar ausführen*, um die Suchleiste gleich zu aktivieren.

Schritt 15

Damit starten Sie ein neues Internet Explorer-Fenster, in dem die Suchleiste bereits integriert ist. Zusätzlich begrüßt Sie dieses mit einem ausführlichen Hinweis auf die verschiedenen Funktionen, die Ihnen nun zur Verfügung stehen. Da wir darauf im Folgenden ausführlicher eingehen, können Sie diesen Hinweis mit *OK* verschwinden lassen.

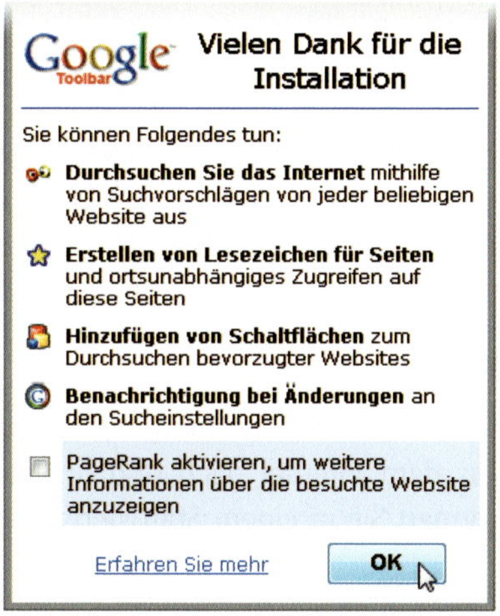

Anschließend sehen Sie die Google-Suchleiste erstmals in Ihren Webbrowser integriert. Wie Sie sie nutzen und an Ihre persönlichen Vorlieben anpassen können, lesen Sie auf den folgenden Seiten dieses Kapitels.

Die Google-Suchleiste fügt sich als Symbolleiste nahtlos in den Internet Explorer ein.

Falls die Google-Suchleiste nicht angezeigt wird

Eventuell wird die Google-Suchleiste nach der Installation nicht sofort korrekt im Internet Explorer angezeigt. In diesem Fall können Sie versuchen, die Leiste manuell einzublenden:

Schritt 1

Klicken Sie in der normalen Symbolleiste des Internet Explorer auf *Extras*, um das entsprechende Menü anzuzeigen.

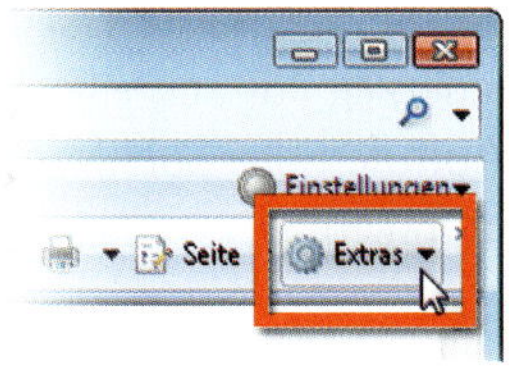

Schritt 2

Hier werden im Untermenü *Symbolleisten* alle installierten Symbolleisten angezeigt. Darunter sollte sich nun auch ein Eintrag namens *Google* befinden. Wenn diesem Eintrag kein Häkchen vorangestellt ist, klicken Sie einmal darauf, um diese Symbolleiste zu aktivieren.

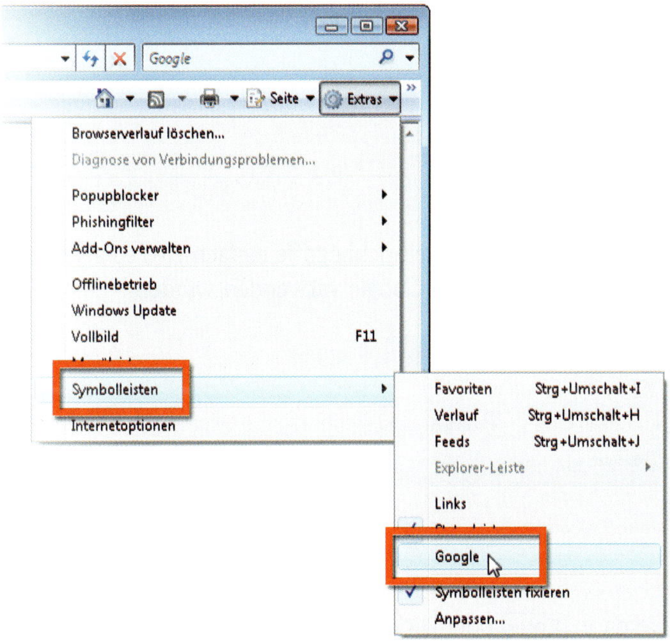

Schritt 3

Anschließend sollte die Google-Suchleiste als Symbolleiste im Internet Explorer angezeigt werden. Ist das immer noch nicht der Fall oder findet sich im *Symbolleisten*-Untermenü gar kein *Google*-Eintrag, versuchen Sie es mit einer erneuten Installation der Suchleiste. Prüfen Sie zuvor, ob Sie die aktuelle Version des Internet Explorer installiert haben.

Tipp

Suchleiste nach Bedarf ein- und ausblenden

Sie können die Google-Suchleiste wie alle Symbolleisten des Internet Explorer nach Bedarf ein- und ausblenden. Verwenden Sie die hier beschriebenen Schritte, um die Suchleiste auszublenden, wenn Sie sie nicht benötigen. Wollen Sie doch wieder mit der Suchleiste googlen, wiederholen Sie die Schritte erneut und lassen die Symbolleiste wieder anzeigen. Die Google-Suchleiste wird dabei nicht deinstalliert, sondern einfach nur vorübergehend aus der Anzeige des Internet Explorer entfernt.

Suchanfragen mit der Google-Suchleiste im Browser schnell erledigen

Ist die Suchleiste erst mal installiert und eingeblendet, können Sie sie jederzeit für schnelle Suchen bei Google verwenden. Das erspart das Aufrufen des Suchformulars und vereinfacht das Abschicken der Suchanfragen.

Tipp

Komplexe Suchbegriffe

Sie können Ihre Suchen in der Google-Suchleiste genauso formulieren, als ob Sie das einfache Google-Suchformular vor sich hätten. Die Anfrage kann also beliebig umfangreich sein, und auch Verknüpfungen und komplexe Suchanfragen sind ohne Weiteres möglich, wenn Sie die entsprechenden Parameter verwenden. Die Suchleiste gibt Ihre Anfrage einfach vollständig an den Google-Suchdienst weiter.

Schritt 1

Um eine Suche mit der Google-Suchleiste abzuschicken, platzieren Sie die Einfügemarke mit einem einfachen Mausklick im Eingabefeld der Suchleiste.

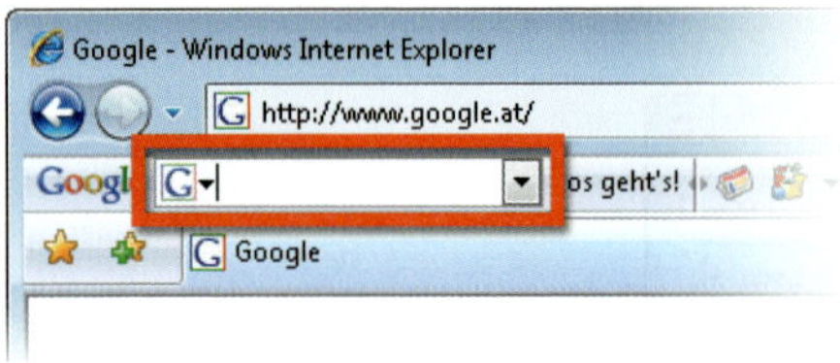

Schritt 2

Geben Sie hier nun den oder die Suchbegriffe einfach ein, so als ob Sie das normale Suchformular von Google verwenden würden.

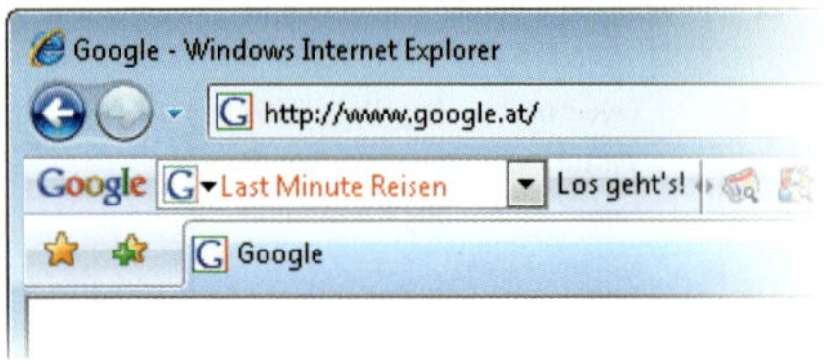

Schritt 3

Drücken Sie dann [Enter] oder klicken Sie auf die Schaltfläche *Los geht's* gleich rechts neben dem Eingabefeld.

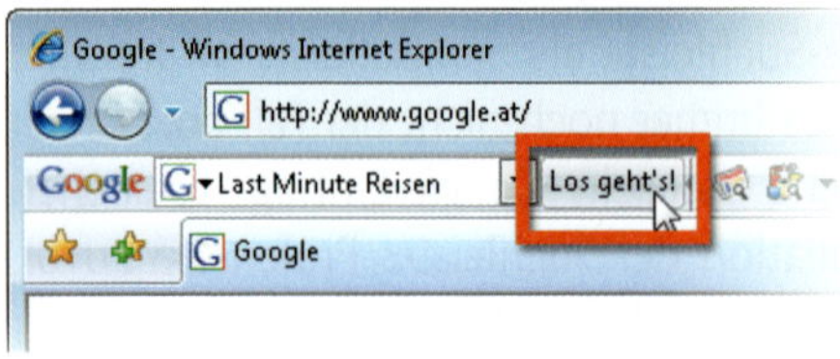

Schritt 4

Die Google-Suchleiste leitet daraufhin Ihre Suchanfrage an Google weiter, nimmt die Suchergebnisse entgegen und stellt sie im Webbrowser dar. Dabei handelt es sich um exakt die gleiche Ergebnisseite, die Sie auch erhalten würden, wenn Sie die Suche im Google-Suchformular eingegeben hätten.

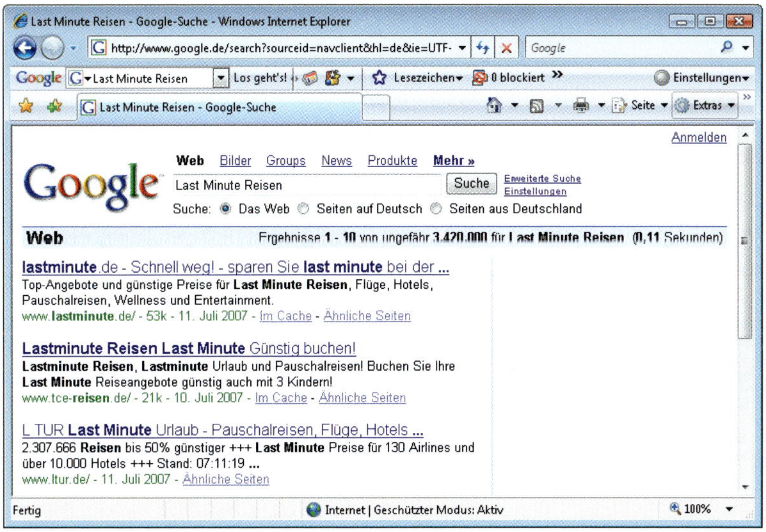

Bis hierhin unterscheidet sich das Suchen mit der Suchleiste nur durch eine Vereinfachung vom normalen Suchen im Webformular. Von nun an aber können Sie die Zusatzfunktionen der Google-Suchleiste richtig ausnutzen. Welche das sind, zeigen wir in den folgenden Abschnitten dieses Kapitels.

Auf zurückliegende Suchen zurückgreifen

Das Eingabefeld der Google-Suchleiste bietet ähnlich wie z. B. das Adressfeld des Internet Explorer eine Protokollfunktion. Dazu werden alle Suchanfragen, die Sie hier eingegeben haben, gespeichert und können bei Bedarf wieder abgerufen werden.

Hinweis

Google-Suchleiste vs. Suchfeld des Internet Explorer

Bei einer einfachen Suche wie hier geschildert funktioniert die Google-Suchleiste genauso, als ob Sie denselben Suchbegriff im Suchfeld des Internet Explorer eingegeben und dann die Google-Suche bemüht hätten. Die Vorteile werden vor allem deutlich, wenn es darum geht, die Suchergebnisse auszuwerten. Welche Vorteile Sie dabei haben, lesen Sie im Folgenden.

Suchanfragen mit der Google-Suchleiste im Browser

Schritt 1

Klicken Sie dazu auf die kleine Schaltfläche mit dem Pfeil nach unten rechts neben dem Eingabefeld.

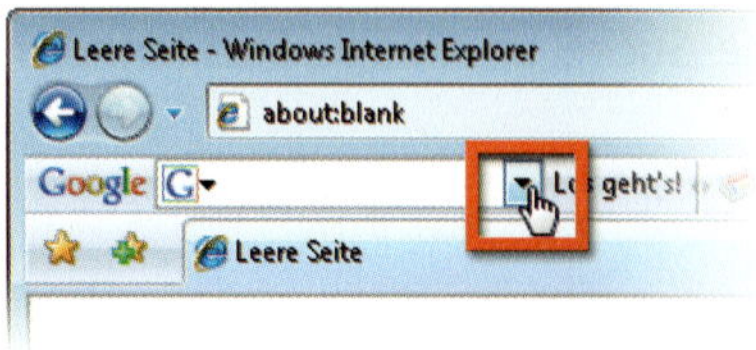

Schritt 2

Daraufhin wird das Eingabefeld nach unten um ein Auswahlmenü erweitert. Hierin finden Sie die zuletzt eingegebenen Suchbegriffe und können einen davon bequem per Mausklick auswählen.

Schritt 3

Um eine der gemerkten Suchen erneut durchzuführen, klicken Sie einfach auf den passenden Eintrag in der Liste. Mit dieser Auswahl wird der gespeicherte Suchbegriff automatisch erneut als Suche an Google übermittelt.

Alternativ zum jeweiligen Löschen des Protokolls können Sie diese Funktion auch ganz deaktivieren, wenn Sie sie ohnehin nicht nutzen und Ihren Datenschutz dadurch gefährdet sehen.

Schritt 1

Klicken Sie dazu in der Google-Suchleiste ganz rechts auf die *Einstellungen*-Schaltfläche und wählen Sie im Menü die *Optionen*.

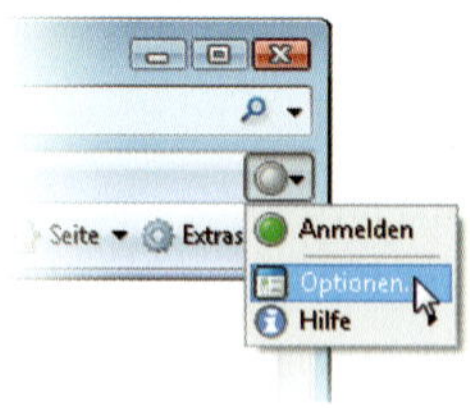

Tipp

Das Suchprotokoll löschen

Das Protokollieren von Suchen ist nicht jedermanns Sache. Manchmal sucht man nach sehr persönlichen Begriffen, und wenn dann noch jemand anders Zugriff zu dem PC hat, findet er diese Suchen womöglich im Protokoll der Google-Suchleiste vor. Deshalb können Sie das Protokoll mit einem Klick auf *Protokoll löschen* unten rechts in der Liste jederzeit leeren.

Hinweis

Vorschläge für Suchbegriffe

Auch wenn Sie einen neuen Suchbegriff eingeben, zeigt Google Ihnen eventuell alte Bekannte von früheren Suchen an. Solche Vorschläge erstellt die Suchleiste automatisch aufgrund der Eingaben. Sie greift dabei auf das Suchprotokoll, aber auch auf typische Suchanfragen anderer Nutzer zurück. Die Auswahl wird dabei mit *Vorschläge* gekennzeichnet.

Schritt 2

Damit öffnen Sie das Menü mit den Einstellungen für die Google-Suchleiste. Wechseln Sie dort zunächst in die Rubrik *Funktionen*.

Schritt 3

Klicken Sie hier oben im Bereich *Suchfeld* auf die Schaltfläche *Suchfeld-Einstellungen*.

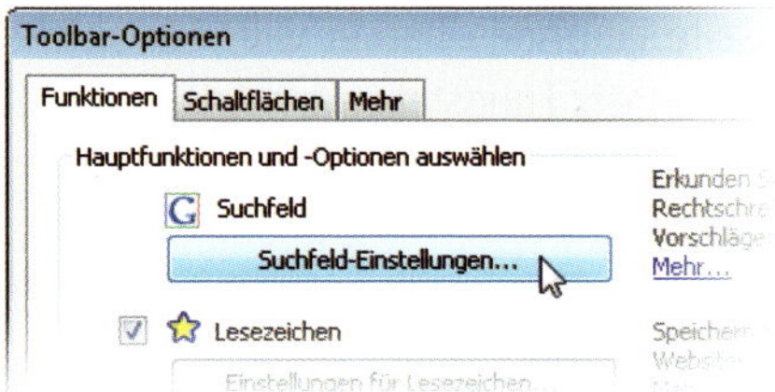

Schritt 4

Hier deaktivieren Sie im Bereich *Sucheinstellungen* die drei unteren Optionen. Dadurch wird die Schaltfläche zum Aufrufen des Protokolls rechts neben dem Eingabefeld entfernt, sodass keine früheren Suchen mehr abgerufen werden können.

Schritt 5

Klicken Sie dann auf die *OK*-Schaltfläche und zurück in den Einstellungen ebenfalls unten auf die *OK*-Schaltfläche. Das Eingabefeld der Google-Suchleiste wird dann ohne Pfeilsymbol für das Protokoll angezeigt.

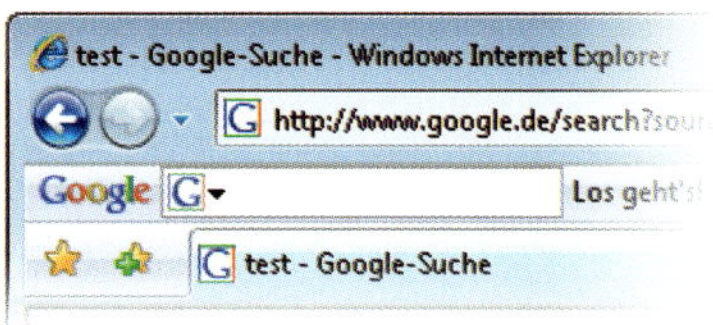

Tipp

Mehr Platz in der Suchleiste schaffen

Der Platz in der Google-Suchleiste ist für die vielen Funktionen reichlich eng. Durch das Entfernen wenig nützlicher Komponenten können Sie mehr Raum für wichtige Schaltflächen schaffen. Zu den besten Streichkandidaten gehört die Schaltfläche *Los geht's*, die überflüssig ist, da Sie eine Suche auch einfach mit [Enter] durchführen können. Durch Deaktivieren der Option *Schaltfläche "Los geht's" neben dem Suchfeld anzeigen* in den *Suchfeld-Einstellungen* werden Sie den Schalter los.

Die Fundstellen innerhalb einer Webseite farbig hervorheben lassen

Manchmal sind Webseiten so komplex und unübersichtlich, dass man sich richtig anstrengen muss, um die gesuchten Informationen auch zu finden. Vielleicht kennen Sie das ja: Wo nur steht der gesuchte Begriff, den Google auf dieser Webseite gefunden haben will? Für solche Fälle ist die Funktion zum Hervorheben der Fundstellen eine prima Hilfe.

Schritt 1

Führen Sie wie beschrieben eine Suche über die Google-Suchleiste durch und lassen Sie anschließend eine der so gefundenen Webseiten im Internet Explorer anzeigen.

Schritt 2

Klicken Sie in der Google-Symbolleiste auf das kleine *Hervorhebung*-Symbol mit dem Textmarker.

Schritt 3

Die Google-Symbolleiste unterlegt daraufhin alle Stellen, an denen der Suchbegriff in dieser Webseite vorkommt, farbig. Bestand die Suchanfrage aus mehreren Begriffen, bekommt jeder Bestandteil automatisch seine eigene Farbe.

Tipp

Schaltfläche für Hervorhebung nicht zu sehen?

Der Platz in der Google-Suchleiste reicht abhängig von den individuellen Einstellungen nicht immer, um alle Schaltflächen gleichzeitig anzuzeigen. Sollten Sie eine gesuchte Schaltfläche nicht sehen, klicken Sie rechts in der Symbolleiste auf das Doppelpfeil-Symbol, um weitere Funktionen einzublenden. Alternativ können Sie die Aufteilung der Symbolleiste anpassen (siehe Seite 160).

Schritt 4

Wollen Sie das Hervorheben wieder beenden, klicken Sie erneut auf das Symbol. So können Sie den Markierungsmodus jederzeit ganz nach Bedarf an- und ausschalten.

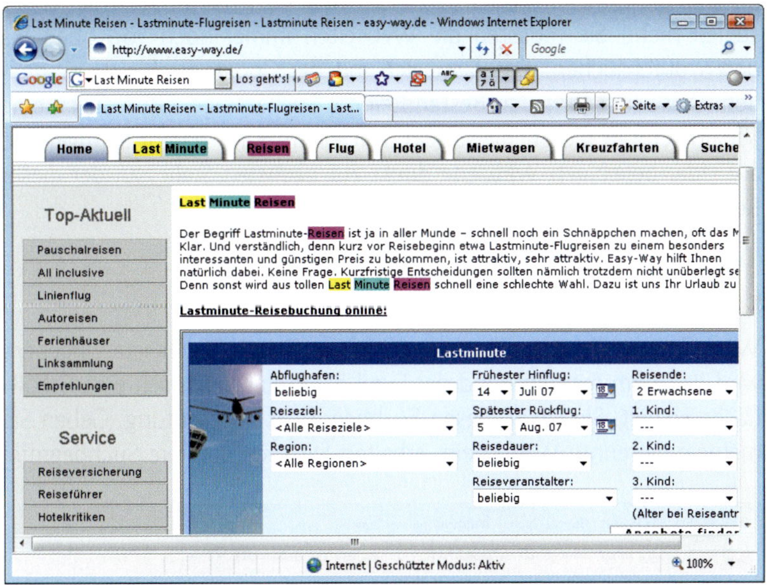

Die Google-Suchleiste hebt die Suchbegriffe auf den Webseiten auf Wunsch farblich hervor.

Tipp

Die Google-Suchleiste hebt Begriffe überall hervor

Der Hervorhebungsmodus der Google-Suchleiste klappt übrigens nicht nur unmittelbar auf den von Google gefundenen Seiten. Auch wenn Sie von dort aus weitere Links verfolgen, werden auf den so geladenen Seiten die Vorkommen der Suchbegriffe automatisch markiert, solange dieser Modus eingeschaltet ist.

Bei längeren Webseiten direkt zu den Fundstellen gelangen

Bei umfangreicheren Webseiten hilft selbst das Hervorheben der Fundstellen nicht. Sie müssten die Webseiten immer noch von oben bis unten durchsuchen. Das lässt sich mit der Google-Suchleiste vermeiden. Diese fügt für jeden Bestandteil der Suchanfrage automatisch eine Schaltfläche in die Suchleiste ein. Mit einem Klick darauf springen Sie auf jeder beliebigen Webseite direkt zur nächsten Stelle, an der dieser Begriff vorkommt.

Schritt 1

Wann immer Sie einen Suchbegriff in die Google-Suchleiste eingeben, wird dafür am rechten Rand der Symbolleiste automatisch eine Schaltfläche erstellt. Sie erhält diesen Suchbegriff als Beschriftung. Geben Sie mehrere getrennte Wörter ein, erhalten Sie auch mehrere Suchbegriffe.

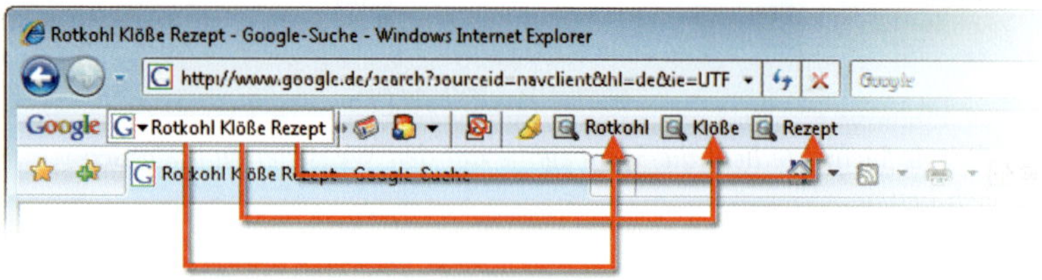

Schritt 2

Wenn Sie eine der mit der Suche gefundenen Webseiten anzeigen lassen und die Stelle mit dem Suchbegriff nicht gleich finden, klicken Sie einfach rechts in der Symbolleiste auf die entsprechende Schaltfläche.

Tipp

Das direkte Finden von Suchwörtern zum Suchen innerhalb von Webseiten zweckentfremden

Sie können diese Funktion auch dazu benutzen, unabhängig von einer Google-Suche eine Webseite nach einem bestimmten Begriff zu durchsuchen. Geben Sie den gesuchten Begriff einfach ein und klicken Sie dann auf die gleichnamige Schaltfläche rechts.

Schritt 3

Die Google-Suchleiste sucht daraufhin die erste Stelle auf der Webseite, an der der Suchbegriff steht. Dieser Bereich der Seite wird im Webbrowser dargestellt und der Begriff selbst hervorgehoben, damit Sie ihn sofort erkennen können.

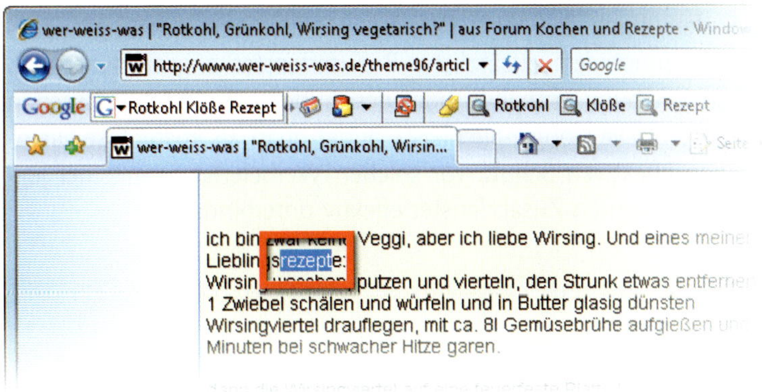

Schritt 4

Wenn Sie erneut auf dieselbe Schaltfläche klicken, springt die Suchleiste zur nächsten Fundstelle im gleichen Dokument etc. Nach der letzten Fundstelle geht es wieder von vorn los.

Schritt 5

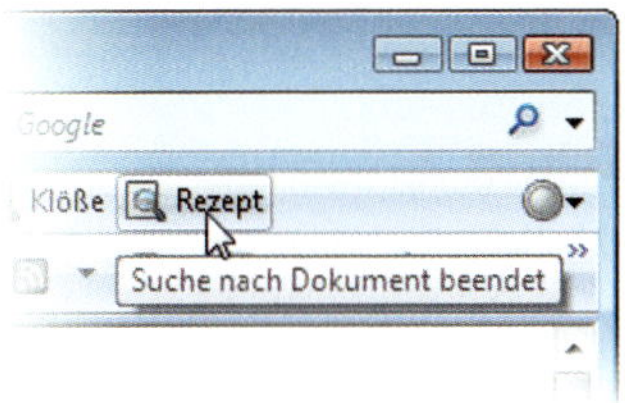

Sollte der Suchbegriff im Dokument nicht auftauchen, wird nach dem Klick auf die Schaltfläche lediglich direkt daneben ein Hinweis mit der Meldung *Suche nach Dokument beendet* ausgegeben. Das kann z. B. passieren, wenn eine neuere Version des Dokuments den Suchbegriff nicht mehr enthält und die Google-Datenbank dies noch nicht aktualisiert hat. Auch wenn Sie zwischenzeitlich eine ganz andere Seite aufgerufen haben, kann dies passieren, da die Schaltflächen erst mit dem Ändern des Suchbegriffs wieder entfernt bzw. ersetzt werden.

Tipp

Rückwärts suchen nicht möglich

Das Springen zur nächsten Fundstelle klappt leider nur in eine Richtung. Wenn Sie beliebig in die Webseite klicken, fängt die Suche aber wieder ganz oben an, sodass Sie auf diese Weise zu den vorderen Fundstellen zurückkehren können.

Tipp

Suchschaltfläche deaktivieren

Sollten Sie diese Hilfe nicht verwenden wollen, können Sie die Funktion abschalten. Deaktivieren Sie dazu in den Einstellungen der Suchleiste in der Rubrik *Mehr* die Option *Wortsuche*.

Lästigen Werbemüll mit dem Google-Werbeblocker unterdrücken

Glossar

Pop-up

Als Pop-up bezeichnet man zusätzliche Fenster, die beim Surfen im Web automatisch geöffnet werden, wenn man eine Seite aufruft oder ein Element einer Seite anklickt. Häufig werden Pop-ups für Werbung missbraucht und können sehr nervig sein. Es gibt aber auch sinnvolle und zulässige Anwendungen. Ein Pop-up-Schutz blockiert Pop-ups, lässt aber ggf. erwünschte Fenster zu.

Beim Surfen durch das Web passiert es leider immer häufiger, dass scheinbar unmotiviert zusätzliche Browserfenster angezeigt werden, die meist Werbung enthalten oder den Surfer auf andere Webseiten locken wollen. Die Google-Suchleiste bringt quasi als kostenlose Dreingabe einen effektiven Schutz vor solchen Werbefenstern mit, der jegliche unerwünschten Zusatzfenster effektiv unterbindet.

Schritt 1

Der Pop-up-Schutz ist nach der Installation der Google-Suchleiste automatisch aktiv. Sie erkennen ihn an der *...blockiert*-Schaltfläche in der Symbolleiste. Diese gibt zugleich an, wie viele Pop-ups die Google-Suchleiste seit der Installation blockiert hat, und dient somit auch als Erfolgskontrolle.

Schritt 2

Wollen Sie den Pop-up-Schutz deaktivieren, klicken Sie 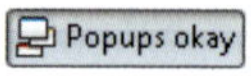 auf die Schaltfläche in der Suchleiste. Dies kann z. B. sinnvoll sein, wenn Sie ein bestimmtes Webangebot nutzen wollen, das ohne Pop-ups nicht funktioniert. Die Schaltfläche ändert daraufhin ihre Beschriftung in *Popups okay*. Die Google-Suchleiste lässt daraufhin Pop-ups bei dem aktuell angezeigten Webangebot zu. Diese Einstellung wird gespeichert, sodass der Pop-up-Schutz in Zukunft automatisch deaktiviert wird, wenn Sie dieses Angebot erneut aufrufen.

Schritt 3

Verlassen Sie das Webangebot und wechseln Sie zu einer anderen Adresse, wird der Pop-up-Schutz automatisch wieder eingeschaltet.

Den Pop-up-Schutz umgehen

Manchmal ist der Pop-up-Schutz störend, weil das Pop-up-Fenster eine wichtige Information enthalten hätte. Wie Sie den Pop-up-Schutz für bestimmte Webangebote generell aktivieren und deaktivieren, haben wir vorangehend beschrieben. Sie können aber auch in jedem Einzelfall erkennen, ob die Google-Suchleiste ein Pop-up blockiert, und dies notfalls verhindern. Auf diese Weise können Sie jeweils ein einzelnes Pop-up-Fenster trotz der generellen Blockade anzeigen lassen, wenn die Nutzung eines Webangebots dies erfordert.

Schritt 1

Der Schutz vor Werbefenstern arbeitet ganz unauffällig: Bemerkt die Suchleiste eine Pop-up-Funktion in einer Webseite, deaktiviert sie diese heimlich, still und leise. Sie bemerken davon höchstens, dass sich das Symbol in der Suchleiste kurz verändert, und die Meldung *Popup von der Google Toolbar blockiert* wird eingeblendet.

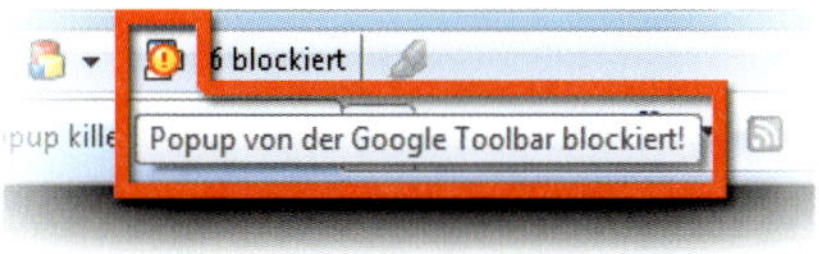

Schritt 2

Wenn Sie nun auf die Pop-up-Schaltfläche in der Suchleiste klicken, werden das oder die Pop-ups, die von der Suchleiste auf der aktuellen Webseite blockiert worden waren, nachträglich angezeigt.

Schritt 3

Gleichzeitig wird diese Webseite aber auch dauerhaft für Pop-ups freigeschaltet. Um dies zu vermeiden, sollten Sie anschließend gleich noch einmal auf die Schaltfläche klicken, um den Pop-up-Schutz wieder zu aktivieren. Die aktuell geöffneten Pop-ups bleiben dabei erhalten.

Tipp

Den Pop-up-Schutz für bestimmte Webseiten reaktivieren

Sie können den Pop-up-Schutz für ein Webangebot, bei dem Sie Pop-ups zunächst zugelassen hatten, auch wieder aktivieren. Bei solchen Seiten zeigt die Google-Suchleiste die Schaltfläche *Popups okay* an. Klicken Sie einfach darauf, um dieses Angebot wieder aus der Liste der zulässigen Sites zu entfernen und den Standardwerbeschutz für diese Adresse so wieder zu aktivieren.

Den Werbeschutz der Google-Suchleiste optimieren

In den Einstellungen der Google-Suchleiste finden sich verschiedene Optionen, mit denen sich das Verhalten des Pop-up-Schutzes individuell steuern lässt. So können Sie diese Funktion z. B. ganz deaktivieren, etwa wenn Ihr Webbrowser einen eigenen Pop-up-Filter hat und Sie sich lieber auf diesen verlassen möchten (obwohl Sie auch einfach beide verwenden können).

Tipp

Den Pop-up-Schutz von vornherein umgehen

Wenn Sie genau wissen, dass sich hinter einem Link ein Pop-up-Fenster verbirgt, das Sie aber angezeigt haben möchten (z. B. weil es einen Anmeldedialog enthält), können Sie den Pop-up-Schutz mit einem Trick umgehen: Halten Sie die Taste [Strg] gedrückt, während Sie auf den Link klicken, der das Pop-up-Fenster auslöst. Dann werden eventuelle Pop-ups von der Suchleiste nicht blockiert.

Schritt 1

Klicken Sie in der Google-Suchleiste ganz rechts auf die Schaltfläche *Einstellungen* und wählen Sie im Menü den Punkt *Optionen*.

Schritt 2

Wechseln Sie in den Einstellungen in die Rubrik *Mehr*. Hier finden Sie in der langen Liste der Detaileinstellungen einen eigenen Abschnitt für den *Popup-Blocker*:

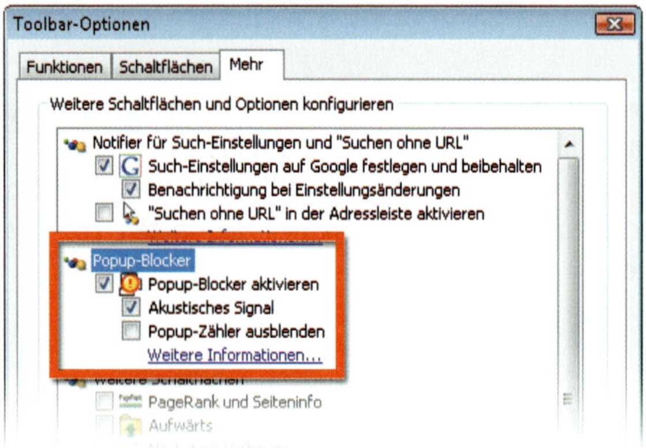

Schritt 3

Mit der Option *Popup-Blocker aktivieren* steuern Sie generell, ob diese Funktion aktiv sein soll und die dazugehörende Schaltfläche in der Suchleiste angezeigt wird. Wenn Sie diese Optionen ausschalten und die Schaltfläche nicht anzeigen lassen, wird der Pop-up-Blocker damit automatisch deaktiviert und verhindert keine zusätzlichen Browserfenster mehr.

Schritt 4

Die Option *Akustisches Signal* sorgt dafür, dass jedes Mal, wenn die Google-Suchleiste das Auftauchen eines Pop-up-Fensters verhindert, ein Klangsignal über den Lautsprecher des PCs ausgegeben wird. Voraussetzung ist selbstverständlich, dass ein entsprechender Lautsprecher angeschlossen ist und die richtige Lautstärkeeinstellung vorgenommen wurde. Sollte der Hinweiston auf Dauer zu störend sein, schalten Sie ihn hier einfach ab. Der Pop-up-Blocker arbeitet lautlos genauso effektiv weiter.

Schritt 5

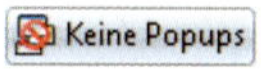

Wenn Sie die hochzählende Anzahl der blockierten Pop-ups in der Google-Suchleiste stört, können Sie diese Zahl ausblenden lassen. Die Schaltfläche erhält dann einfach die Beschriftung *Keine Popups* bzw. *Popups okay*. Da die Schaltfläche dadurch allerdings breiter wird (es sei denn, der Pop-up-Zähler ist schon sehr, sehr hoch), verlieren Sie dadurch womöglich kostbaren Platz in der Symbolleiste. Dadurch passen eventuell die Suchbegriff-Schaltflächen nicht mehr (alle) in die Leiste, was den Zugriff darauf erschweren würde.

Tipp

Pop-ups und Pop-up-Blocker selbst testen

Wenn Sie die Funktionsweise des Pop-up-Blockers überprüfen und möglicherweise die verschiedenen Einstellungen testen wollen, können wir Ihnen *www.popuptest.com* empfehlen. Hier finden Sie Testfunktionen für verschiedene Arten von Pop-ups sowie weitere Informationen zu diesem Thema. Hier werden Sie auch feststellen, dass die Google-Suchleiste zwar die geläufigsten Arten von Pop-ups kennt, aber eben nicht alle Varianten zuverlässig blockieren kann.

Google-Spezialsuchen direkt aus dem Webbrowser nutzen

Neben der klassischen Websuche lassen sich auch die vielen spezialisierten Suchdienste von Google – also z. B. die Bildersuche oder das Google-Verzeichnis direkt aus der Google-Suchleiste heraus nutzen.

Spezialsuchen bei Bedarf aktivieren

Standardmäßig führt die Google-Suchleiste eine normale Websuche durch, wenn Sie die Eingabe mit [Enter] abschließen oder auf die *Los geht's*-Schaltfläche klicken. Sie können stattdessen aber ebenso gut eine der verschiedenen Spezialsuchen verwenden.

Tipp

Die Suchformulare der Spezialseiten abrufen

Wenn Sie das Suchformular einer Spezialsuche öffnen wollen, um z. B. die jeweilige erweiterte Suche zu benutzen, können Sie das auch über die Suchleiste erledigen. Verzichten Sie einfach auf einen Suchbegriff und lassen Sie das Eingabefeld leer. Wenn Sie nun auf die entsprechende Schaltfläche klicken, wird statt eines Suchergebnisses das Formular für diese Suche angezeigt.

Schritt 1

Geben Sie zunächst ganz klassisch die Suchanfrage im Eingabefeld der Google-Suchleiste ein.

Schritt 2

Klicken Sie dann auf den kleinen Pfeil nach unten links neben dem eingetippten Suchbegriff.

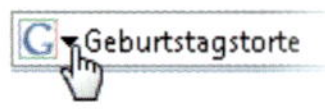

Schritt 3

Damit öffnen Sie ein Menü, in dem Sie die verschiedenen Spezialsuchen direkt auswählen können. Klicken Sie hier auf die Suchvariante, die Sie verwenden möchten. Das Symbol ganz links im Eingabefeld der Suchleiste ändert sich dann entsprechend.

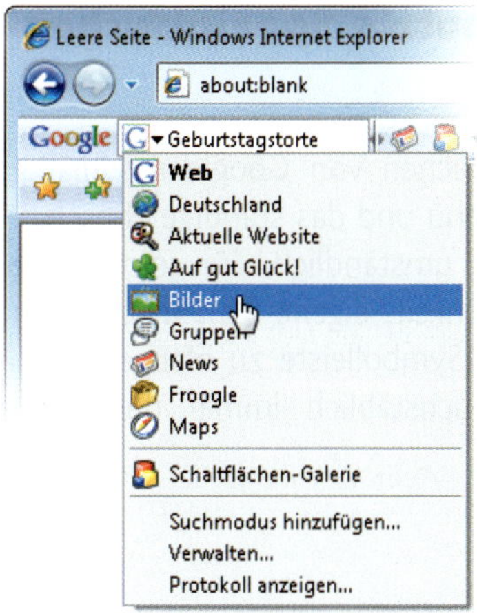

Schritt 4

Drücken Sie nun [Enter] oder klicken Sie auf die *Los geht's*-Schaltfläche. Dann wird anstelle der Standardwebsuche die gewählte Google-Spezialsuche unmittelbar ausgeführt und die Ergebnisse werden im Browserfenster angezeigt.

Auch die verschiedenen Spezialsuchen von Google lassen sich bequem aus der Suchleiste abrufen.

Tipp

Wie war der Suchbegriff noch mal?

Sie wissen nicht mehr genau, mit welcher Suche Sie zu einer bestimmten Webseite gekommen sind. Im Suchmenü finden Sie ganz unten den Punkt *Protokoll anzeigen*, der Ihnen Ihre letzten Suchen noch einmal in Erinnerung ruft.

Info

Auf gut Glück!

Bei der Suchvariante *Auf gut Glück!* zeigt Google keine Ergebnisliste an, sondern öffnet stattdessen einfach direkt das erste Suchergebnis.

Schaltfläche für häufig genutzte Spezialsuchen in der Suchleiste anzeigen

Wenn Sie eine oder mehrere Spezialsuchen von Google regelmäßig nutzen, ist der Zugriff über das Suchmenü und das ständige Umschalten der Standardsuche vielleicht etwas umständlich. Für solche Fälle bietet die Google-Suchleiste die Möglichkeit, eigene Schaltflächen für Ihre bevorzugten Spezialsuchen in der Symbolleiste zu platzieren. So ist die oft benötigte Suchvariante buchstäblich immer nur einen Mausklick entfernt.

Tipp

Wo ist die Einstellungen-Schaltfläche?

Wenn Sie auf das Anzeigen von Text in den Schaltflächen der Google-Suchleiste verzichtet haben, lässt sich diese *Einstellungen*-Schaltfläche leicht übersehen. Sie besteht dann nur aus einem grünen Kreis. Diese Schaltfläche befindet sich allerdings immer am rechten Rand der Suchleiste, egal wie voll diese schon mit anderen Elementen ist. Klicken Sie also immer auf das ganz rechte Symbol.

Schritt 1

Öffnen Sie hierzu die Optionen der Google-Symbolleiste und wechseln Sie in die Rubrik *Schaltflächen*.

Schritt 2

Hier können Sie oben im Bereich *Google-Schaltflächen in der Toolbar anzeigen* zusätzliche Schaltflächen für die gewünschte(n) Spezialfunktion(en) aktivieren. Sie können nicht nur eine, sondern auch gleich mehrere bzw. alle Schaltflächen gleichzeitig anzeigen lassen. Sinnvoll sind allerdings nur die wirklich regelmäßig benötigten Spezialsuchen, damit noch genügend Platz für andere Elemente in der Symbolleiste bleibt.

Schritt 3

Die aktivierten Schaltflächen werden zusätzlich zu den vorhandenen in der Symbolleiste angezeigt. Die Position und Reihenfolge der Symbole lässt sich nicht verändern.

Schritt 4

Um eine der Spezialsuchen auf diesem kurzen Weg zu benutzen, geben Sie den Suchbegriff wie gewohnt im Eingabefeld ein und klicken dann auf die Schaltfläche der gewünschten Suche in der Symbolleiste.

Tipp

Die Reihenfolge der Spezialsuchen verändern

Während die Abfolge der Schaltflächen für die Google-Suchleiste im Allgemeinen fest vorgegeben ist, können Sie die Reihenfolge der nachgerüsteten Spezialsuchen verändern. Öffnen Sie dazu in den Einstellungen die Rubrik *Schaltflachen*. Hier finden Sie unten eine Liste aller Erweiterungen. Die Reihenfolge entspricht der der Schaltflächen in der Symbolleiste. Mit den Schaltflächen *Nach oben* und *Nach unten* rechts daneben können Sie diese Abfolge beliebig anpassen.

Videosuche nachrüsten: weitere Spezialsuchen in die Google-Suchleiste einfügen

Die Google-Suchleiste lässt sich durch Plug-ins um beliebige Spezialsuchen erweitern. Eine Vielzahl solcher Plug-ins steht Ihnen kostenlos zur Verfügung. Wir zeigen die Installation anhand einer Spezialsuche für Google-Videos (siehe hierzu auch Kapitel 4). Die bietet Google in seiner Suchleiste selbst (noch) nicht an. Mit einem Plug-in können Sie diese Funktion aber leicht nachrüsten.

Schritt 1

Öffnen Sie dazu wiederum die Einstellungen der Google-Suchleiste und wechseln Sie dort in die Rubrik *Schaltflächen*.

Schritt 2

Hier finden Sie in der unteren Hälfte den Bereich zum Verwalten der Plug-ins. Darin sollte sich bislang höchstens die Schaltflächen-Galerie befinden, ein Plug-in, mit dem Sie Suchleisten-Erweiterungen finden können. Klicken Sie hier am rechten Rand auf die Schaltfläche *Hinzufügen*.

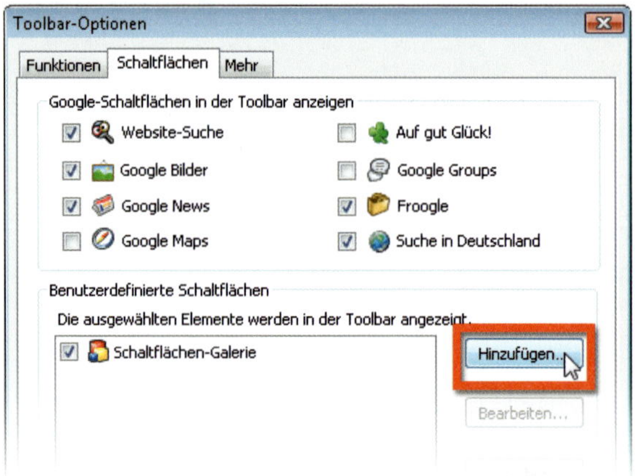

Glossar

Plug-in

Als Plug-in bezeichnet man eine Erweiterung eines Programms um zusätzliche Funktionen, die das Programm von sich aus nicht bietet. Es können nur Programme um Plug-ins erweitert werden, die eine spezielle Schnittstelle dafür bieten. Plug-ins kommen häufig von anderen Herstellern oder Privatpersonen und haben nicht unbedingt die Qualität des ursprünglichen Programms.

Schritt 3

Damit öffnen Sie im Webbrowser die *Galerie für Google Toolbar-Schaltflächen*. Dabei handelt es sich um ein Onlineverzeichnis aller Plug-ins, die für die Google-Suchleiste verfügbar sind. Ganz oben finden Sie ein Eingabefeld *Schaltflächen suchen*. Geben Sie hier *Google Video* ein und klicken Sie dann rechts daneben auf *Suchen*.

Schritt 4

Sie erhalten als Antwort eine Liste der Plug-ins zu diesem Themenbereich. Suchen Sie darin den Eintrag *Google Video* und klicken Sie dort auf die Schaltfläche *Zur Toolbar hinzufügen*.

Tipp

Erweiterungen aktualisieren

Die Anbieter von Plug-ins bringen hin und wieder neuere Versionen ihrer Erweiterungen heraus. Diese werden allerdings nicht automatisch installiert. Wählen Sie das Plug-in stattdessen in der Rubrik *Schaltflächen* der Suchleisten-Einstellungen aus und klicken Sie rechts auf *Bearbeiten*. Klicken Sie im anschließenden Dialog auf *Schaltfläche auf letzte Version von toolbar.google.com aktualisieren*. Die Suchleiste installiert dann die jeweils neuste Version dieser Erweiterung.

Schritt 5

Die Suchleiste lädt daraufhin die Daten für das Plug-in herunter und zeigt Ihnen eine kurze Zusammenfassung an. Um die Erweiterung der Suchleiste endgültig zu installieren, klicken Sie unten auf die Schaltfläche *Hinzufügen*.

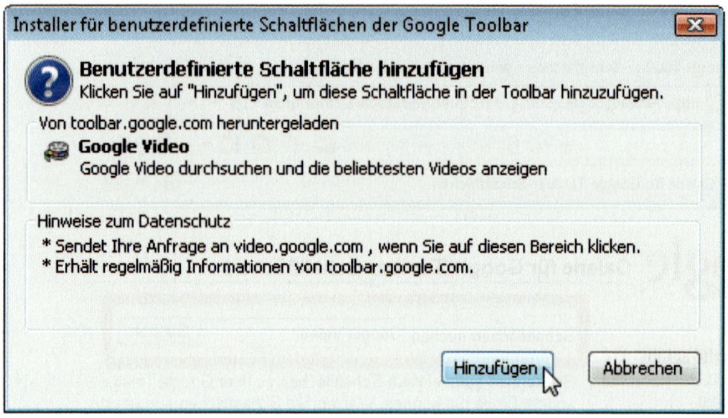

Schritt 6

Anschließend erhalten Sie eine Bestätigung der ordnungsgemäßen Installation in die Suchleiste. Klicken Sie einfach auf *OK*, um den Vorgang abzuschließen.

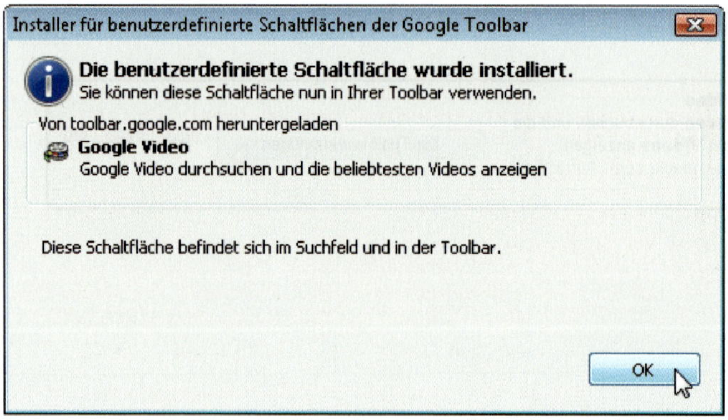

Info

Erweiterungen ausblenden oder ganz entfernen

Die Plug-ins müssen nicht für die Ewigkeit sein. Wollen Sie eine Schaltfläche wieder aus der Symbolleiste löschen, entfernen Sie in den Einstellungen in der Rubrik *Schaltflächen* das Häkchen vor diesem Plug-in. Um eine Erweiterung auf Dauer zu deinstallieren, wählen Sie sie in der Liste aus und klicken dann rechts daneben auf *Löschen*.

Nach dem Installieren eines Plug-ins finden Sie eine Schaltfläche dafür in der Google-Suchleiste vor. Sie lässt sich genauso wie die Symbole für andere Suchen nutzen: Geben Sie den gesuchten Begriff im Eingabefeld der Suchleiste ein und klicken Sie dann auf diese Schaltfläche.

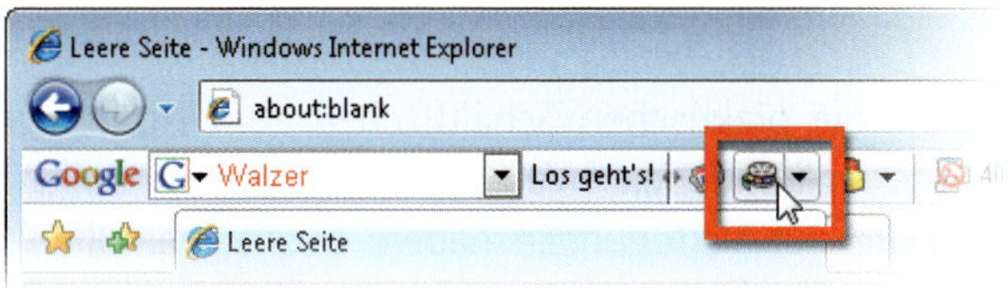

Die Suchleiste leitet die Suchanfrage dann an die richtige Adresse weiter und präsentiert Ihnen das Ergebnis als Seite im Webbrowser. Das genaue Erscheinungsbild hängt dabei von der jeweiligen Suche ab.

Dank Plug-ins lässt sich auch die Videosuche von Google bequem aus der Suchleiste nutzen.

Tipp

Recherchieren im maximierten Fenster

Die Google-Suchleiste wächst mit der Größe des Browserfensters dynamisch in die Breite. Um maximalen Platz verfügbar zu haben, sollten Sie also das Browserfenster möglichst maximieren. Dies empfiehlt sich beim Suchen aber ohnehin, da auch die Suchergebnisse mit ihren Listen und die gefundenen Webseiten so besser überschaubar sind.

Aussehen und Größe der Google-Suchleiste individuell anpassen

Insbesondere wenn Sie die praktischen Schaltflächen zum Auffinden der Suchbegriffe in den gefundenen Webseiten verwenden wollen, sollten Sie reichlich Platz zur Verfügungen haben. Deshalb empfiehlt es sich, die Dinge aus der Symbolleiste auszublenden, die Sie ohnehin nicht regelmäßig brauchen.

Schritt 1

Öffnen Sie auch hierzu die Optionen der Google-Suchleiste mit einem Klick auf die *Einstellungen*-Schaltfläche ganz rechts.

Schritt 2

Wechseln Sie im anschließenden Menü zunächst in die Rubrik *Funktionen*, um die grundlegenden Funktionen der Suchleiste zu steuern.

Schritt 3

Überprüfen Sie hier, ob wirklich nur die Hauptfunktionen aktiviert sind, die Sie auch benötigen. Die Google-Suchleiste kann z. B. auch Lesezeichen für Sie speichern, eine Rechtschreibprüfung eingegebener Texte durchführen, fremdsprachige Texte übersetzen oder Teile von Webseiten an andere Anwendungen senden. Für jede dieser Funktionen wird eine Schaltfläche eingeblendet, die etwas von dem kostbaren Platz verbraucht. Funktionen, die Sie ohnehin nicht verwenden, können Sie deshalb besser gleich ganz deaktivieren. Entfernen Sie dazu das Häkchen bei der entsprechenden Funktion.

Glossar

Anmelden

Um personalisierte Dienste zu nutzen, muss der Anbieter erkennen, welcher Benutzer gerade Daten abruft. Bei weniger sensiblen Einstellungen geht das automatisch per Cookies (siehe Kapitel 1). Bei vertraulichen Daten ist eine Anmeldung erforderlich, bei der Sie Benutzernamen und ein Kennwort eingeben.

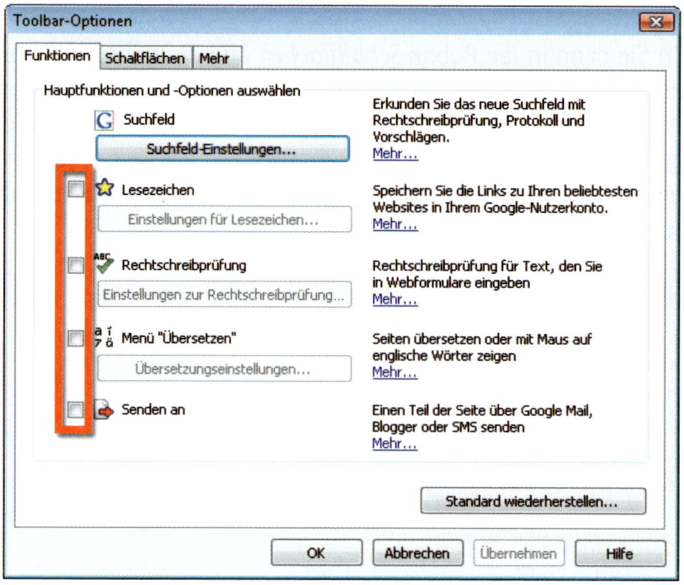

Schritt 4

Die *Los geht's*-Schaltfläche werden Sie los, indem Sie auf *Suchfeld-Einstellungen* klicken und dort die Option *Schaltfläche "Los geht's" neben dem Suchfeld anzeigen* deaktivieren. Übernehmen Sie die Änderung mit *OK*.

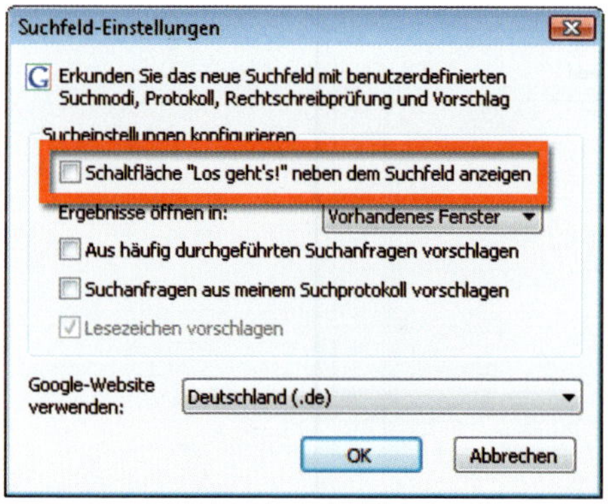

Info

PageRank und Seiteninfos

Die Google-Suchleiste kann aus verschiedenen Quellen zusätzliche Informationen zur jeweils angezeigten Webseite beschaffen und darstellen. Auf Seite 165 gehen wir auf diese Funktion ausführlicher ein.

Info

Bewertung

Wenn Sie eine Webseite mit den vorgesehenen Symbolen bewerten, wird diese Wertung an Google übermittelt. Dort fließt sie in die globale Bewertung dieser Webseite mit ein und wird anderen Nutzern als Information zur Verfügung gestellt.

Info

Lesezeichen in der Google-Suchleiste

Eine Favoriten-Funktion bringt jeder Webbrowser mit, wozu also die Lesezeichen der Google-Suchleiste verwenden? Die sind nicht an einen bestimmten PC gebunden, sondern an ein (kostenloses) Google-Benutzerkonto. Wenn Sie regelmäßig an verschiedenen PCs surfen, können Sie so überall dieselben Lesezeichen benutzen.

Schritt 5

Wechseln Sie dann in die Rubrik *Schaltflächen* und überprüfen Sie, ob hier oben im Bereich *Google-Schaltflächen in der Toolbar anzeigen* wirklich nur die Schaltflächen für Spezialsuchen aktiviert sind, die Sie auch regelmäßig nutzen. Im Prinzip können Sie alle Schaltflächen deaktivieren, da sie sich bei Bedarf auch über das Menü im Suchfeld auswählen lassen (siehe Seite 152).

Schritt 6

Wechseln Sie dann in die Rubrik *Mehr*. Hier finden Sie in der Liste den Bereich *Weitere Schaltflächen*, wo Sie besondere Funktionen der Google-Suchleiste steuern können, die ebenfalls Symbole und/oder Informationen in die Symbolleiste einblenden:

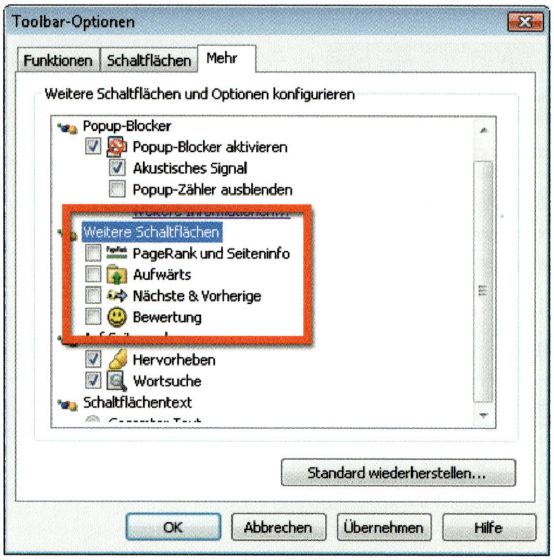

- Mit *PageRank und Seiteninfo* lassen Sie zusätzliche Informationen zur aktuell geöffneten Webseite in der Suchleiste anzeigen (siehe Seite 165).
- *Aufwärts* blendet eine Schaltfläche ein, die Sie beim Betrachten von Webseiten in der Verzeichnisebene des Webservers jeweils eine Stufe höher zu den allgemeineren Informationen bringt, (also z. B. von *http://www.server.de/info/nachrichten/aktuell.html* zu *http://www.server.de/info/nachrichten*, dann zu *http://www.server.de/info* etc.)
- *Nächste & Vorherige* – mit diesen Schaltfläche können Sie direkt von einem Suchergebnis zum nächsten gelangen, ohne zwischendurch wieder die Google-Ergebnisseite laden zu müssen.
- Die Option *Bewertung* blendet einen Smiley mit einem fröhlichen und einen mit einem traurigen Gesicht ein, mit denen Sie die Qualität einer Webseite (oder die Qualität einer Google-Suche) bewerten können.

Aktivieren Sie auch hier nur die Funktionen, die Sie wirklich benötigen. Alle anderen sollten ausgeschaltet sein, da jede ihre Spuren in der Suchleiste hinterlässt und dafür einen Teil des vorhandenen Platzes belegt.

Schritt 7

Übernehmen Sie Ihre Änderungen an den Einstellungen, indem Sie unten auf *OK* klicken.

Die Beschriftung der Schaltflächen steuern

Für das Kennenlernen der Google-Suchleiste ist es sicherlich sinnvoll, wenn die Schaltflächen aussagekräftig beschriftet sind. Kennen Sie sich aber schon ganz gut aus, können Sie vielleicht auf die Beschriftung verzichten. Dann besteht jede Schaltfläche nur aus einem kleinen Symbol, was viel Platz für andere Elemente in der Symbolleiste lässt.

Schritt 1

Öffnen Sie auch hierzu die Einstellungen der Google-Suchleiste und wechseln Sie in die Rubrik *Mehr*.

Tipp

Schaltfläche ohne Beschriftung zuverlässig erkennen

Wenn Sie auf Texte in den Schaltflächen verzichten, sind Sie allein auf die grafischen Symbole angewiesen. Diese sind zwar durchaus aussagekräftig, aber gerade am Anfang könnte schon mal noch die eine oder andere Unklarheit aufkommen. Lassen Sie in einem solchen Fall den Mauszeiger einfach kurz über dem fraglichen Symbol verharren. Die Google-Suchleiste blendet dann eine Beschreibung des Symbols ein, die nach kurzer Zeit wieder von allein verschwindet.

Schritt 2

Hier finden Sie in der Liste recht weit unten den Abschnitt *Schaltflächentext*. Dort können Sie eine von drei verschiedenen Einstellungen auswählen:

- *Gesamter Text* – Alle Schaltfläche werden ausführlich beschriftet, dadurch passen nur wenige Schaltflächen in die Symbolleiste.
- *Nur ausgewählter Text* – Nur die Schaltflächen mit grafisch weniger aussagekräftigen Symbolen werden mit einer Beschriftung versehen.
- *Kein Text* – Alle Schaltflächen werden nur mit einem Symbol versehen und auf jegliche Beschriftung wird verzichtet, dadurch kann man viele Schaltflächen auf einmal in der Suchleiste unterbringen.

Schritt 3

Wählen Sie die bevorzugte Einstellung aus und übernehmen Sie die geänderten Eigenschaften mit einem Klick auf die Schaltfläche *OK* ganz unten. Auf diese Weise können Sie die Symbolleiste Ihrem Kenntnisstand und dem Platzbedarf anpassen.

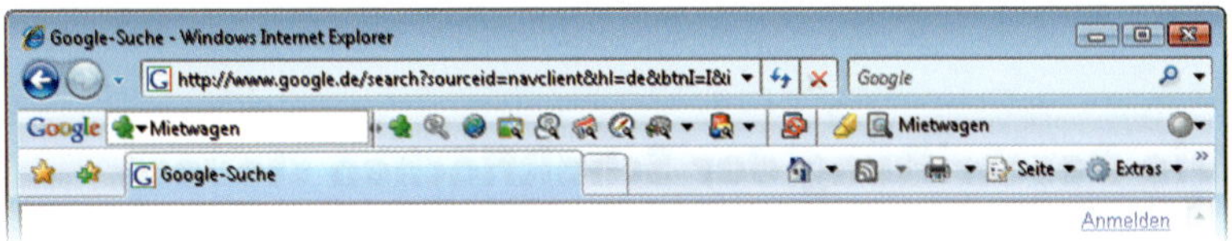

Sie können die Google-Suchleiste gezielt Ihren Ansprüchen und Gewohnheiten anpassen.

Tipp

Verzockte Einstellungen einfach rückgängig machen

Sollten Sie sich bei Ihren Experimenten mit der Gestaltung der Suchleiste mal etwas zu weit aus dem Fenster gelehnt haben, gibt es eine einfache Notbremse: Im Einstellungsmenü finden Sie in jeder Rubrik unten rechts die Schaltfläche *Standard wiederherstellen*. Damit versetzen Sie die gesamte Google-Suchleiste jederzeit wieder in den Auslieferungszustand.

Zusätzliche Informationen zu den gefundenen Seiten abrufen

Mit der Google-Suchleiste können Sie zu jeder angezeigten Webseite zusätzliche Informationen abrufen. So erfahren Sie, wie Google die Relevanz einzelner Webseiten bewertet, welche anderen Seiten auf eine gefundene Seite verweisen oder welche Seiten ähnliche Themen und Inhalte haben.

Schritt 1

Um die PageRank-Information anzuzeigen, öffnen Sie in den Suchleisten-Einstellungen die Rubrik *Mehr* und aktivieren hier im Bereich *Weitere Schaltflächen* die Option *PageRank und Seiteninfo*.

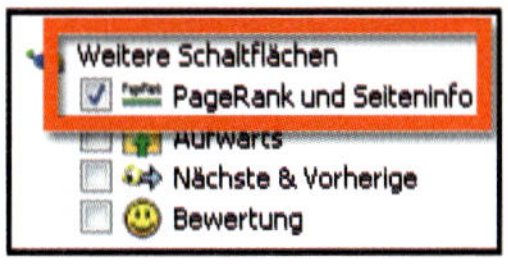

Schritt 2

Damit die Anzeige des PageRank funktionieren kann, muss die Google-Suchleiste die Adresse jeder Webseite, die Sie im Browser aufrufen, an Google übermitteln. Von dort erhält sie dann die PageRank-Bewertung, die sie anzeigt. Da dies Auswirkungen auf den Datenschutz hat, weist eine Warnung ausdrücklich darauf hin. Bestätigen Sie diesen Hinweis mit *OK* und schließen Sie die Einstellungen mit einem weiteren Klick auf *OK*.

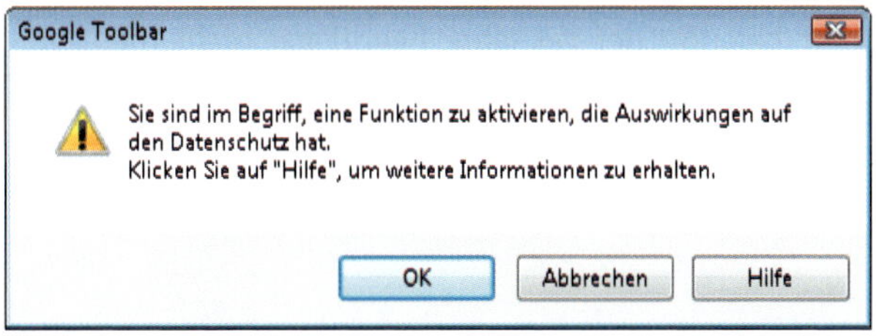

Info

Wie wird der PageRank berechnet?

Der PageRank ist die heilige Kuh von Google, da er mitbestimmt, wie weit vorn eine Webseite in der Trefferliste einer Suche angezeigt wird. Allerdings ist dies auch ein Betriebsgeheimnis des Suchmaschinenbetreibers, da andernfalls ein Missbrauch zu befürchten wäre. Die Berechnung wird auch regelmäßig verändert, da professionelle Webwerber sich immer wieder darauf einstellen und versuchen, die Suchergebnisse zu manipulieren.

Hinweis

Bedenken wegen Datenschutz

Das Übermitteln der besuchten Webseiten ist für den PageRank unverzichtbar. Die Gefahr für die Privatsphäre hält sich in Grenzen, da Google diese Suchanfrage nur mit einer mehr oder weniger anonymen IP-Adresse in Verbindung bringen kann. Haben Sie trotzdem Bedenken deswegen, sollten Sie auf die PageRank-Funktionen einfach verzichten. Google funktioniert auch so gut.

Schritt 3

Anschließend finden Sie in der Google-Suchleiste eine Schaltfläche mit dem PageRank-Symbol vor. Sein Balken gibt die Relevanz der angezeigten Webseite an. Ein komplett grüner Balken zeichnet eine hohe Relevanz aus. Ist der Balken nur grau, dann ist die Webseite gar nicht relevant bzw. Google hat keine Angaben darüber. Dazwischen gibt es eine Reihe von Abstufungen, die mit der Länge des Balkens deutlich gemacht werden.

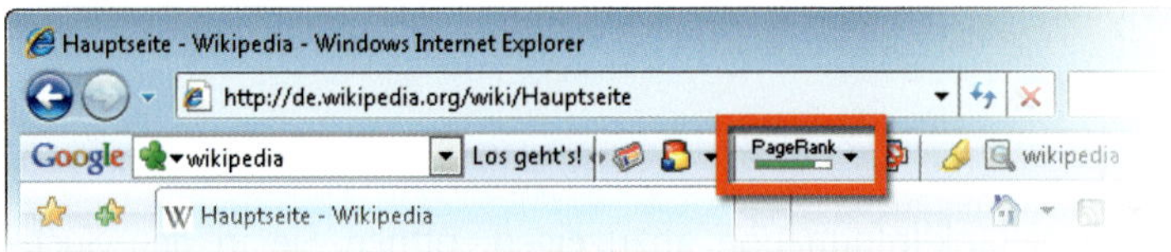

Zu jeder Webseite können Sie über die PageRank-Schaltfläche in der Symbolleiste zusätzliche Informationen abfragen.

Schritt 1

Wenn die fragliche Webseite im Browser angezeigt wird, klicken Sie auf die *PageRank*-Schaltfläche in der Suchleiste. Damit öffnen Sie ein Menü mit zusätzlichen Funktionen:

- *Im Cache gespeicherte Seite* – Hiermit rufen Sie, soweit vorhanden, eine im Google-Cache gespeicherte ältere Version dieser Seite auf. Das ist z. B. hilfreich, wenn sich die Webseite offensichtlich vor kurzem verändert hat und der gesuchte Begriff gar nicht mehr vorhanden ist. Die ältere Version enthält den Suchbegriff eventuell noch.

- *Ähnliche Seiten* – Wenn Sie diese Funktion aufrufen, liefert Ihnen Google eine Liste mit Webseiten, die der angezeigten inhaltlich bzw. thematisch ähnlich sind.
- *Zurück* – Hiermit steht Ihnen eine Rückverfolgungsfunktion zur Verfügung, mit der Sie sich von Google alle Webseiten auflisten lassen können, die einen Verweis auf die gerade angezeigte Webseite beinhalten.

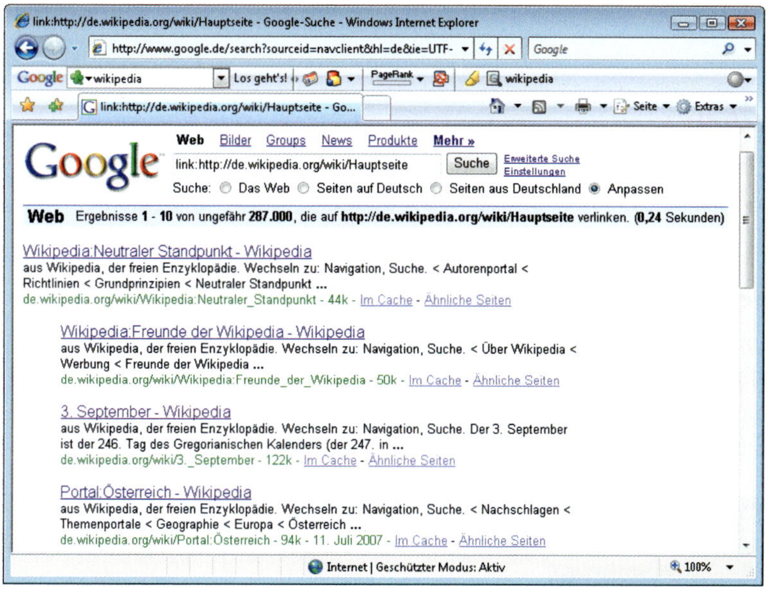

Mit der Zurückverfolgung erfahren Sie, wer Verweise auf eine bestimmte Webseite gesetzt hat.

Tipp

Die Google-Suchleiste vorübergehend ausblenden

Um die Symbolleiste einfach nur vorübergehend nicht zu verwenden, können Sie sie, wie eingangs dieses Kapitels beschrieben, auch einfach ausblenden. Klicken Sie dazu in der Symbolleiste des Internet Explorer auf *Extras* und wählen Sie das Untermenü *Symbolleisten*. Entfernen Sie hier das Häkchen bei Google. Damit wird die Google-Suchleiste aber lediglich ausgeblendet und nicht deinstalliert.

Bei Nichtgefallen zurück – die Google-Suchleiste deinstallieren

Sollten Sie die Google-Suchleiste nicht mehr benutzen wollen, können und sollten Sie sie aus dem Internet Explorer entfernen. Das spart Speicherplatz, beschleunigt den Start des Internet Explorer ein wenig und macht unter Umständen auch das Websurfen – geringfügig – schneller.

Schritt 1

Um die Google-Suchleiste dauerhaft zu entfernen, öffnen Sie in der Windows-Systemsteuerung das Modul *Programme und Funktionen*.

Schritt 2

Im anschließenden Dialog finden Sie in der Rubrik *Programme deinstallieren oder ändern* eine Liste aller installierten Programme. Suchen Sie hier den Eintrag *Google Toolbar für Internet Explorer* und klicken Sie ihn einfach mit der linken Maustaste an, um ihn auszuwählen.

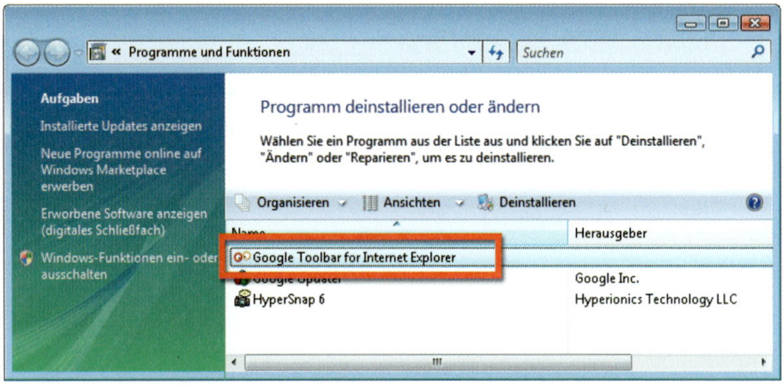

Info

Wie funktioniert die Rückverfolgung

Die Rückverfolgung ist für Google eine leichte Übung. Dazu muss nur der Datenbestand nach Links durchsucht werden, die genau auf die Adresse der gerade geöffneten Webseite verweisen. Eine solche Suchanfrage könnten Sie mit dem erweiterten Suchformular auch selbst stellen (siehe Kapitel 3).

Schritt 3

Klicken Sie dann darüber in der Symbolleiste auf die Schaltfläche *Deinstallieren*.

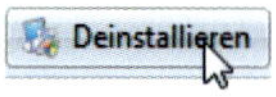

Schritt 4

Bestätigen Sie ggf. unter Windows Vista die Rückfrage der Benutzerkontensteuerung mit einem Klick auf *Fortsetzen*.

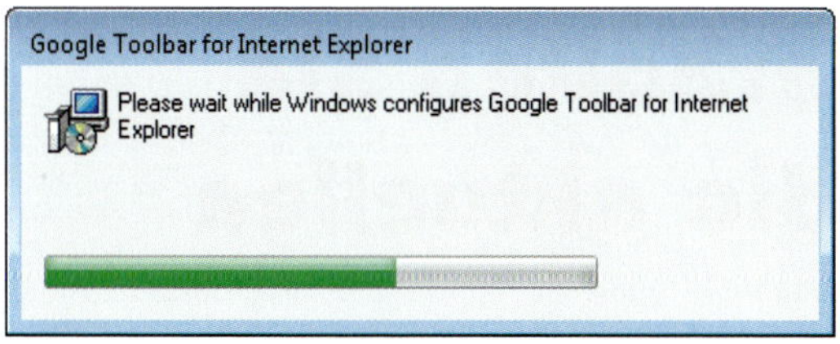

Schritt 5

Daraufhin wird die Google-Suchleiste aus dem Internet Explorer entfernt und deinstalliert. Schließen Sie anschließend den Dialog *Programme und Funktionen*.

Anschließend ist ggf. ein Neustart des Internet Explorer erforderlich, um die Google-Suchleiste endgültig zu entfernen.

Tipp

Den Google Updater gleich mit entfernen

Wenn Sie von Google neben der Suchleiste keine weitere Software installiert haben, sollten Sie den Google Updater gleich mit deinstallieren. Er wird automatisch mit der Google-Suchleiste aufgespielt, bei der Deinstallation aber leider nicht wieder automatisch entfernt. Ohne Suchleiste hat er aber keine Aufgaben mehr und kann auch deinstalliert werden.

7

Topaktuell: So erhalten Sie jeden Morgen die aktuellen Nachrichten

Google News sammelt für Sie Nachrichten aus vielen aktuellen Quellen

Viele Zeitungen, Nachrichtenagenturen und ähnliche Medien bieten aktuelle Nachrichten und Hintergrundberichte zu aktuellen Themen. Google News indiziert ständig über 700 verschiedene Nachrichtenquellen im Web und stellt daraus eine Übersicht zusammen. Außerdem können Sie den Nachrichtenbestand im Volltext durchsuchen und so schnell aktuelle Informationen zu einem spannenden Thema oder einer gesuchten Person finden.

Schritt 1

Öffnen Sie das Standardsuchformular von Google und klicken Sie hier ganz rechts auf den Link *News*.

Schritt 2

Damit öffnen Sie die Google News-Seite. Hier finden Sie ganz oben ein kleines Suchformular, mit dem Sie den Nachrichtenbestand durchsuchen können. Auf diese Funktion gehen wir in diesem Kapitel noch ausführlicher ein.

Tipp

Google News direkt

Der Umweg über das Suchformular muss nicht jedes Mal sein. Unter *news.google.de* können Sie das Nachrichtenportal auch direkt aufrufen.

Info

Nachrichten suchen

Wenn Sie in der einfachen Google-Websuche einen Begriff verwenden, der gerade in den Nachrichten ist, erhalten Sie auf der Ergebnisseite automatisch einen Hinweis auf Google News.

Info

Automatische Nachrichten-extrahierung

Für die Google News werden völlig automatisiert die Beiträge der verschiedenen Nachrichtenquellen ausgewertet. Dabei analysiert Google die Inhalte der Artikel anhand von Schlüsselwörtern. Taucht ein Schlüsselwort (z. B. „Steuerreform“) in sehr vielen Artikeln auf, wird es automatisch zum Topthema und kommt in die Schlagzeilen-Kategorie. Andere Artikel werden ebenfalls aufgrund von Schlüsselwörtern und anhand der Angaben der Nachrichtenquellen in eine der anderen Kategorien eingeordnet.

Google News fassen die aktuellen Nachrichten aus vielen Netzquellen übersichtlich zusammen.

- In der Statuszeile über den eigentlichen Nachrichten finden Sie die Rubrik, die gerade angezeigt wird. Standardmäßig ist es die Rubrik *Schlagzeilen*. Diese enthält die zurzeit interessantesten Meldungen. Außerdem finden Sie rechts die Angabe *Vor X Minuten automatisch erstellt*. Sie gibt an, wie „alt“ die von Google präsentierten Nachrichten sind.

- Unterhalb der Statuszeile finden Sie jeweils die Topschlagzeilen mit Angabe der Quelle, einem kurzen Auszug und Links auf weitere Artikel zu diesem Thema. Der letzte Link führt zu einer Liste aller Artikel, die Google News diesem Thema zuordnet.

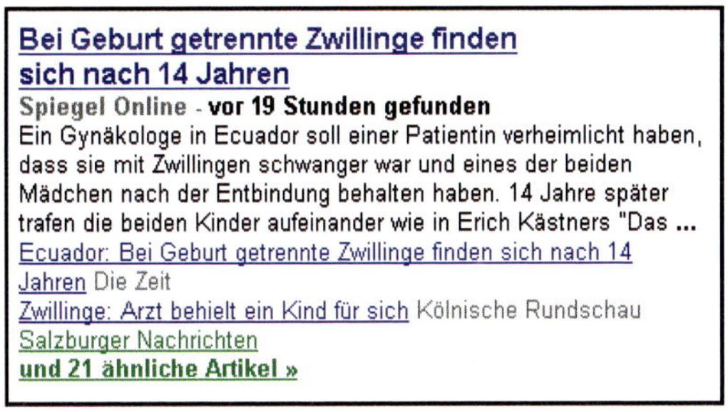

- Am rechten Fensterrand finden Sie eine kurze Übersicht weiterer Themen. Dabei handelt es sich jeweils um die Topthemen aus den verschiedenen Nachrichtenkategorien.

- Darunter führt Google die Personen, Orte oder sonstigen Begriffe auf, die zurzeit besonders häufig in den Nachrichtenmeldungen erwähnt werden. Ein Klick auf einen der Namen bewirkt eine Suche nach diesem Namen im aktuellen Nachrichtenbestand und bringt Ihnen eine Liste mit allen Meldungen, die diesen Namen enthalten.

Tipp

Die Nachrichtenseite aktualisieren

Wenn Ihnen die derzeit angezeigten Nachrichten schon zu alt sind, kein Problem. Aktualisieren Sie einfach die Übersichtsseite im Browser, z. B. indem Sie F5 drücken oder auf die kleine *Aktualisieren*-Schaltfläche ganz rechts im Adressfeld klicken. Im Regelfall erstellt Google alle paar Minuten eine neue Übersicht, die Sie so anfordern können.

Info

Komplette Artikel lesen

Google hat zwar den kompletten Inhalt der angezeigten Artikel erfasst. Es zeigt aber allenfalls eine kurze Zusammenfassung bzw. die ersten Zeilen an. Selbstverständlich können Sie die Artikel trotzdem lesen. Sie werden dazu allerdings von Google auf die entsprechende Webseite der Onlinezeitschrift oder des Nachrichtenportals weitergeleitet. Wenn Sie beim Klick [Strg] gedrückt halten, öffnet der Internet Explorer 7 den Artikel in einem neuen Register und die Google News-Seite bleibt erhalten.

Schritt 3

Wenn Sie auf der Seite weiter nach unten gehen, finden Sie für jede Kategorie eine ausführlichere Darstellung mit jeweils den drei meisterwähnten Themen.

Schritt 4

Um einen der Themenbereiche mit allen Artikeln zu sehen, klicken Sie am linken Rand in der Themenübersicht einfach auf die gewünschte Kategorie. Sie erhalten dann eine neue Webseite mit allen aktuellen Artikeln aus diesem Themenbereich.

Schritt 5

Um einen der Artikel abzurufen, brauchen Sie nur auf seine Titelzeile zu klicken. Diese ist ein Link auf den eigentlichen Artikel. Alle von Google berücksichtigten Artikel sind frei verfügbar und können ohne Anmeldung oder gar Bezahlung abgerufen werden.

Schnell aktuelle Artikel zu spannenden Themen finden

In der News-Übersicht finden Sie immer nur die wichtigsten Nachrichten von allgemeinem Interesse. Wenn Sie sich für speziellere Themen interessieren, können Sie auch Nachrichtenartikel dazu finden, soweit welche in den von Google hinzugezogenen Nachrichtenquellen zu finden sind. Dazu besteht die Möglichkeit, ähnlich wie bei Webseiten den aktuellen Nachrichtenbestand im Volltext zu durchsuchen.

Schritt 1

Auf jeder Seite der Google News finden Sie ganz oben ein kleines Suchformular.

Schritt 2

Geben Sie hier Ihren Suchbegriff ein, z. B. den Namen einer Person, eines Ortes oder einen aktuellen Begriff aus den Medien. Klicken Sie dann auf *News-Suche* oder drücken Sie [Enter].

Schritt 3

Google durchsucht dann den gesamten Bestand an aktuellen Nachrichten nach dem Suchbegriff und liefert Ihnen eine Liste mit gefundenen Artikeln.

Tipp

Komplexe Suchbegriffe

Für die Suche in den Google News gibt es keine erweiterte Suche. Sie können aber trotzdem beliebig umfangreiche und komplexe Suchanfragen durchführen. Sie müssen dafür aber im einfachen Suchformular die entsprechenden Parameter wie OR – oder – verwenden (siehe hierzu auch Kapitel 2).

Hinweis

Google News und die Aktualität

Google News fragt seine Nachrichtenquellen in sehr kurzen Zeitabständen ab und ist deshalb immer aktuell. Allerdings ist für die zeitliche Reihenfolge der Artikel und Einschränkungen des Suchzeitraums nur relevant, wann Google einen Artikel erfasst hat. Artikel, die Google den letzten 24 Stunden zuordnet, können inhaltlich auch schon älter sein.

Info

Sortieren und doppelte Ergebnisse anzeigen

Neben dem Sortieren nach Datum oder nach Relevanz bietet die Suche von Google News noch die Variante, die Ergebnisse nach dem Datum zu sortieren und dabei doppelte Ergebnisse anzuzeigen. Der Hintergrund ist, dass viele Nachrichtenquellen z. B. Agenturmeldungen einfach im Wortlaut veröffentlichen. Google findet also ein und dieselbe Meldung in verschiedenen Quellen. In solchen Fällen wird die Meldung eigentlich nur einmal angezeigt und alle Kopien werden automatisch herausgefiltert.

Schritt 4

Diese enthält wie bei allen Suchen ganz oben eine Statuszeile, die den Suchbegriff und die Anzahl der Treffer enthält. Bei einer sehr hohen Trefferzahl sollten Sie den Suchbegriff ergänzen, um eine genauere Auswahl zum gesuchten Thema zu erhalten.

Schritt 5

Google kann die Trefferliste nach verschiedenen Kriterien sortieren. Standardmäßig orientiert sich die Reihenfolge an der Relevanz der Beiträge. Gerade bei Nachrichten kann es aber hilfreich sein, die Treffer mit *Sortiert nach Datum* chronologisch aufzustellen. So lässt sich die Entwicklung eines Themas über die zurückliegenden Stunden manchmal sehr gut verfolgen, beginnend bei ersten Kurzmeldungen, gefolgt von ausführlichen Artikeln und anschließenden Hintergrundberichten und Stellungnahmen.

Nur topaktuelle Meldungen und Artikel anzeigen

Mit der Sortierung nach Datum finden Sie die neusten Meldungen immer ganz oben in der Ergebnisliste. Sie können die Suche aber auch gleich auf einen bestimmten Zeitraum wie die letzte Stunde oder die letzten 24 Stunden einschränken, damit bei der Suche nur die aktuellsten Nachrichten berücksichtigt werden, die dann wiederum nach Relevanz sortiert werden können.

Schritt 1

Führen Sie die Suche zunächst wie vorangehend beschrieben durch, bis das Suchergebnis im Webbrowser angezeigt wird.

Schritt 2

Sie finden nun am linken Rand des Fensters eine Leiste mit verschiedenen Zeitvorgaben. Standardmäßig verwendet Google bei der News-Suche die Einstellung *Vergangener Monat*.

Tipp

Regionale Themen recherchieren

Aktuelle Themen von nationalem Interesse werden Sie bei Google News problemlos finden. Etwas schwieriger dürfte es bei regionalen oder gar lokalen Angelegenheiten werden. Diese tauchen in den Schlagzeilen kaum auf. Auch die Suchfunktion hilft nur, wenn entsprechende Nachrichtenquellen (z. B. Ihre Lokalzeitung) von den Google News erfasst werden kann. Bei solch speziellen Themen fahren Sie mit der normalen Websuche eventuell besser, wenn die auch nicht unbedingt ganz so aktuell ist.

Schritt 3

Wollen Sie einen kürzeren Zeitraum berücksichtigen, um nur ganz aktuelle Artikel angezeigt zu bekommen, wählen Sie hier z. B. *Vergangene Woche*, *Letzter Tag* oder *Letzte Stunde*.

Schritt 4

Mit dem Mausklick wird automatisch die Liste mit den Suchergebnissen erneuert, sodass sie nur noch Artikel enthält, die Google in dem fraglichen Zeitraum erfasst hat.

Schritt 5

Sollten Sie den Zeitraum zu kurz gewählt haben (bei *Letzte Stunde* kann das schon mal vorkommen), erhalten Sie stattdessen eine Meldung, dass keine passenden Artikel gefunden wurden. Wählen Sie in diesem Fall einfach den nächstgrößeren Zeitraum.

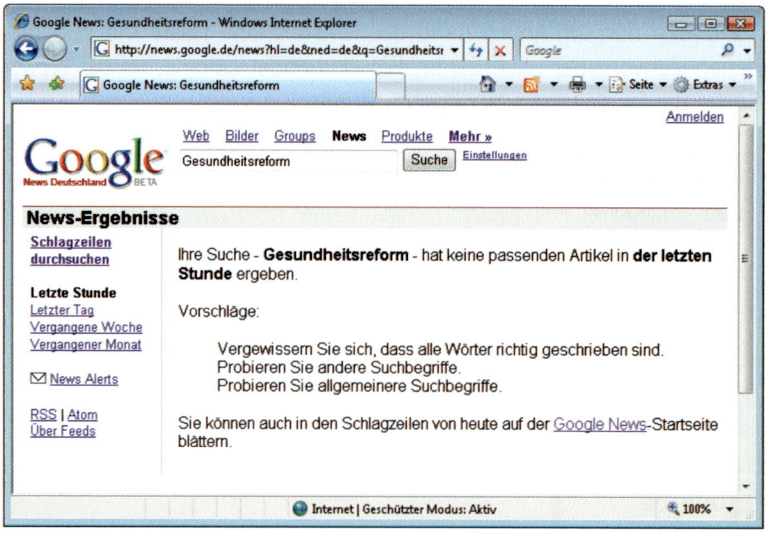

Schränken Sie den Suchzeitraum zu stark ein, wird Google News eventuell nicht fündig.

Hinweise

Verweise auf News-Artikel bei der normalen Websuche

Wenn Sie bei einer normalen Google-Suche einen Namen oder Begriff eingeben, der gerade in den Nachrichten eine große Rolle spielt, erkennt Google das automatisch und zeigt Ihnen ganz oben in der Ergebnisliste Links zu entsprechenden Artikeln an. Von dort aus können Sie auch direkt die reinen News-Ergebnisse zu dem gesuchten Begriff abrufen.

Ausländische Nachrichten mit Google News lesen

Die Google News sind nicht nur für deutschsprachige Nachrichten verfügbar, sondern es gibt weltweit eine ganze Reihe von nationalen und regionalen Ablegern dieses Dienstes. Neben dem deutschsprachigen Google News für Deutschland gibt es z. B. jeweils spezielle Ableger für Österreich und die Schweiz. Diese Angebote verwenden jeweils eigene Nachrichtenquellen aus den entsprechenden Regionen.

Schritt 1

Auf der Startseite der Google News finden Sie ganz oben in der *Schlagzeilen*-Leiste ein Auswahlfeld. Es zeigt das aktuell gewählte Land für die Google News an.

Schritt 2

Um zu einer anderen Variante der Google News zu wechseln, klicken Sie auf das kleine Pfeilsymbol ganz rechts im Auswahlfeld.

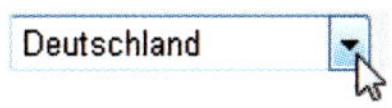

Schritt 3

Damit öffnen Sie eine vollständige Liste der Google News-Varianten. Wählen Sie hier das Land bzw. die Region aus, für die Sie Nachrichten abrufen möchten.

Hinweis

Erweiterte News-Suche im Ausland

Für einige Länder wie z. B. die USA bietet Google News zusätzliche Funktionen wie eine erweiterte Suche oder ein News-Archiv an. So können Sie auch ältere Nachrichten gezielt recherchieren, indem Sie z. B. einen Zeitraum vorgeben, wann diese veröffentlicht worden sein sollen. Ebenso können Sie die Suche auf bestimmte Nachrichtenquellen wie etwa eine spezielle Zeitung beschränken. Für die deutschsprachige News-Suche ist das zurzeit leider noch Zukunftsmusik.

Hinweis

Google News für Österreich und die Schweiz

Für Österreich und die Schweiz gibt es jeweils spezielle Ableger der Google News. Sie finden sie wie oben beschrieben in der Auswahlliste oder öffnen Sie direkt mit den Adressen *news.google.at* bzw. *news.google.ch*. Auch für die französischsprachige Schweiz gibt es ein Portal, zu finden mit Suisse in der Liste oder unter *news.google.ch/news?ned=fr_ch*.

Schritt 4

Der Webbrowser lädt dann die Startseite der jeweiligen Google News-Variante mit den aktuellen Nachrichten aus diesem Land. Ab hier stehen Ihnen diese speziellen Google News uneingeschränkt zur Verfügung. Sie können also auch für dieses Nachrichtenangebot z. B. die News-Suche benutzen. Allerdings sollten Sie die Suchbegriffe ggf. an die Landessprache anpassen.

Neben deutschen Nachrichten bietet Google News auch Portale für andere Länder und Regionen.

Lassen Sie sich bei neuen Artikeln zu Ihrem Steckenpferd per E-Mail informieren

Wenn Sie ein bestimmtes Thema in den Nachrichten dauerhaft verfolgen möchten, können Sie sich von den Google News automatisch per E-Mail benachrichtigen lassen, wenn ein bestimmter Suchbegriff in den Nachrichten erwähnt wird.

Schritt 1

Öffnen Sie die Startseite der Google News. Hier finden Sie am linken Fensterrand unterhalb der Themenbereiche den Link *News Alerts*. Klicken Sie darauf, um eine Benachrichtigung einzustellen.

Schritt 2

Damit öffnen Sie ein Formular, in dem Sie die Details der Benachrichtigung festlegen. Geben Sie im Feld *Suchbegriffe* zunächst den oder die Schlüsselbegriffe ein, nach dem/denen Sie die Nachrichten durchsuchen lassen wollen. Verwenden Sie einen Suchbegriff, so als ob Sie die Suche direkt im Formular eingeben würden.

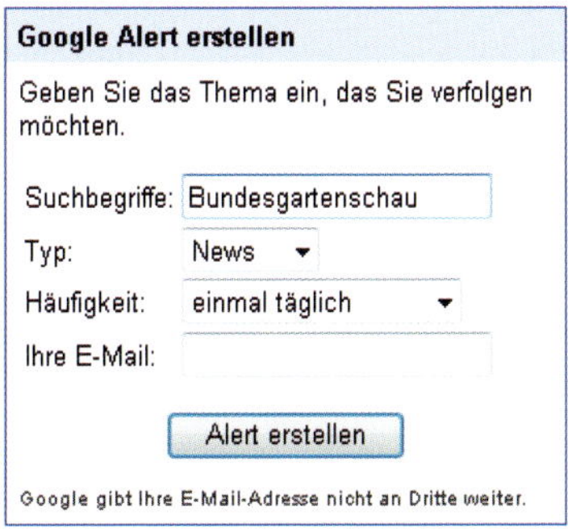

Tipp

Die News-Benachrichtigung als Suchagenten missbrauchen

Die Einstellung *Typ* bei einer Benachrichtigung erlaubt es Ihnen, diese Funktion zu zweckentfremden und als automatischen Hinweis auf neue Webangebote zu einem bestimmten Thema zu verwenden. Wählen Sie die Einstellung *Web*, bezieht Google die Suche nicht auf die Nachrichtenquellen, sondern auf seinen gesamten Bestand an Webseiten. Hierbei ist es allerdings besonders wichtig, einen möglichst präzisen und speziellen Suchbegriff zu verwenden, um nicht in Benachrichtigungen unterzugehen.

Schritt 3

Bei *Typ* geben Sie an, ob sich die Benachrichtigung auf Google News oder auf andere Bereiche wie etwa die Websuche beziehen soll. Mit *Multi* überwacht Google alle diese Bereiche.

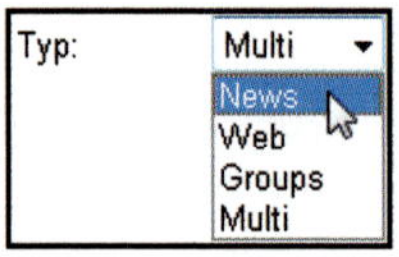

Schritt 4

Stellen Sie darunter im Auswahlfeld *Häufigkeit* ein, ob Sie *einmal täglich* oder nur *wöchentlich* benachrichtigt werden wollen. Wünschen Sie jedes Mal eine sofortige Nachricht, wenn der Begriff gefunden wurde, wählen Sie die Einstellung *bei Veröffentlichung*.

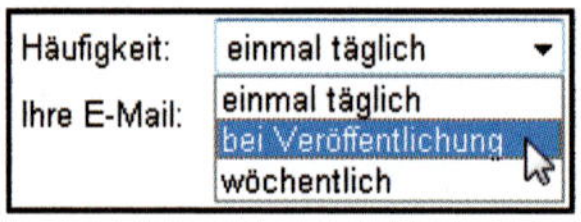

Schritt 5

Geben Sie unten schließlich Ihre E-Mail-Adresse an, an die die Benachrichtigungen geschickt werden sollen.

Schritt 6

Klicken Sie dann ganz unten auf die Schaltfläche *Alert erstellen*.

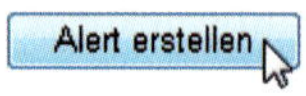

Hinweis

Benachrichtigungen nur zu sehr konkreten Suchbegriffen

Angesichts der zahlreichen Nachrichtenquellen sollten Sie die Menge von Artikeln nicht unterschätzen. Bei einem allgemeinen Stichwort erhalten Sie ständig E-Mail-Benachrichtigungen bzw. die täglichen oder wöchentlichen Zusammenfassungen wären unüberschaubar. Benachrichtigungen lohnen sich nur bei sehr speziellen Themen oder bei einem sehr konkreten Suchbegriff.

Schritt 7

Google News schickt nun eine E-Mail an die angegebene Adresse. Damit wird die Gültigkeit dieser Adresse überprüft, um Tippfehler und Missbrauch auszuschließen.

Schritt 8

Starten Sie Ihr E-Mail-Programm und rufen Sie Ihre E-Mail-Nachrichten ab. In der Regel dürfte die Nachricht von Google News schon da sein. Eventuell müssen Sie einige Minuten warten und den Abruf wiederholen.

Schritt 9

Haben Sie die Kontrollnachricht erhalten, klicken Sie darin auf den Link, den Sie unterhalb der Zeile *Folgende News Alert-Anforderung bestätigen* vorfinden.

```
Google hat eine Anforderung zum Senden von Alerts für die Suche
 [ Bundesgarte ... ] an john@doe.de erhalten.

Folgende News Alert-Anforderung bestätigen:
http://www.google.com/alerts/verify?s=EAAAABOn6biHvSpq_A&hl=de

Folgende News Alert-Anforderung abbrechen:
http://www.google.com/alerts/remove?s=EAAAABOn6biHvSpq_A&hl=de
```

Hinweis

Mehr als eine Benachrichtigung

Selbstverständlich können Sie nicht nur eine Benachrichtigung einrichten. Sie können den beschriebenen Vorgang beliebig oft für weitere Suchanfragen wiederholen. Dabei bleiben die bisherigen Benachrichtigungen erhalten und die neue wird hinzugefügt. Sie erhalten allerdings für jede Benachrichtigung jeweils eigene E-Mails. Sie können Ihre Benachrichtigungen auch verwalten. Dazu ist allerdings ein Google-Konto erforderlich, das Sie auf der Benachrichtigungsseite kostenlos einrichten können.

Info

Die „Sicherheitsüberprüfung“ bei Benachrichtigungen

Das etwas umständliche Prozedere beim Erstellen einer Benachrichtigung ist eine Schutzmaßnahme. Nur so kann Google überprüfen, ob die angegebene E-Mail-Adresse auch wirklich die richtige ist. Andernfalls ließe sich diese Funktion missbrauchen, um arglosen Zeitgenossen ihr Postfach mit Unmengen von Benachrichtigungen zu überschwemmen.

Schritt 10

Mit diesem Link öffnen Sie eine Webseite mit der Bestätigung, dass Ihre Benachrichtigung ordnungsgemäß eingerichtet wurde. Nun können Sie in aller Ruhe auf die erste Benachrichtigungs-E-Mail warten.

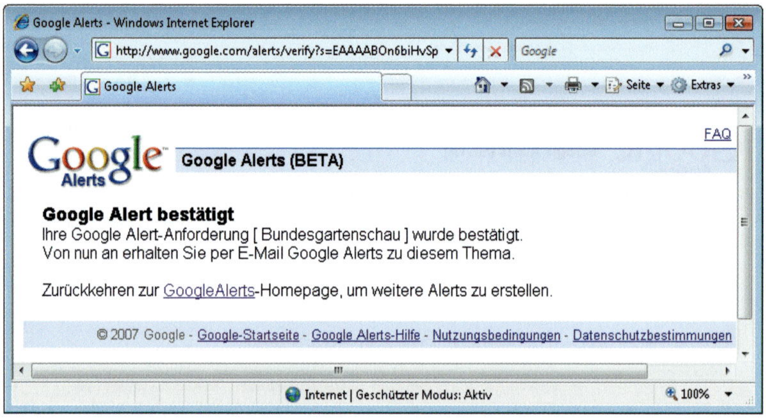

Alles Weitere erfolgt dann ganz automatisch. Wenn es neue Meldungen zu dem gewählten Suchbegriff gibt, erhalten Sie entsprechend der Einstellungen eine E-Mail-Benachrichtigung. Sind im voreingestellten Zeitraum keine neuen Nachrichten eingetroffen, wird keine Benachrichtigung verschickt.

Nur das Beste: Stellen Sie Ihre eigene Onlinetageszeitung zusammen

Wenn Sie aus den Google News Ihre täglichen Nachrichten beziehen wollen, dürften die Personalisierungsfunktionen besonders interessant sein. Sie erlauben es, Inhalte und Gestaltung des Nachrichtenportals individuell festzulegen, sodass Sie sich praktisch Ihre ganz eigene Onlinezeitung zusammenstellen können. Diese ist stets aktuell und optimal auf Ihre persönlichen Interessen zugeschnitten.

Schritt 1

Öffnen Sie die Google News-Startseite. Hier finden Sie unterhalb der Statuszeile rechts einen kleinen Bereich *Diese Seite anpassen*. Damit öffnen Sie ein Formular, in dem Sie das Aussehen der Nachrichtenseite gestalten können.

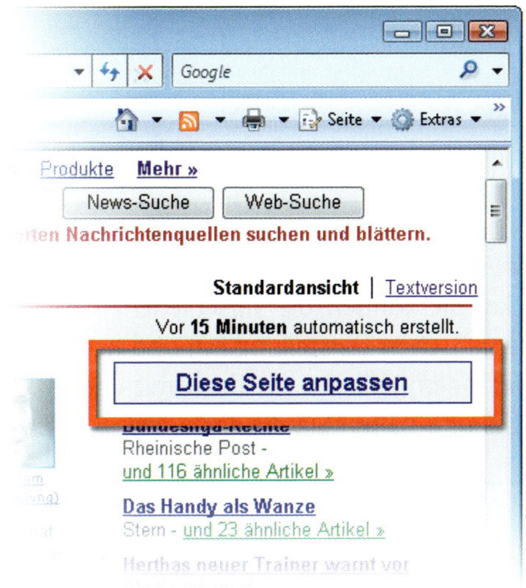

Hinweis

Benachrichtigungen deaktivieren

Damit Sie nun nicht den Rest Ihres Lebens immer wieder Google-Benachrichtigungen zu einem einmal gewählten Thema erhalten, können Sie die Benachrichtigungen auch wieder außer Kraft setzen. Am Ende jeder Benachrichtigungs-E-Mail finden Sie ganz unten den Link *Diesen Alert löschen*. Mit einem Klick darauf erhalten Sie eine Bestätigungsseite, dass die Benachrichtigung abgebrochen wurde.

Hinweis

Persönliche Nachrichten klappen nur mit Cookies

Damit Sie bei jedem Aufrufen der Google News Ihre persönliche Startseite wieder vorfinden, benutzt Google Cookies (siehe Kapitel 1), um Sie bei jedem Besuch wiederzuerkennen. Das klappt nur, wenn diese Funktion in Ihrem Webbrowser aktiviert ist. Im Internet Explorer finden Sie die Einstellungen hierfür unter *Extras/Internetoptionen* in der Rubrik *Datenschutz*. Wählen Sie hier z. B. die Einstellung *Mittel* oder klicken Sie auf *Sites*, um die Domäne *google.de* in die Liste zugelassener Angebote einzutragen.

Schritt 2

Dieses Formular enthält eine symbolische Darstellung der verschiedenen Bestandteile der Nachrichtenseite. Ganz oben finden Sie die Schlagzeilen. Diese sind fester Bestandteil und können nicht verändert werden. Deshalb sind sie optisch leicht ausgeblendet. Darunter finden Sie Blöcke für die verschiedenen Themenbereiche, die auf der Nachrichtenseite angezeigt werden.

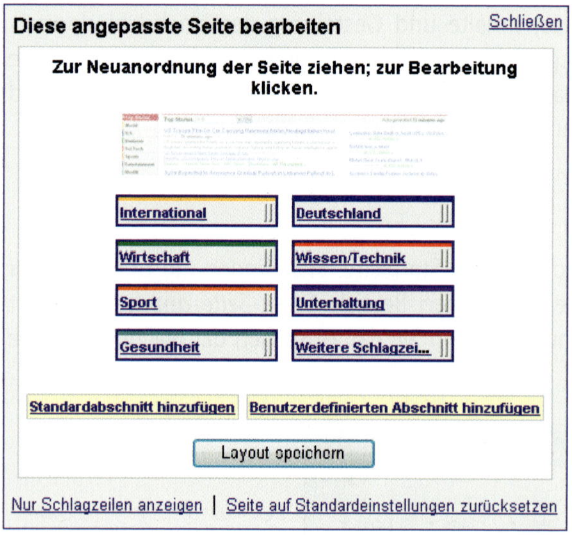

Schritt 3

Zu den Gestaltungselementen, die Sie beeinflussen können, gehört die Reihenfolge der Themenblöcke. Sie können die verschiedenen Blöcke mit der Maustaste in der schematischen Darstellung hin und her bewegen und so deren Position verändern. Klicken Sie dazu mit der linken Maustaste auf einen der Blöcke und halten Sie die Taste gedrückt.

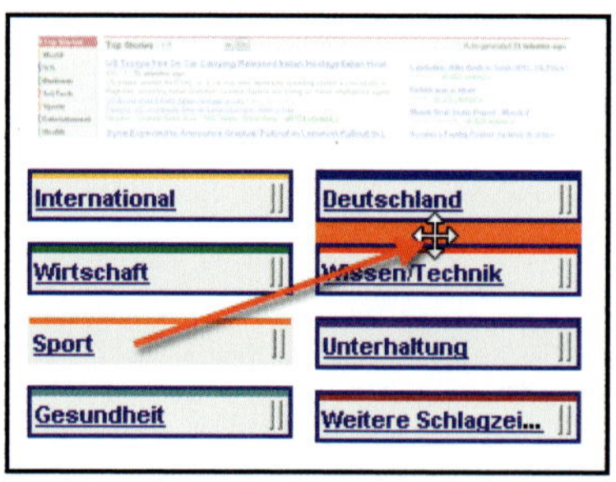

Schritt 4

Ziehen Sie nun den Mauszeiger an die gewünschte neue Position. Sie können dabei jeweils die Freiräume oberhalb und unterhalb der vorhandenen Blöcke anvisieren, um den ausgewählten Block darüber oder darunter zu platzieren. So holen Sie die für Sie interessantesten Informationen ganz nach oben. Die anderen Themenblöcke werden dabei automatisch entsprechend nach unten verschoben.

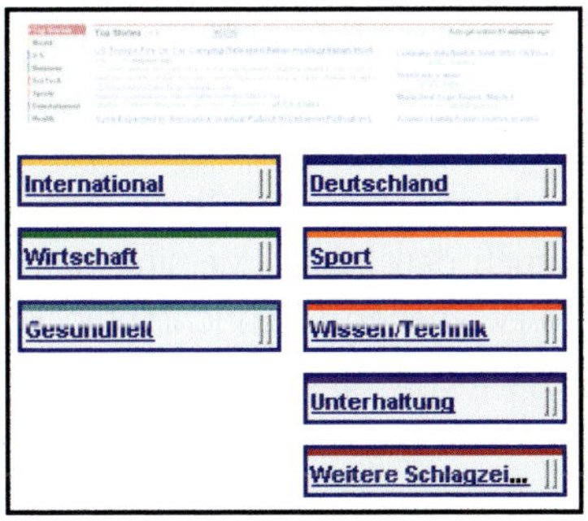

Schritt 5

Wollen Sie einen Themenblock ganz aus der Übersicht verschwinden lassen, klicken Sie einfach mit der linken Maustaste darauf. Aktivieren Sie im anschließenden Dialog rechts unten die Option *Abschnitt löschen* und klicken Sie dann darunter auf *Änderungen speichern*.

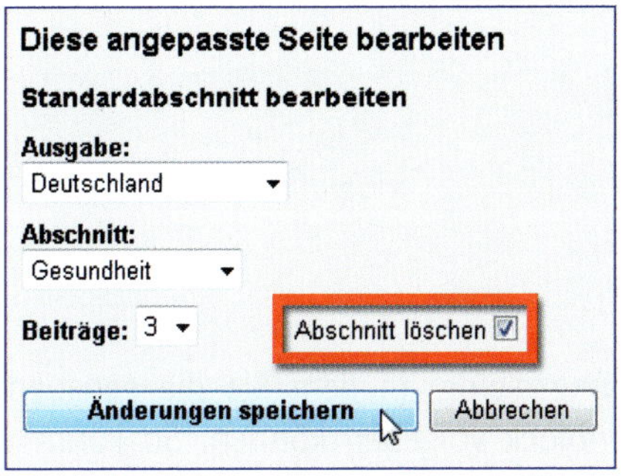

Tipp

Google News ohne Bilder und Zusammenfassungen

Mit dem Link *Nur Schlagzeilen anzeigen* unten links im Anpassungsmenü können Sie eine komprimierte Ansicht der Google News auswählen, die auf Bilder und Artikelzusammenfassungen verzichtet. Das empfiehlt sich, wenn Sie eine langsame Internetverbindung verwenden müssen oder die Seite z. B. mit einem mobilen Gerät abrufen wollen.

Schritt 6

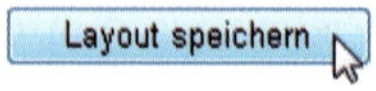

Mit diesen Mitteln können Sie das Layout der Nachrichtenseite beliebig Ihren persönlichen Interessen anpassen. Klicken Sie schließlich in der Layout-Übersicht unten auf die *Layout speichern*-Schaltfläche, um die Einstellungen dauerhaft zu speichern.

Den Inhalt der einzelnen Themenblöcke individuell gestalten

Nicht nur das Layout der Themenblöcke können Sie nach Ihren individuellen Wünschen gestalten, sondern auch den Inhalt. Sie sind nämlich nicht nur auf die standardmäßig vorgegebenen Nachrichtenblöcke beschränkt, sondern können Themen, Nachrichtenquellen und Umfang frei wählen.

Info

So funktionieren die benutzerdefinierten Themenblöcke

Eigene Themenblöcke werden durch eine Suchanfrage definiert, ganz so, als ob Sie die Google News direkt nach einem Thema durchsuchen würden. Beim Erstellen des benutzerdefinierten Themenblocks geben Sie eine Suchanfrage ein. Diese führt Google News dann jedes Mal blitzschnell durch, wenn Sie Ihre Nachrichtenübersicht abrufen. Alle Artikel, die sämtliche Wörter der Suchanfrage beinhalten, werden dann als zu diesem Thema gehörig eingeordnet.

Schritt 1

Um einen Themenblock inhaltlich zu bearbeiten, öffnen Sie den Dialog zum Anpassen und klicken dort einfach mit der linken Maustaste auf diesen Block.

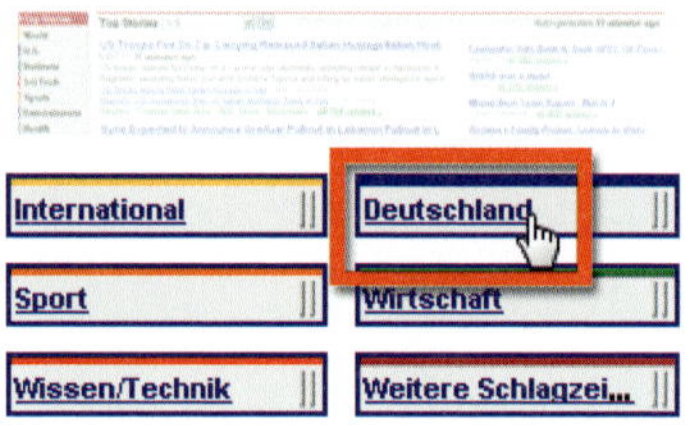

Schritt 2

Damit öffnen Sie einen Einstellungsdialog, in dem Sie die genauen Eigenschaften für diesen Themenblock vorgeben können. So können Sie bei *Ausgabe* wählen, aus welchem Land die Nachrichtenquellen gewählt werden sollen.

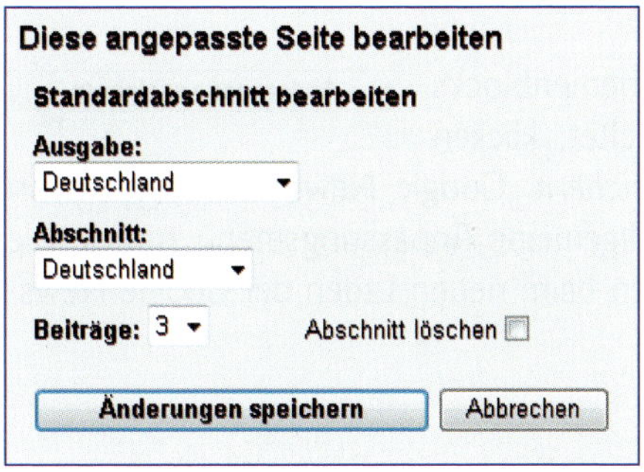

Schritt 3

Mit dem Auswahlfeld *Abschnitt* legen Sie fest, zu welchem Thema in diesem Block Nachrichten angezeigt werden sollen. Welche Themen hier genau zur Auswahl stehen, hängt von der oben gewählten Ausgabe ab. Größtenteils finden Sie dieselben Themen nur eben in der jeweiligen Sprache. Bei manchen Länder- bzw. Regionalausgaben gibt es aber auch Unterschiede in der Themenverteilung.

Schritt 4

Bei *Beiträge* können Sie schließlich vorgeben, wie viele Artikel in der Übersicht dieses Themenblocks angezeigt werden sollen. Standardmäßig zeigt Google News die wichtigsten drei Artikel zu jeder Themenübersicht an. Sie können aber auch jeweils bis zu neun Meldungen aufführen lassen, z. B. wenn Sie lieber wenige Themenblöcke, die aber ausführlich lesen möchten.

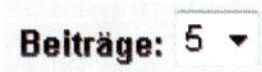

Hinweis

Globale Nachrichten aus vielen Quellen

Wenn Sie an Nachrichten aus verschiedenen Ländern interessiert sind und deren Sprache beherrschen, können Sie sich mit den Detaileinstellungen eine multinationale Nachrichtenübersicht zusammenstellen, indem Sie Themenblöcke der deutschen Google News mit anderen z. B. aus amerikanischen, britischen oder französischen Nachrichtenportalen auf einer Seite mischen.

Schritt 5

Haben Sie den Inhalt des Themenblocks nach Ihren Vorstellungen gestaltet, klicken Sie unten auf *Änderungen speichern*. Google News merkt sich dann diese Vorgaben und kehrt ins allgemeine Anpassungsmenü zurück. Die festgelegten Änderungen werden beim neuen Laden der Google News-Seite jetzt bereits verwendet.

Ganz eigene Rubriken als Themenblöcke für die Google News definieren

Bezogen sich die bislang gezeigten Anpassungsmöglichkeiten noch eher darauf, das Vorhandene optimal auszuwählen und anzuordnen, können Sie auch noch weiter gehen. Unabhängig von den vordefinierten Rubriken können Sie ganz eigene Rubriken definieren und als Themenblöcke in Ihre individuelle Nachrichtenübersicht aufnehmen. Hierbei kommen wieder die Suchfunktionen von Google zum Einsatz.

Schritt 1

Öffnen Sie das Anpassungsmenü für die Google News und klicken Sie hier unten rechts auf *Benutzerdefinierten Abschnitt hinzufügen*.

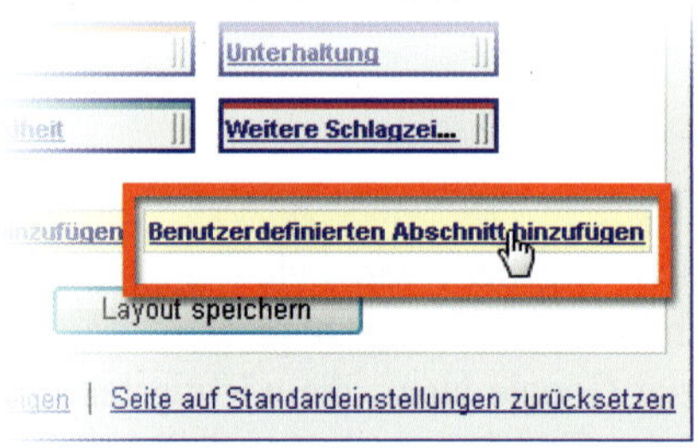

Tipp

Suchbegriffe für Themenblöcke testen

Ob ein bestimmter Suchbegriff gut geeignet ist, damit Google damit automatisch eine Nachrichtenkategorie erstellen kann, können Sie leicht ausprobieren. Führen Sie eine Suche mit genau diesem Begriff in den Google News durch. Erhalten Sie dabei Ergebnisse, die sich gut als Themenblock verwenden lassen, sind Sie auf dem richtigen Weg. Auf die gleiche Weise können Sie Ergänzungen und Optimierungen testen, um einen optimalen Suchbegriff für Ihren Zweck zu finden.

Schritt 2

Im anschließenden Dialog geben Sie Suchbegriffe ein, die das Thema beschreiben. Google News wertet dann sämtliche erfassten Artikel, die alle diese Wörter enthalten, als zu diesem Thema zugehörig. Mit *Beiträge* können Sie außerdem festlegen, wie viele Artikel Sie in der Übersicht zu diesem Thema angezeigt haben möchten.

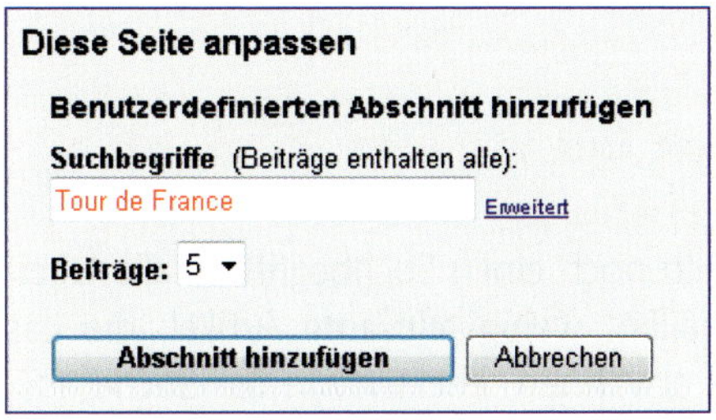

Schritt 3

Wollen Sie das Thema noch genauer spezifizieren, klicken Sie rechts neben dem Eingabefeld auf *Erweitert*. Damit blenden Sie weitere Elemente in das Formular ein.

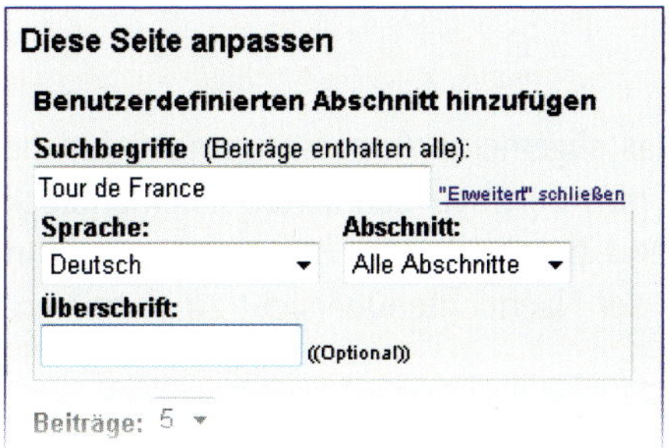

Schritt 4

Dann können Sie zunächst wieder die Sprache auswählen, die Google News bei der Suche berücksichtigen soll. Auf diese Weise können Sie auch auf Meldungen aus internationalen Nachrichtenquellen zurückgreifen.

Hinweis

Der richtige Suchbegriff für eigene Themenblöcke

Um einen benutzerdefinierten Themenblock zu erstellen, sollten Sie einen geeigneten Suchbegriff angeben. Sehr allgemeine Begriffe, die häufig in Meldungen auftauchen, eignen sich dafür weniger. Je spezieller der Begriff ist, desto zutreffender werden die Meldungen sein. So lassen sich Meldungen über bestimmte Personen oder Ereignisse sehr gut mit dem jeweiligen Namen finden.

Schritt 5

Abhängig davon können Sie dann bei *Abschnitt* auch den Themenbereich vorgeben, aus dem die Nachrichten stammen sollen. Google News beschränkt die Suche dann auf Meldungen, die es diesem Themenbereich zuordnet. So können Sie sich die automatische Einordnung von Nachrichten in Rubriken durch Google zunutze machen. Mit *Alle Abschnitte* werden sämtliche Artikel in der gewählten Sprache berücksichtigt.

Schritt 6

Schließlich können Sie zusätzlich noch einen Suchbegriff für die Überschrift vorgeben. Dies kann helfen, wenig relevante Artikel, die das gesuchte Thema nur am Rand erwähnen, effektiv von der Suche auszuschließen.

Schritt 7

Haben Sie alle Angaben gemacht, klicken Sie unten links auf *Abschnitt hinzufügen*.

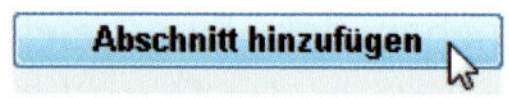

Schritt 8

Sie gelangen dann zurück in das allgemeine Anpassungsmenü für die Google News und finden hier nun den neu definierten Themenblock vor. Nutzen Sie die vorangehend beschriebenen Funktionen, um ihn an einer Position Ihrer Wahl in der Nachrichtenübersicht zu platzieren.

Schritt 9

Klicken Sie abschließend unten auf die Schaltfläche *Layout speichern*.

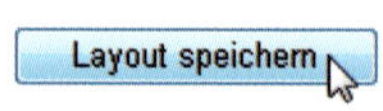

Tipp

Den eigenen Themenblock ausführlich lesen

Wie bei den vordefinierten Rubriken müssen Sie sich nicht auf die kurze Darstellung in der Nachrichtenübersicht beschränken. Wenn Sie oben auf die Namen des Themenblocks (der dem Suchbegriff entspricht) klicken, öffnen Sie eine Seite, in der weitere Meldungen zum gesuchten Begriff aufgelistet sind.

Schritt 10

Google News speichert dann die Einstellungen und lädt die Nachrichtenübersicht mit den geänderten Vorgaben neu. Nun finden Sie an der vorgesehenen Stelle erstmals Ihre ganz individuelle Nachrichtenrubrik. Wie Sie feststellen werden, ist diese den vordefinierten Rubriken völlig ebenbürtig und wird ebenso mit Übersicht, Kurzzusammenfassung und weiteren Links präsentiert.

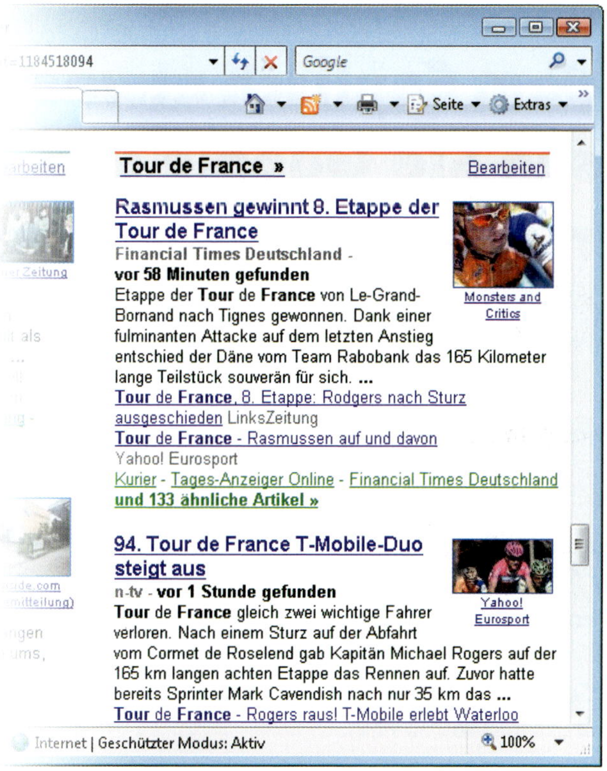

Hinweis

Google-E-Mail aus heiterem Himmel?

Wenn Sie von Google eine E-Mail mit der Bitte um Bestätigung einer Benachrichtigung erhalten, ignorieren Sie diese einfach. Prinzipiell kann jeder Benutzer eine Benachrichtigung für jede beliebige Adresse anfordern. Dadurch ist Fehlern und Missbrauch Tür und Tor geöffnet. Wenn Sie die E-Mail einfach ignorieren, wird aber keine Benachrichtigung eingerichtet und Sie müssen nicht befürchten, nun ständig unerwünschte Google-Benachrichtigungen zu bekommen.

8

Wenn's mit dem Englisch etwas hapert: Lassen Sie Google den Dolmetscher spielen

Schnellübersetzer: gefundene Seiten sofort auf Deutsch anzeigen

Das Web ist größtenteils englischsprachig. Zwar können Sie Ihre Suche von vornherein z. B. auf Seiten in deutscher Sprache einschränken. Aber dann finden Sie bei speziellen Themen vielleicht nicht die gesuchten Informationen. Es nutzt aber auch wenig, Informationen in einer Sprache zu finden, die Sie nicht beherrschen. Hier aber kann Google helfen, indem eine gefundene fremdsprachige Webseite ins Deutsche übersetzt wird.

Schritt 1

Wenn Google in der Trefferliste eine fremdsprachige Seite aufführt, bietet es Ihnen automatisch an, diese zu übersetzen. Sie sehen dann einen Link *Diese Seite übersetzen* rechts neben dem blauen Titel der Webseite.

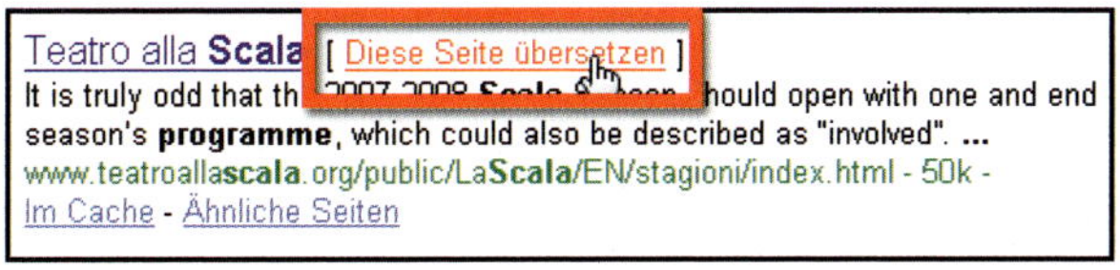

Schritt 2

Klicken Sie auf diesen Link, um eine Übersetzung der Seite anzufordern.

Schritt 3

Die Seite wird erst aufgrund Ihrer Anfrage hin automatisch übersetzt und daraus eine neue Webseite erstellt. Je nach Umfang der Seite kann das ein wenig dauern, sodass Sie vielleicht etwas länger warten müssen, als sonst bei Webseiten üblich. Während die Übersetzung läuft, zeigt Google anstelle der Webseite die Meldung *Übersetzen...* an.

Info

Was kann Google übersetzen?

Google kann nur Texte übersetzen, die direkt in der Webseite selbst stehen. Leider verwenden Webseiten häufig z. B. Grafiken als beschriftete Schaltflächen für die Navigation. Da der Text dabei in den Bilddaten steckt, kann Google ihn nicht erkennen und übersetzen. Dies gilt für alle Arten von Bildern in Webseiten, also z. B. auch Logos oder Kopfzeilen.

Hinweis

Die Grenzen der Übersetzung

Die Übersetzung der Webseiten erfolgt vollautomatisch durch ein Computerprogramm. Dieses kann den „Sinn" der Texte nicht wirklich verstehen, sondern wendet vorgefertigte Regeln an, um Ausdrücke aus einer Sprache in eine andere zu übersetzen. Das kann nicht immer gut gehen, denn mit Mehrdeutigkeiten, Redewendungen und ähnlichen Eigenarten einer Sprache können solche Programme meist nicht gut umgehen.

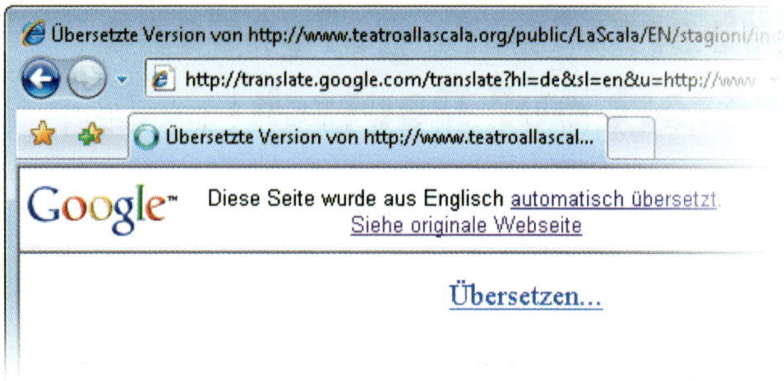

Schritt 4

Ist die übersetzte Seite fertig, wird Sie in Ihrem Browser dargestellt. Ganz oben fügt Google einen kleinen Vorspann ein, der darauf hinweist, dass es sich um eine von Google automatisch erstellte Übersetzung handelt. Darunter folgt die normale Webseite, nur dass eben alle Texte durch die übersetzte Fassung ausgetauscht wurden. Dadurch kann allerdings das Design der Webseite ein wenig aus dem Konzept gebracht werden.

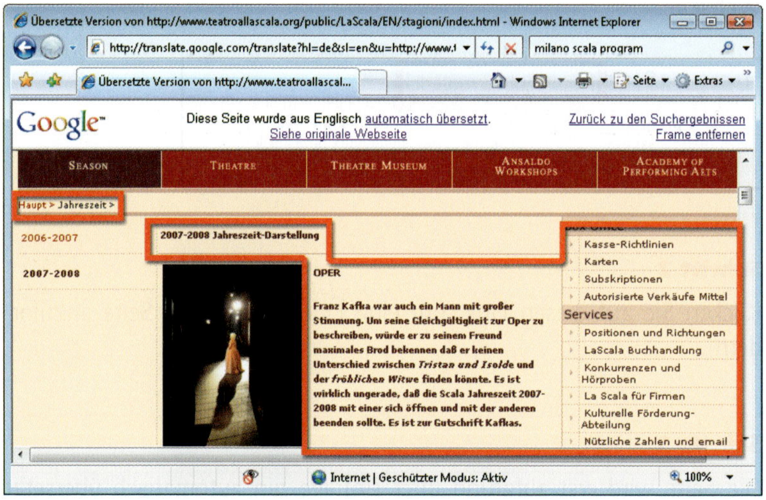

Schritt 5

Der besondere Clou an der Funktion: Wenn Sie auf einer übersetzten Webseite einen Link anklicken, wird die dahinterstehende Webseite ebenfalls automatisch übersetzt. Dadurch können Sie ein komplettes fremdsprachiges Webangebot in Ihrer eigenen Sprache erkunden. Das geht so lange, bis Sie oben im Vorspann auf *Zurück zu den Ergebnissen* klicken oder anderweitig eine komplett neue Seite aufrufen.

Fremdsprachige Texte einfach ins Deutsche übersetzen lassen

Sie können den Google-Übersetzungsdienst nicht nur für komplette Webseiten verwenden, sondern auch für einzelne Begriffe oder Sätze. Das ist ein praktisches Hilfsmittel, wenn man mal das Wörterbuch nicht zur Hand hat oder z. B. unterwegs ein paar Hilfestellungen benötigt.

Schritt 1

Öffnen Sie dazu das Google-Suchformular und klicken Sie rechts neben dem Eingabefeld auf den Link *Sprachtools*.

Schritt 2

Auf der damit geladenen Sprachtools-Webseite finden Sie den Bereich *Übersetzen*. Geben Sie hier im Eingabefeld *Text übersetzen* den oder die Begriffe ein, die Sie übersetzt haben möchten.

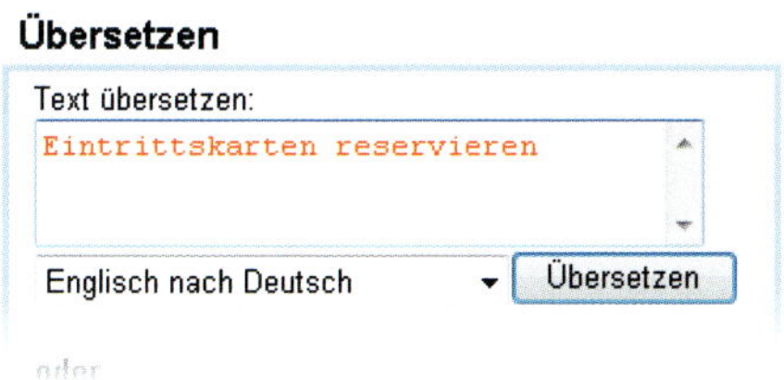

Tipp

Die Sprachtools direkt aufrufen

Sie müssen für die verschiedenen Sprachtools von Google nicht immer den Umweg über das Suchformular machen. Unter der Adresse *http://www.google.de/language_tools* können Sie die Sprachtools-Seite auch direkt aufrufen bzw. diese Adresse als Favoriten anlegen.

Hinweis

Begriffe im Onlinewörterbuch nachschlagen

Neben der Übersetzungshilfe können Sie Google auch als Wörterbuch verwenden. Das bietet sich an, wenn ein Wort verschiedene Bedeutungen haben kann bzw. wenn Sie z. B. von der automatischen Übersetzung eines Wortes nicht überzeugt sind. Im Wörterbuch sehen Sie ggf. weitere mögliche Bedeutungen und Übersetzungen des Begriffs. Klicken Sie dazu auf der Antwortseite der Übersetzen-Funktion oben auf *Wörterbuch*, um diese Rubrik zu öffnen.

Schritt 3

Stellen Sie dann darunter im Auswahlfeld ein, in welche Richtung die Übersetzung gehen soll, also in welcher Sprache der Ausgangsbegriff vorliegt und in welche Sprache er übersetzt werden soll.

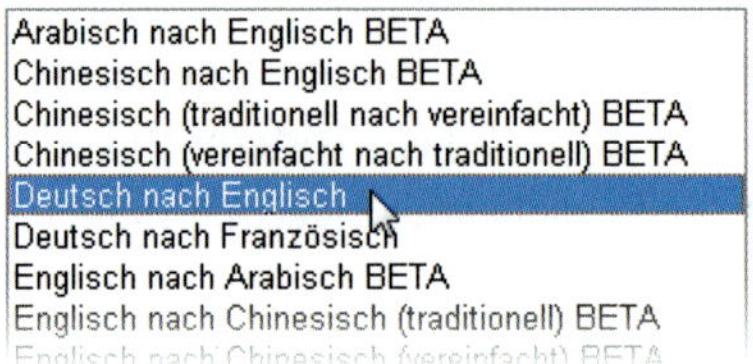

Schritt 4

Klicken Sie dann auf die *Übersetzen*-Schaltfläche, um die Übersetzung zu starten.

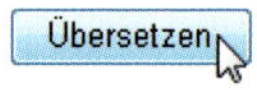

Schritt 5

Nach kurzer Wartezeit erhalten Sie eine neue Webseite im Browser, die das Ergebnis der Übersetzung enthält. Darunter finden Sie gleich wieder den Übersetzungsdialog, sodass Sie gleich eine weitere Anfrage starten können.

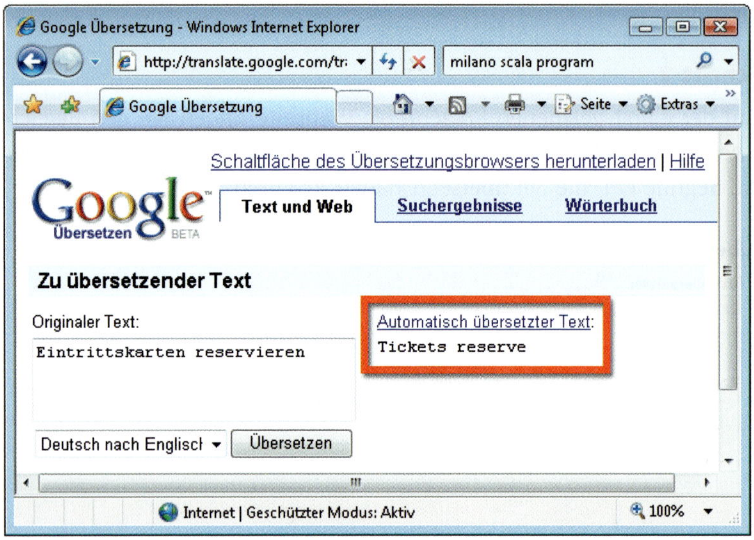

Ausländische Webseiten komplett eindeutschen lassen

Nicht nur wenn Sie beim Suchen auf fremdsprachige Webseiten treffen, können Sie sich die Übersetzungsdienste von Google zunutze machen. Generell lässt sich jede Webseite mit den Google-Sprachtools übersetzen. Sie benötigen dazu lediglich die genaue Adresse der zu übersetzenden Webseite.

Schritt 1

Öffnen Sie zunächst die Webseite, die Sie übersetzen möchten, im Webbrowser.

Schritt 2

Markieren Sie die Adresse der Webseite im Adressfeld, indem Sie mit gedrückter linker Maustaste darüber hinwegziehen. Drücken Sie dann [Strg]+[C], um diese Adresse in die Zwischenablage zu kopieren.

Schritt 3

Öffnen Sie nun die Google-Sprachtools im Webbrowser und lokalisieren Sie hier den Bereich *Übersetzen*.

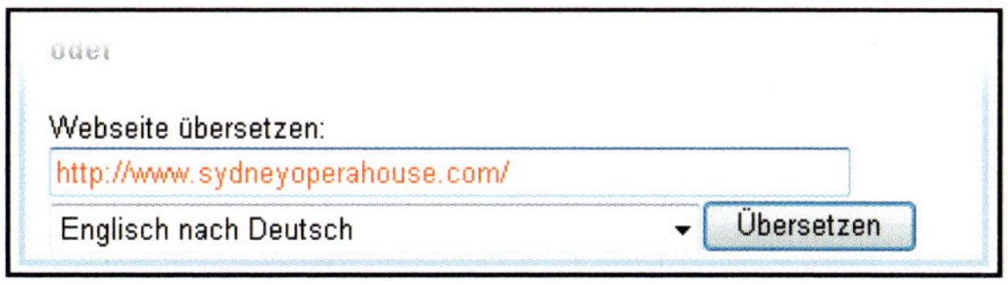

Tipp

Die richtige Webseite zum Übersetzen wählen

Wenn Sie nur eine ganz bestimmte Webseite übersetzt haben wollen, fällt die Wahl nicht schwer. Wollen Sie hingegen ein ganzes fremdsprachiges Webangebot auf Deutsch durchsurfen, sollten Sie am besten die Startseite bzw. eine in der Seitenhierarchie möglichst weit oben angesiedelte Seite auswählen. Von dort aus werden weitere Seiten automatisch übersetzt.

Hinweis

Durch übersetzte Webangebote surfen

Wenn Sie eine Webseite wie beschrieben übersetzen lassen, verändert Google die darin enthaltenen Verweise auf andere Seite automatisch so, dass beim Anklicken dieser Links die entsprechenden Webseiten ebenfalls gleich übersetzt werden. Sie können also nicht nur die Ausgangsseite in Ihrer eigenen Sprache betrachten, sondern das gesamte Webangebot sowie ggf. weiterführende Webseiten.

Tipp

Ungestörtes Surfvergnügen

Wenn Google eine übersetzte Webseite anzeigt, blendet es oben immer einen eigenen Bereich ein. Sollte dieser überflüssig sein oder sogar den Seitenaufbau stören, können Sie ihn mit einem Klick oben rechts auf *Frame entfernen* ausblenden. Sie sehen die Seite wie im Original (nur eben übersetzt) und können auch weiterhin die verknüpften Webseiten übersetzt aufrufen.

Schritt 4

Platzieren Sie den Mauszeiger mit einem einfachen Klick unten im Feld *Webseite übersetzen* und drücken Sie [Strg]+[V], um die zwischengespeicherte Webadresse in dieses Feld einzufügen.

Schritt 5

Wählen Sie dann im Feld darunter ggf. aus, in welcher Sprache die Webseite vorliegt und in welche Sprache sie übersetzt werden soll.

Schritt 6

Klicken Sie dann auf die Schaltfläche *Übersetzen* rechts daneben.

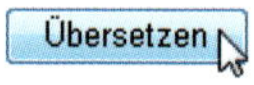

Schritt 7

Nach kurzer Wartezeit präsentiert Ihnen Google dann die übersetzte Version der Webseite. Hier gelten die gleichen Einschränkungen wie beim Übersetzen von Suchergebnissen in Bezug auf grafische Elemente mit Textelementen, die nicht übersetzt werden können.

Mit den Google-Sprachtools können Sie beliebige Webseiten ins Deutsche übersetzen lassen.

Internationale Recherche: Suchen Sie auf fremdsprachigen Webseiten mit deutschen Ergebnissen

Übersetzen lassen kann man nur Webseiten, von denen man weiß. Wie aber finden Sie fremdsprachige Webseiten, auf denen interessante Informationen für Sie stehen? Mit einem weiteren Google-Sprachtool können Sie – ausgehend von einem deutschsprachigen Suchbegriff – auf fremdsprachigen Webseiten suchen und sich die gefundenen Webseiten dann auf Deutsch ansehen.

Schritt 1

Öffnen Sie zunächst die Google-Sprachtools und wechseln Sie dort in die Rubrik *Suchergebnisse*.

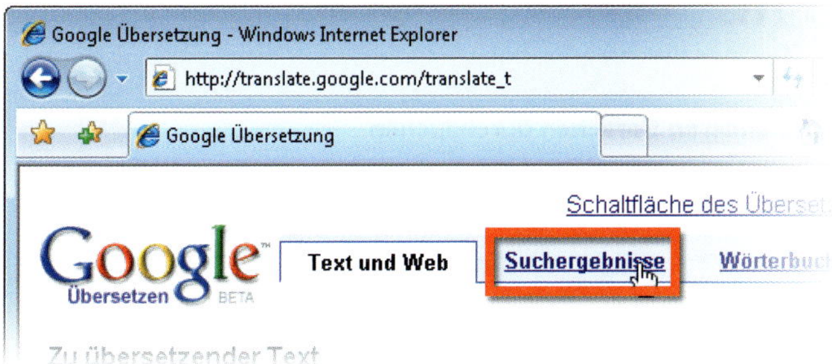

Schritt 2

Geben Sie hier im Feld *Suche nach* den bzw. die Suchbegriffe ein. Verwenden Sie dabei einfach deutsche Wörter. Um die Übersetzung kümmert Google sich ganz automatisch.

Tipp

Den Übersetzungsservice direkt aufrufen

Sie können den Übersetzungsservice von Google auch ohne den umständlichen Umweg über das Suchformular aufrufen. Steuern Sie dazu die Adresse *translate.google.com/translate_s* im Webbrowser an. Bitte beachten Sie: In diesem Fall muss es google*.com* und nicht google*.de* heißen.

Tipp

Den übersetzten Suchbegriff kontrollieren

Ganz oben über der Ergebnisliste sehen Sie wieder das Suchformular, wo jetzt aber rechts neben dem Eingabefeld bei *Übersetzt in* nachzulesen ist, wie Google Ihren Suchbegriff übersetzt hat. Hier können Sie ggf. kontrollieren, ob diese Übersetzung korrekt ist. Wenn nicht, können Sie mit *Nicht ganz richtig? Bearbeiten* nachhelfen.

Schritt 3

Wählen Sie dann Ihre Sprache aus. In diese Sprache werden die gefundenen Webseiten übersetzt.

Schritt 4

Wählen Sie rechts daneben die Sprache aus, in der Sie Webseiten durchsuchen wollen. In diese Sprache wird Google auch den oben angegebenen Suchbegriff übersetzen.

Schritt 5

Klicken Sie dann darunter auf die Schaltfläche *Suche*.

Schritt 6

Google sucht dann nach dem übersetzten Suchbegriff in der gewählten Suchsprache. Die Ergebnisse werden aufbereitet und Ihnen sowohl in der Suchsprache (rechts) als auch in Ihrer eigenen Sprache (links) präsentiert. So können Sie Original und Übersetzung vergleichen.

Schritt 7

Wenn Sie auf eine der übersetzten Fundstellen klicken, wird diese ebenfalls in Ihre Sprache übersetzt, geöffnet und angezeigt.

Tipp

Nur die übersetzten Webseiten anzeigen

Wenn Sie die doppelte Anzeige der gefundenen Webseiten stört und Sie mit dem Original ohnehin nichts anfangen wollen, können Sie die Anzeige der fremdsprachigen Seiten in der rechten Hälfte vermeiden. Klicken Sie dazu oben auf *Englische Ergebnisse ausblenden*. Sie sehen dann nur die übersetzten Suchergebnisse, ganz genau wie bei einer herkömmlichen Google-Websuche.

9

Wo ist denn nur meine Datei? – Mit Google auch auf dem eigenen PC alles schnell wiederfinden

Installieren Sie die Google Desktop Suche auf Ihrem PC

Mit der Google Desktop Suche können Sie die Suchfunktionen von Google auf Ihren eigenen PC übertragen. So können Sie Ihre eigenen Dateien und Dokumente erfassen lassen und bei Bedarf in Sekundenschnelle wieder aufstöbern. Dazu können Sie sowohl nach Dateinamen als auch nach Dokumentinhalten oder den Eigenschaften von Multimediadateien suchen.

Die Google Desktop Search herunterladen

Um die Google Desktop Suche auf Ihrem PC einrichten zu können, müssen Sie die Installationsdatei herunterladen.

Schritt 1

Öffnen Sie die Google-Startseite unter *www.google.de*.

Schritt 2

Klicken Sie hier unterhalb des Suchfeldes auf den Link *Über Google*.

Info

Keine Angst vorm Datenklau

Die Desktop-Suche wird lokal auf Ihrem PC installiert und speichert die erfassten Daten auch nur lokal. Sie öffnen Ihre Festplatte also nicht für Google und alle dessen Nutzer. Der Datenbestand verlässt Ihren PC nicht und nur Sie selbst können ihn durchsuchen und auf die gefundenen Dokumente zugreifen. Sie brauchen sich also keine Sorgen wegen vertraulicher Dokumente zu machen.

Info

So funktioniert die Google Desktop Suche

Mit der Desktop-Suche will Google die vertrauten Suchfunktionen vom Web auf den einzelnen PC übertragen. Dazu werden anstelle des Internets die Dateien auf Ihrem PC erfasst und analysiert. Daraus erstellt die Desktop-Suche eine Datenbank, die jederzeit sekundenschnelle Abfragen erlaubt. Das Erfassen beschränkt sich nicht auf äußere Eigenschaften wie Dateinamen, sondern auch die Inhalte werden - soweit möglich - gespeichert. Das ermöglicht Volltextsuchen anhand des Dokumentinhalts.

Schritt 3

Klicken Sie auf der anschließenden Webseite in der mittleren Liste *Unsere Suche* auf den Eintrag *Google-Services*.

Schritt 4

Hier finden Sie gleich zu Beginn eine ausführliche Beschreibung der Google Desktop Suche und darunter den Link *Google Desktop Search installieren*. Der führt Sie zu den eigentlichen Seiten zum Herunterladen der Google Desktop-Programme.

Schritt 5

Klicken Sie hier auf die *Download*-Schaltfläche und bestätigen Sie im nächsten Schritt die Nutzungsbedingungen mit einem Klick auf die Schaltfläche *Zustimmung und Installation* unten links.

Schritt 6

Im anschließenden Dateidownload-Dialog klicken Sie auf *Speichern* und geben dann einen Ordner an, in dem die Datei *GoogleDesktopSetup.exe* abgelegt werden soll. Unter Vista wird z. B. automatisch der *Download*-Ordner hierfür vorgeschlagen.

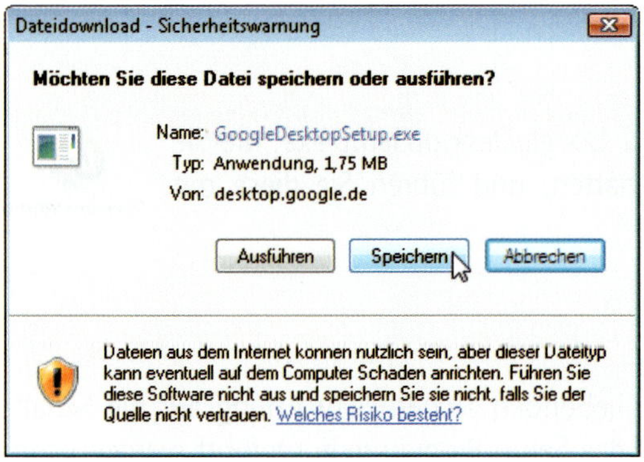

Schritt 7

Der Internet Explorer lädt nun die Installationsdatei herunter und speichert sie wie angegeben. Den Verlauf können Sie anhand des Fortschrittsbalkens verfolgen.

Schritt 8

Steht oben die Meldung *Download abgeschlossen*, wurde die Datei vollständig übertragen und gespeichert. Klicken Sie dann unten rechts, um den Dialog zu schließen.

Hinweis

Sicherheitswarnungen und Rückfragen

Beim Herunterladen und Installieren sind Warnhinweise und Sicherheitsrückfragen reine Vorsichtsmaßnahmen und nicht ungewöhnlich. Solange Sie die Installationsdatei direkt bei Google heruntergeladen haben, brauchen Sie sich dabei nichts zu denken und können die entsprechenden Dialoge bedenkenlos bestätigen.

Die Google Desktop Suche installieren

Haben Sie die Installationsdatei für die Google Desktop Suche heruntergeladen, können Sie sie jederzeit installieren. Dabei richtet ein Assistent alle Dateien, Verknüpfungen und Voreinstellungen ein, sodass Sie die Desktop-Suche anschließend benutzen können.

Info

Was „kostet" die Desktop-Suche?

Das Programm für die Google Desktop Suche ist kostenlos. Allerdings „kostet" Sie die Desktop-Suche einiges an Speicherplatz, die das Programm für seine Datenbank benötigt. Je mehr Dateien, desto mehr Speicherplatz ist erforderlich. Außerdem läuft die Desktop-Suche ständig im Hintergrund mit und protokolliert alle Dateizugriffe. Das kann gerade auf älteren PCs die Systemleistung spürbar beeinträchtigen. Auf durchschnittlichen PCs ist das aber kein Problem.

Schritt 1

Lokalisieren Sie die Datei *GoogleDesktopSetup.exe*, die Sie zuvor heruntergeladen hatten, und führen Sie diese mit einem Doppelklick aus.

Schritt 2

Klicken Sie in der anschließenden Sicherheitswarnung auf die Schaltfläche *Ausführen*, damit das Setup-Programm ausgeführt werden kann.

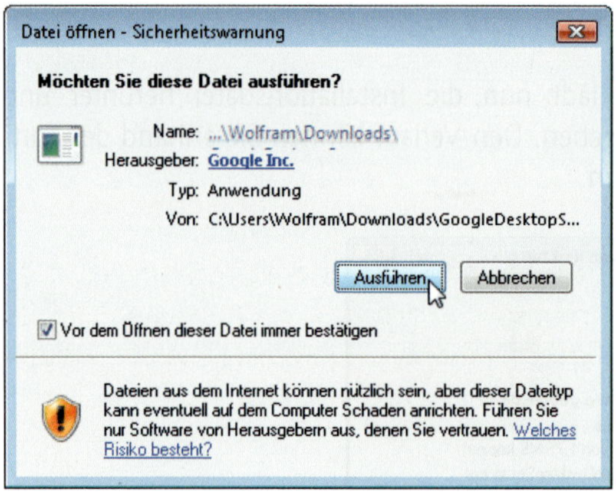

Schritt 3

Anschließend meldet sich bei Vista ggf. noch die Benutzerkontensteuerung zu Wort und will ebenfalls eine Bestätigung. Klicken Sie hier auf *Fortsetzen*.

Schritt 4

Damit nimmt das Installationsprogramm seine Arbeit auf. Es braucht ein Weilchen, um alle notwendigen Schritte zu erledigen. Warten Sie solange ab und beobachten Sie den Fortschrittsbalken. Eigene Eingriffe sind während dieser Phase nicht erforderlich.

Grundlegende Einstellungen

Nach der Installation müssen einige wenige grundlegende Einstellungen vorgenommen werden. Das Programm startet dazu einen Assistenten im Webbrowser, der Sie durch diese Schritte führt.

Schritt 1

Zunächst können Sie festlegen, ob Sie Google als Standardsuche im Internet Explorer verwenden wollen. Falls nicht, entfernen Sie das Häkchen bei dieser Option. Klicken Sie dann unten auf die Schaltfläche *Einstellungen vornehmen und fortfahren*.

Glossar

Desktop

Englisches Wort für „Schreibtisch", wird als Bezeichnung für den Arbeitsplatz am Computer verwendet. Er bezieht sich im Allgemeinen auf die sichtbare Arbeitsoberfläche, also das, was am Bildschirm zu sehen ist. Bei der Desktop-Suche meint der Begriff den lokalen PC im Gegensatz zum weltweiten Internet, das üblicherweise mit Google durchsucht wird.

Glossar

HTTP

Das **H**yper**T**ext **T**ransfer **P**rotocol regelt den Datenaustausch zwischen Webserver und Webbrowser. Webadressen beginnen deshalb häufig mit dem Kürzel *http://...* Bei den heutigen Webbrowsern können Sie darauf übrigens fast immer verzichten und nur die eigentliche Adresse eines Webangebots eingeben. Den Rest ergänzt der Browser dann von ganz allein.

Schritt 2

Im zweiten Schritt können Sie Ihre Google-Startseite personalisieren. Dies hat mit der Desktop-Suche nichts zu tun und Sie können das bei Bedarf auch jederzeit nachholen. Klicken Sie deshalb am besten unten rechts auf *Nein, meine Startseite nicht personalisieren.*

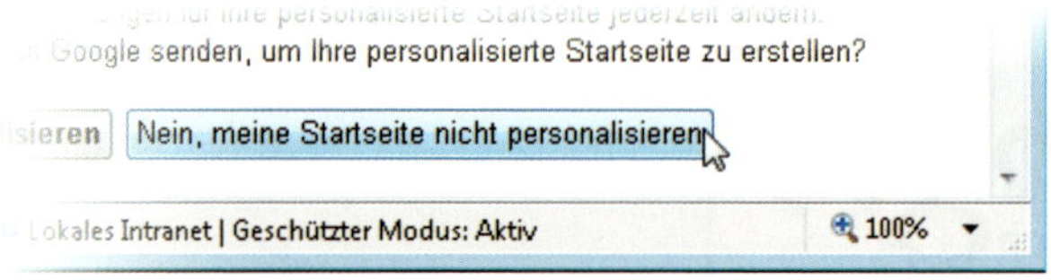

Schritt 3

Ein wichtiger Schritt folgt dann, wenn es um die erweiterten Funktionen geht. Beachten Sie hier die Ausführungen und entscheiden Sie sich dann, ob Sie diese Funktionen nutzen wollen oder lieber nicht.

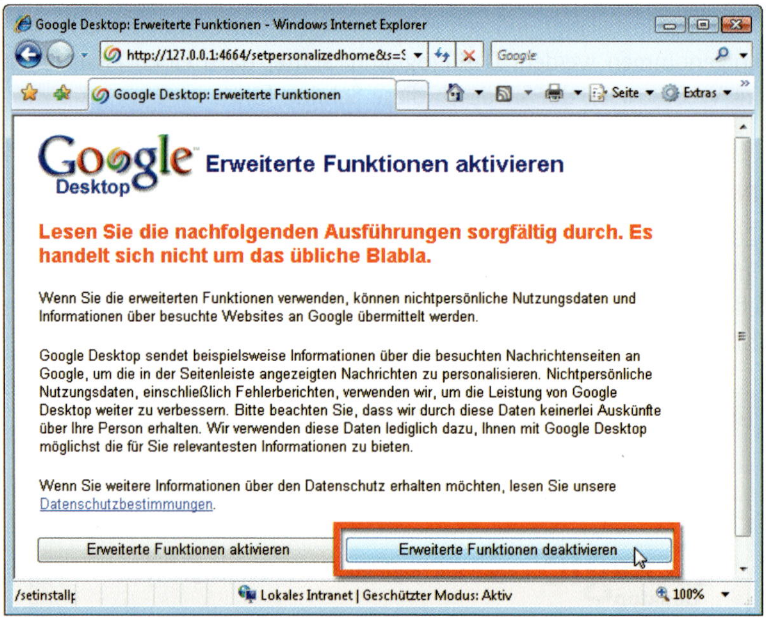

Info

Die erweiterten Funktionen des Google Desktop

Die Google Desktop-Programme bieten erweiterte Funktionen an, für die allerdings Daten Ihrer Benutzung an die Google-Server übermittelt werden müssen. Deshalb lässt Google Ihnen ausdrücklich die Wahl, ob Sie solche Daten übermitteln und diese Funktionen nutzen wollen oder ob Sie lieber auf dem Schutz Ihrer Daten bestehen und dafür auf die Zusatzfunktionen verzichten. Die Desktop-Suche können Sie auch so benutzen.

Schritt 4

Schließlich öffnet der Assistent im Internet Explorer die Startseite der Google Desktop Suche. Auch wenn es auf den ersten Blick so aussehen könnte: Dies ist nicht das übliche Google-Suchfenster, sondern eine spezielle Variante, die lokal auf Ihrem PC installiert ist.

Nach der Installation und ab nun nach jedem Start Ihres PCs finden Sie unten rechts im Infobereich der Startleiste ein Symbol für die Desktop-Suche vor. Hiermit nutzen Sie die Suchfunktionen und haben Zugriff auf die Einstellungen der Suche. Wie Sie die verschiedenen Funktionen effektiv einsetzen, zeigen Ihnen die weiteren Abschnitte dieses Kapitels.

Hinweis

Einmalige Indizierung in Bearbeitung

Nach der Installation sehen Sie ggf. die Meldung *Einmalige Indizierung in Bearbeitung* sowie weitere Informationen. Die Desktop-Suche muss Ihren Datenbestand zu Beginn einmal vollständig erfassen. Währenddessen können Sie die Suche noch nicht vollständig nutzen. Später werden Änderungen und neue Dokumente dann laufend im Hintergrund erfasst.

Schnelleinstieg: So finden Sie wichtige Dateien schnell wieder

Ist die Desktop-Suche einmal installiert und eingerichtet, können Sie Ihren PC jederzeit genauso leicht durchsuchen wie das Web. Der einfachste Fall dabei sind Dateien, bei denen Sie sich an den Namen oder zumindest einen Teil des Namens erinnern können.

Schritt 1

Doppelklicken Sie auf das *Google Desktop*-Symbol rechts unten im Infobereich der Startleiste, um das Suchformular für die Desktop-Suche zu öffnen.

Schritt 2

Dadurch starten Sie den Webbrowser und darin das Suchformular. Dieses ist absichtlich dem Standardsuchformular für die Google-Websuche nachempfunden.

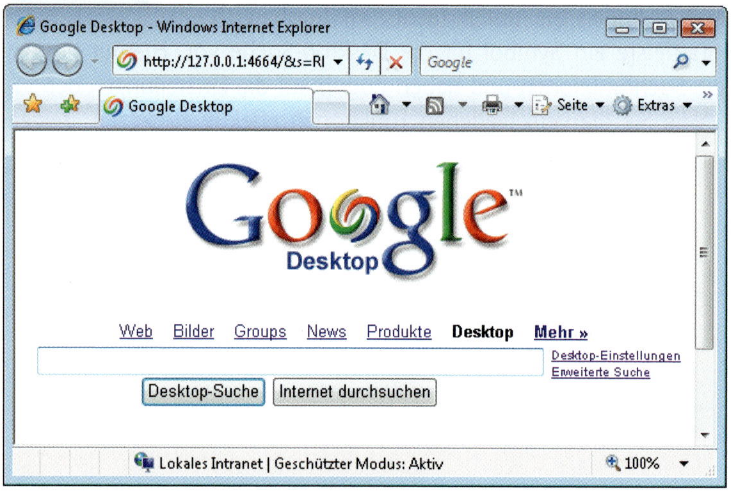

Tipp

Websuche aus der Desktop-Suche heraus

Sie können aus dem Formular für die Desktop-Suche heraus auch Internetsuchen durchführen. Dazu können Sie das Eingabefeld wie ein einfaches Google-Suchformular verwenden und Ihren – beliebig komplexen – Suchbegriff darin eintippen. Wichtig: Klicken Sie dann auf die Schaltfläche *Internet durchsuchen*. Auch die Links oberhalb des Eingabefeldes wie z. B. *Bilder* und *News* sind voll funktionstüchtig und bringen Sie direkt zu den entsprechenden Spezialsuchen von Google.

Schritt 3

Tippen Sie im Eingabefeld den Namen der Datei ein. Kennen Sie den Namen nicht mehr vollständig, reicht auch der Teil, den Sie noch sicher wissen.

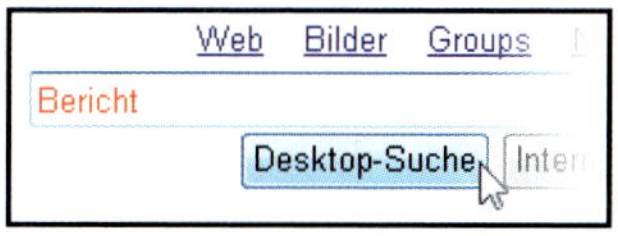

Schritt 4

Drücken Sie dann [Enter] oder klicken Sie auf die *Desktop-Suche*-Schaltfläche, um die Suche durchzuführen.

Schritt 5

Wenige Augenblicke später erhalten Sie eine neue Webseite mit den Suchergebnissen. Um eine der Dateien zu öffnen, klicken Sie wie bei den Ergebnissen der Websuche auch auf die Überschrift des jeweiligen Eintrags.

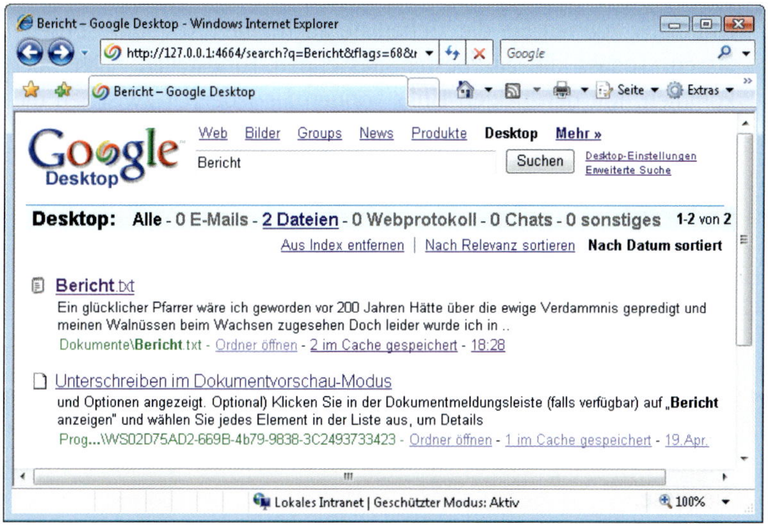

Die Ergebnisse der Dateisuche optimal auswerten

Wie auch bei der Websuche stellt Ihnen die Desktop-Suche neben dem eigentlichen Ergebnis weitere Informationen zur Verfügung und bietet zusätzliche Funktionen, z. B. zum Sortieren der Ergebnisse.

Info

Fundstellen aus dem Index entfernen

Unterhalb der Statuszeile können Sie erfasste Dokumente aus dem Suchindex entfernen lassen. Das ist z. B. sinnvoll, wenn Google ein Dokument noch im Index verzeichnet, obwohl Sie die Datei schon gelöscht haben, oder wenn Sie bei bestimmten Dokumenten einfach nicht möchten, dass diese gefunden werden können. Mit einem Klick auf *Aus Index entfernen* öffnen Sie ein Formular, in dem Sie die zu wählenden Dokumente auswählen. Wichtig: Es wird nur im Google-Index gelöscht, nicht die Dateien selbst!

Tipp

Dateivorschau im Webbrowser

Wenn Sie den Mauszeiger auf die kurze Zusammenfassung zu einem Treffer bewegen, erscheint dort meist der Text *Für Vorschau anklicken*. Dann brauchen Sie nur irgendwo auf den Text zu klicken, um eine Vorschau auf den Inhalt des Dokuments direkt in die Ergebnisliste einzublenden. Ein erneuter Klick blendet die Vorschau wieder aus.

- Oben in der Ergebnisseite finden Sie zunächst auch wieder eine Statusleiste. Sie verrät Ihnen die Gesamtzahl der gefundenen Dateien. Dabei wird aber auch eine Unterteilung in die Bereiche E-Mails, Dateien, Weblog, Chats und sonstiges vorgenommen. Alle Rubriken, in denen Treffer vorhanden sind, können Sie anklicken. Sie erhalten dann eine Liste der Treffer nur aus dieser Rubrik. So können Sie auch umfangreiche Trefferlisten schnell strukturieren.

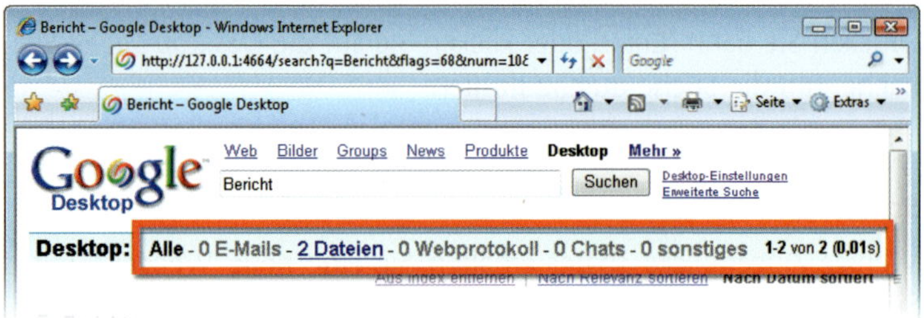

- Standardmäßig sortiert die Desktop-Suche die Ergebnisse anhand des Datums, sodass die aktuellsten Dokumente ganz oben stehen. Alternativ können Sie die Trefferliste auch *Nach Relevanz sortieren* lassen, sodass die am besten passenden Fundstellen nach oben kommen. Mit den beiden Links können Sie jederzeit zwischen diesen beiden Varianten beim Sortieren hin und her wechseln.

- Zu gefundenen Dateien erfahren Sie neben dem vollständigen Namen auch den Ordner, in dem sie gespeichert sind, sowie das Datum der letzten Änderung. Mit einem Klick auf den Namen der Datei öffnen Sie diese.

- Mit *Ordner öffnen* können Sie anstelle der Datei selbst den Ordner aufrufen, in dem sich diese Datei befindet. Er wird dann im Windows-Explorer angezeigt.

Dokumente mithilfe der Volltextsuche jederzeit schnell und einfach aufspüren

Mit der Google Desktop Suche können Sie Dateien nicht nur anhand des Namens wiederfinden. Bei der Volltextsuche reicht es, wenn Sie sich an einen bestimmten Teil des Inhalts wie z. B. eine Überschrift, einen Namen oder eine Formulierung erinnern. Die Desktop-Suche liefert Ihnen dann alle Dokumente, die diesen Text beinhalten. Dabei lässt sich eine Volltextsuche genauso leicht wie eine Suche nach Dateinamen durchführen.

Schritt 1

Öffnen Sie das Suchformular der Google Desktop Suche.

Schritt 2

Geben Sie im Suchfeld den Text ein, den das gesuchte Dokument beinhalten soll. Sie können hier einfach verschiedene Wörter aneinanderreihen, die an verschiedenen Stellen des Dokuments stehen müssten.

Schritt 3

Drücken Sie dann [Enter] bzw. klicken Sie auf die *Desktop-Suche*-Schaltfläche.

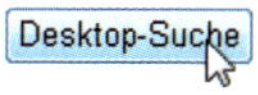

Info

Volltextsuche

Für die Volltextsuche erfasst Google nicht nur formale Informationen über Ihre Dateien, sondern auch den Inhalt selbst. Bei Textdokumenten also das, was im Dokument steht. Bei anderen Arten von Dateien wie z. B. Bildern oder Musikstücken erfasst Google alle verfügbaren textuellen Informationen wie z. B. den Titel eines Musikstücks, den Künstler oder bei Bildern den Urheber, Beschreibungen oder Kommentare. Zu Ihrem Suchbegriff werden dann alle Dateien gefunden, die diesen Text irgendwo enthalten.

Tipp

Phrasensuche bei der Volltextrecherche

Je nach Umfang Ihres Dateibestands kann es schwierig sein, Suchbegriffe zu finden, die wirklich nur im gesuchten Dokument vorkommen. Wenn Sie sich hingegen genau an eine bestimmte Formulierung oder Bezeichnung erinnern, die in diesem Dokument enthalten ist, können Sie diese in Anführungszeichen als Phrase für die Suche verwenden und so sehr präzise Ergebnisse erreichen.

Schritt 4

Nach kurzer Zeit präsentiert Ihnen die Desktop-Suche die Ergebnisse. War der Suchbegriff sehr spezifisch, sollte die Liste idealerweise nur ein Dokument umfassen. Andernfalls können Sie je nach Umfang der Trefferliste das richtige Dokument heraussuchen oder aber durch Ergänzen der Suchanfrage die Suche weiter einschränken.

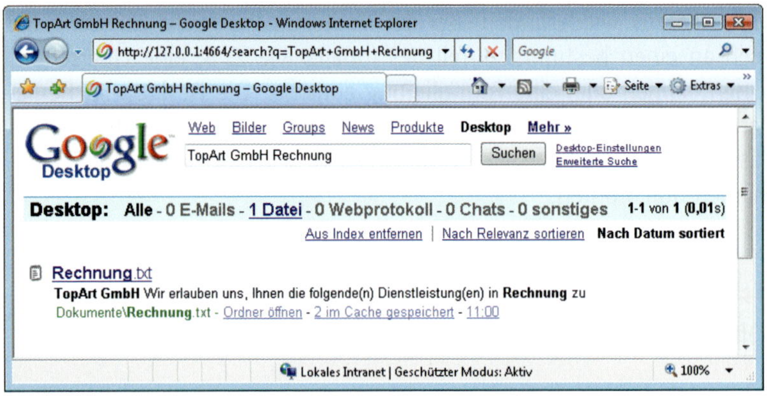

Schritt 5

Sollten Sie mehrere sehr ähnliche Dokumente vorfinden, helfen Ihnen die zusätzlichen Angaben sowie der Auszug aus dem Inhalt ggf., sich für das richtige zu entscheiden. Andernfalls können Sie eine ausführlichere Vorschau abrufen, indem Sie mit der linken Maustaste einfach auf den Textauszug klicken.

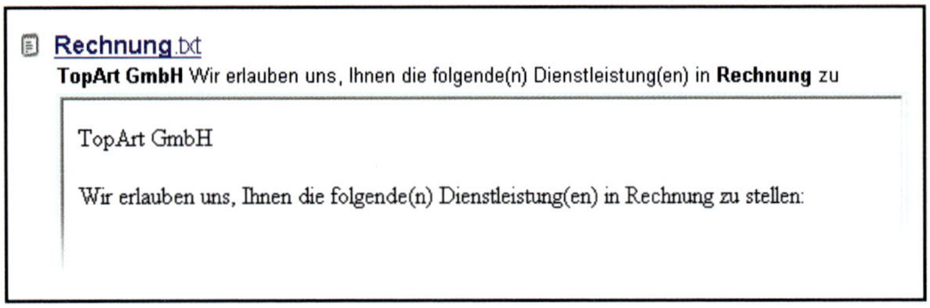

Mediensuchmaschine: mit der Desktop-Suche Bilder, Videos und Musik ganz nach Stimmung finden

Die Desktop-Suche kann auch Mediendateien wie Bilder, Musik oder Videos lokalisieren. Dazu erfasst sie alle Textinformationen, die solche Dateien umfassen. Nach diesen Begriffen können Sie dementsprechend suchen. So lassen sich Musikdateien z. B. aufstöbern, wenn Sie den Titel eines Stücks bzw. eines Albums oder eben den Interpreten als Suchbegriff verwenden.

Schritt 1

Öffnen Sie das Suchformular der Desktop-Suche.

Schritt 2

Um z. B. Musikstücke eines bestimmten Interpreten zu finden, geben Sie dessen Namen in das Eingabefeld ein.

Schritt 3

Drücken Sie dann [Enter] bzw. klicken Sie auf die Schaltfläche *Desktop-Suche*.

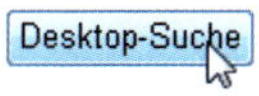

Info

Was kann Google in Bildern, Musik und Videos finden?

Den eigentlichen Inhalt eines Bildes oder Musikstücks kann die Desktop-Suche selbstverständlich nicht erfassen. Aber solche Dateien enthalten daneben meist eine Reihe von Angaben in Textform, wie den Titel, den Interpreten oder Urheber, das Genre, Kommentare, Kategorien etc. All diese Informationen können Sie in den Eigenschaften einer Datei einsehen und bearbeiten. Google nimmt diese Informationen in seine Datenbank auf und berücksichtigt sie bei entsprechenden Suchanfragen.

Schritt 4

Die Desktop-Suche präsentiert Ihnen dann eine Liste aller Dateien, die diesen Namen beinhalten. Dies sollten im Wesentlichen die Musikstücke dieses Künstlers ein. Diese erkennen Sie am Notensymbol ganz links vor dem Eintrag.

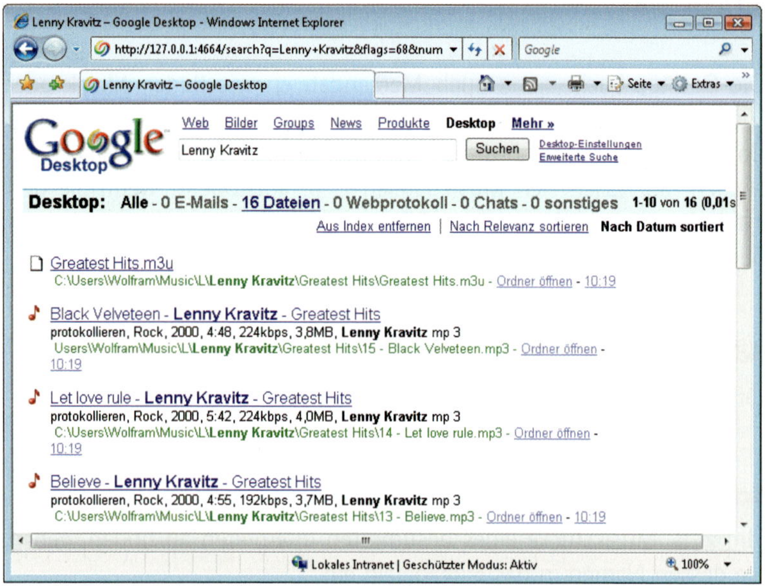

- Die Titelzeile jedes Eintrags zu einem Musikstück enthält den Namen des Stücks, den Interpreten und den Titel des Albums.
- In der Zeile darunter finden Sie das Genre, das Veröffentlichungsjahr, die Dauer des Stücks, die Aufnahmequalität und die Dateigröße.
- Die unterste Zeile enthält den kompletten Pfad zur eigentlichen Datei.

Mit einem Klick auf die Titelzeile können Sie wie üblich das Musikstück direkt zum Abspielen öffnen. Außerdem finden Sie auch hier den Link *Ordner öffnen*, mit dem Sie das Verzeichnis im Windows-Explorer öffnen, in dem diese Datei gespeichert ist. Hier finden Sie ggf. noch weitere Dateien des gleichen Albums bzw. Künstlers.

Hinweis

Nicht alle Angaben vorhanden?

Die Desktop-Suche kann nur die Informationen anzeigen, die zu dieser Datei gespeichert sind. Sind diese unvollständig, lässt Google sie einfach weg.

Tipp

Ein Album komplett abspielen

Um alle Titel eines Albums abzuspielen, suchen Sie nach einer passenden m3u-Datei. Sie enthält eine Liste aller Titel in der richtigen Reihenfolge.

Rock, Jazz oder Klassik? – Finden Sie Musikstücke zum Genre Ihrer Wahl

Wie im vorangegangenen Abschnitt schon erwähnt, können Sie eben nicht nur nach Namen von Musikstücken, Alben oder Interpreten suchen. Auch die für Musik nicht unwesentliche Angabe des Genres ist – soweit vorhanden – in der Datenbank der Google Desktop Suche vermerkt. Wenn Ihnen z. B. der Sinn nach Klassik steht, können Sie sich also ganz leicht eine Liste entsprechender Stücke liefern lassen.

Schritt 1

Öffnen Sie das Suchformular der Desktop-Suche.

Schritt 2

Tippen Sie im Eingabefeld die Bezeichnung des Genres an. Verwenden Sie hierzu genau die Bezeichnung, wie sie in Ihren Musikstücken verwendet wird. Achten Sie insbesondere auf die richtige deutsche oder englische Schreibweise.

Schritt 3

Drücken Sie dann [Enter] bzw. klicken Sie auf die Schaltfläche *Desktop-Suche*.

Info

Genre-Informationen zu Musikstücken

Musikstücke, die z. B. in MP3-Dateien gespeichert sind, enthalten meist eine Genre-Angabe wie Rock, Jazz oder Klassik, anhand derer sie sich zuordnen lassen. Google wertet diese Angabe – soweit vorhanden – aus. Beim Suchen nach dem Genre müssen Sie auf die Schreibweise achten. Rock und Jazz sind unproblematisch, aber z. B. für Klassik wird häufig die englischsprachige Genrebezeichnung „Classical" verwendet. Am besten werfen Sie einmal einen Blick in die Eigenschaften einer solchen Musikdatei.

Tipp

Alle gefundenen Musikstücke abspielen

Leider ist die Desktop-Suche nur begrenzt hilfreich, wenn Sie alle gefundenen Musikstücke abspielen wollen. Befinden sich alle Dateien in einem Verzeichnis, können Sie dieses mit *Ordner öffnen* aufrufen, alles auswählen und abspielen. Ansonsten eignet sich für eine solch speziellen Musiksuche der Windows Media Player mit seiner Medienbibliothek besser.

Schritt 4

Die Google Desktop Suche präsentiert Ihnen dann eine Liste aller erfassten Musikdateien, die zu diesem Genre gehören.

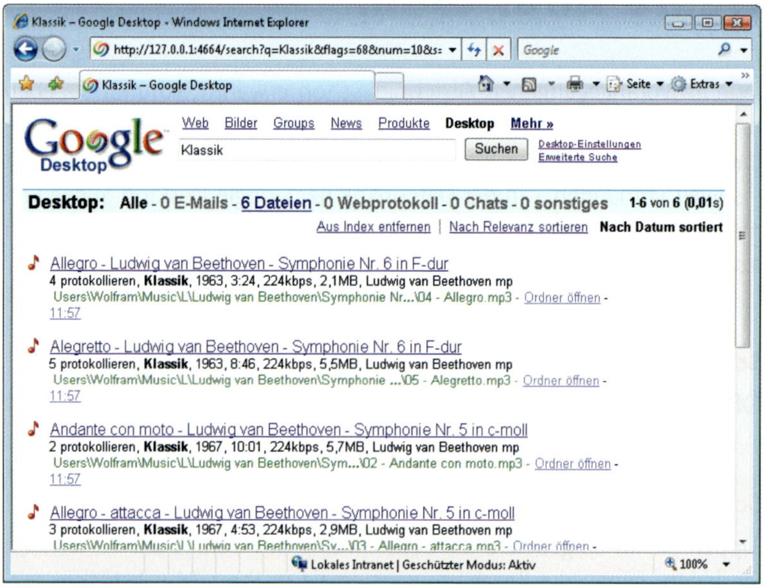

Mit der Google Desktop Suche finden Sie alle Musikstücke eines Genres im Handumdrehen.

Danach können Sie bei Musik suchen

- Interpret bzw. Komponist
- Titel eines Musikstücks
- Titel eines Albums
- Genre
- Dateiname

Passende Bilder für jede Gelegenheit schnell finden

Haben Sie eine Sammlung Ihrer Digitalfotos als Bildersammlung auf dem PC gespeichert, ist die Google Desktop Suche eine gute Möglichkeit, diese Dateien schnell durchsuchen zu können. Wenn Sie z. B. für eine besondere Gelegenheit ein bestimmtes Motiv benötigen, liefert Ihnen die Suche schnell Bilder, die dafür geeignet sein könnten.

Schritt 1

Öffnen Sie das Suchformular der Desktop-Suche.

Schritt 2

Geben Sie im Eingabefeld den oder die Suchbegriffe ein, die das gesuchte Motiv beschreiben. Beschränken Sie sich dabei am besten auf ein oder zwei Wörter, da die Textinformationen zu Bildern meist knapp und präzise sind bzw. nur aus Schlüsselwörtern bestehen.

Schritt 3

Drücken Sie dann [Enter] bzw. klicken Sie auf die Schaltfläche *Desktop-Suche*.

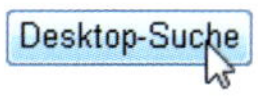

Schritt 4

Die Desktop-Suche präsentiert Ihnen dann eine Liste aller Dateien, in denen dieser Suchbegriff enthalten ist. Das müssen nicht nur Bilder sein. Die Bilddateien erkennen Sie aber an dem Bildsymbol ganz links vor jedem Eintrag. Außerdem sehen Sie bei Bildern (und Videos) ganz rechts eine kleine Vorschau auf den Inhalt.

Tipp

Wirklich nur Bilder finden

Die Desktop-Suche kennt keine ausschließliche Suche nach Musikstücken, Bildern oder Videos. Es hängt immer von der Formulierung des Suchbegriffs ab, welche Arten von Dateien gefunden werden. Wenn Ihre Bilder alle als JPEG-Dateien vorliegen, können Sie z. B. dieses Kürzel mit in den Suchbegriff aufnehmen. Textdokumente, die den Hauptsuchbegriff beinhalten, werden so nicht gefunden. Bilddateien mit dem Suchbegriff werden aufgrund der Dateiendung *.jpg* aber als Treffer erkannt.

Tipp

Bilder optimal durchsuchbar machen

Bis auf den Dateinamen werden die Textinformationen zu Bildern nicht automatisch erstellt. Sie sollten Ihre Bildersammlung deshalb selbst mit Schlüsselwörtern oder Titeln versehen, um sie gut durchsuchbar zu machen. Das geht direkt in den Dateieigenschaften der Bilder oder mit speziellen Programmen. Unter Windows Vista leistet die Fotogalerie dabei gute Dienste.

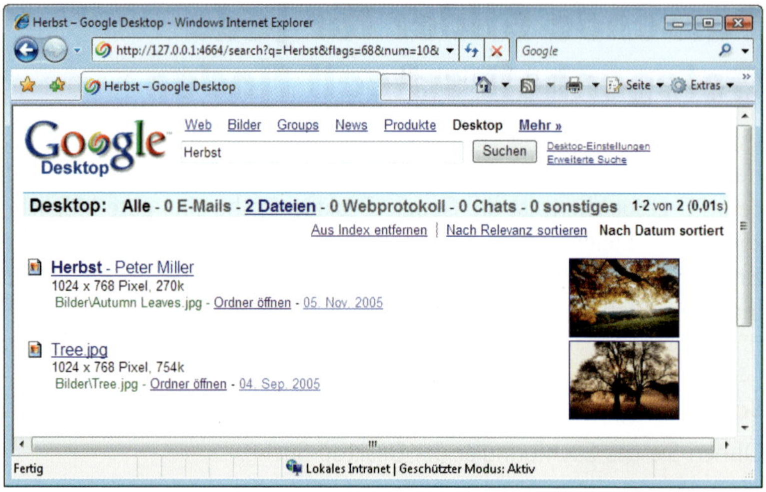

Zu Bilddateien finden Sie neben dem Titel ggf. den Namen des Fotografen bzw. Urhebers vor. Außerdem verrät die Liste die Größe bzw. Auflösung des Bildes und die Größe der Datei.

Danach können Sie bei Bildern suchen

- Titel des Bildes
- Fotograf bzw. Urheber
- Stichwörter bzw. Markierungen in der Bilddatei
- Dateiname der Bilddatei

Den Wunschfilm für den Heimkinoabend ruck, zuck aus dem Archiv holen

Auch Videodateien können – ähnlich wie Musikclips und Bilder – neben ihrem eigentlichen Inhalt Textinformationen enthalten. Diese sind über die Google Desktop Suche zugänglich, sodass Sie auch bei einem umfangreicheren Videoarchiv jeden Film ganz schnell finden und abspielen können.

Schritt 1

Öffnen Sie das Suchformular der Desktop-Suche.

Schritt 2

Geben Sie im Eingabefeld den oder die Suchbegriffe ein, die das gesuchte Motiv beschreiben. Beschränken Sie sich dabei am besten auf ein oder zwei Wörter, da die Textinformationen zu Videos meist knapp und präzise sind bzw. nur aus Schlüsselwörtern bestehen.

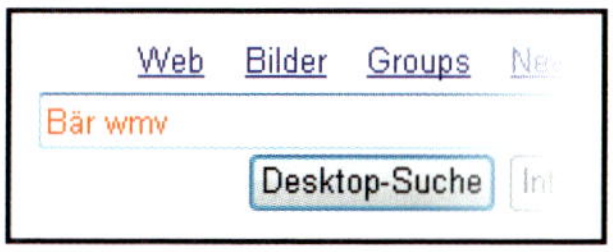

Schritt 3

Drücken Sie dann [Enter] bzw. klicken Sie auf die Schaltfläche *Desktop-Suche*.

Schritt 4

Die Desktop-Suche präsentiert Ihnen dann eine Liste aller Dateien, in denen dieser Suchbegriff enthalten ist. Videos erkennen Sie hier an dem Filmstreifen-Symbol ganz links vor jedem Eintrag. Außerdem sind auch sie genau wie Bilder mit einem Vorschaubild versehen, das Sie rechts vom Eintrag finden.

Tipp

Nur Videodateien finden

Auch bei der Suche nach Videos können Sie nachhelfen, damit die Desktop-Suche wirklich nur Videos und nicht beliebige andere Dateien mit dem Suchbegriff findet. Das ist besonders bei allgemeinen Suchbegriffen sinnvoll, die so auch in Textdokumenten oder E-Mails stehen könnten. Ergänzen Sie dazu die Dateiendung der gesuchten Datei, also z. B. AVI, MPG bzw. MPEG oder WMV.

Info

Die Datenrate bei Videos

Die Datenrate verrät, wie gut die Bild- und Tonqualität eines Videos ist. Sie gibt an, wie viel Speicher pro Sekunde Film verwendet wird. Je mehr Speicher zur Verfügung steht, desto mehr Informationen können pro Sekunde Film gespeichert werden und desto besser ist die Qualität. Bei niedrigeren Speicherraten müssen die vorhandenen Bild- und Toninformationen komprimiert werden, was die Qualität verringert.

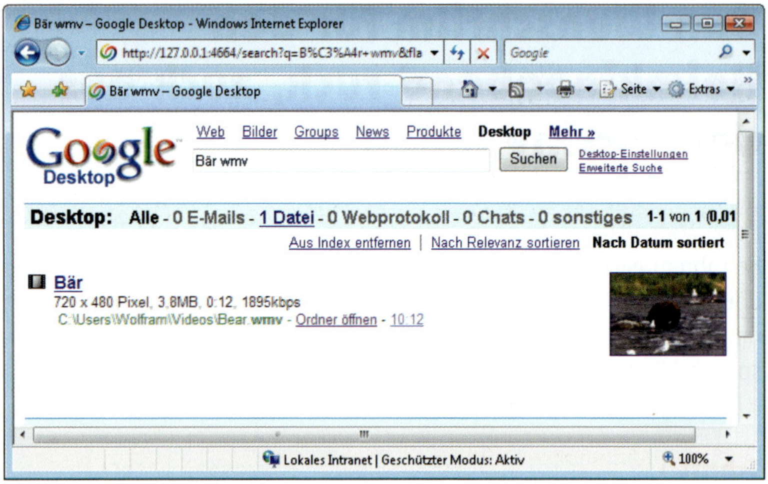

Zu gefundenen Videos können Sie neben dem Titel die Bildauflösung und die Größe der Datei ablesen. Außerdem verrät der Eintrag die Spieldauer und die Qualität in Form der Datenrate.

Danach können Sie bei Videos suchen

- Titel des Videos
- Interpreten (z. B. bei Musikvideos)
- Genre
- Dateiname

Ihr persönlicher E-Mail-Sekretär: So geht keine Nachricht mehr verloren

Neben Dateien im klassischen Sinn kann die Google Desktop Suche auch Ihre E-Mail-Korrespondenz erfassen, wenn Sie eines der hierfür geeigneten E-Mail-Programme verwenden. Google indiziert dann laufend Ihre E-Mail-Nachrichten. Mit einem passenden Suchbegriff können Sie z. B. Nachrichten zu einem bestimmten Thema oder von einem bestimmten Absender finden.

Schritt 1

Öffnen Sie das Suchformular der Desktop-Suche.

Schritt 2

Geben Sie im Eingabefeld den Begriff ein, zu dem Sie E-Mails suchen. Dies können wie gewöhnlich Schlüsselwörter sein, die in der Betreffzeile oder dem eigentlichen Nachrichteninhalt zu finden sind. Sie können aber auch Namen von Personen oder E-Mail-Adressen eingeben.

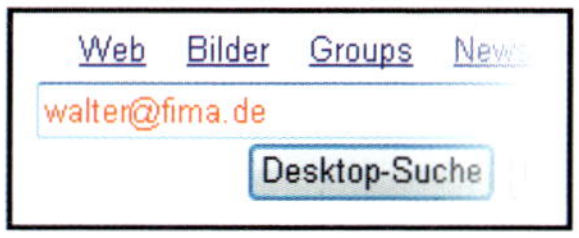

Schritt 3

Drücken Sie dann [Enter] bzw. klicken Sie auf die *Desktop-Suche*-Schaltfläche.

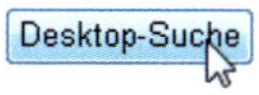

Schritt 4

Die Desktop-Suche präsentiert Ihnen dann die Ergebnisse. Dabei handelt es sich nicht notwendigerweise nur um E-Mails. Das können Sie aber schnell ändern, wenn Sie oben in der Statusleiste *E-Mails* anklicken. Dann wird die Anzeige nur auf die gefundenen E-Mails beschränkt.

Info

Welche E-Mail-Programme funktionieren mit der Desktop-Suche

Da die Desktop-Suche genau wissen muss, wo und wie die E-Mails gespeichert werden, findet sie nur die Nachrichten der gängigsten E-Mail-Programme. Konkret sind dies von Microsoft Outlook und Outlook Express bzw. Windows Mail sowie Exchange, Netscape Mail und Mozillas Thunderbird. Für weitere E-Mail-Programme bzw. -Dienste lassen sich ggf. Plug-ins nachinstallieren. Schauen Sie hierzu in die Einstellungen in der Rubrik *Lokale Indizierung* bei *Indizierungs-Plug-ins*.

Schritt 5

In dieser Liste finden Sie für jede gefundene E-Mail einen Eintrag. Er enthält in der Titelzeile den Betreff. Darunter folgen ggf. ein Teil des Nachrichtentextes sowie Absender und Empfänger.

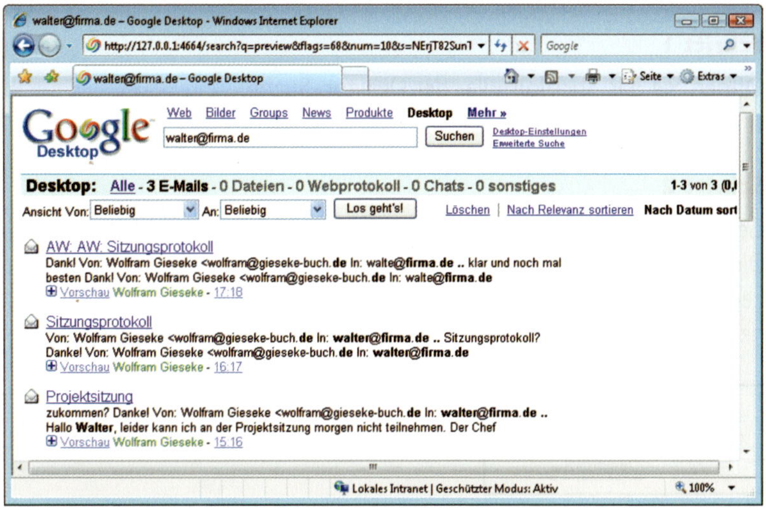

Schritt 6

Die Nachrichten sind standardmäßig nach dem Datum sortiert, wobei die neuste E-Mail ganz oben in der Liste steht. Sie können Sie mit *Nach Relevanz sortieren*, aber auch so ausführen lassen, dass die am besten zur Suchanfrage passende Nachricht ganz oben steht.

Tipp

Nur Nachrichten von bestimmten Absendern/Empfängern zeigen

Wenn Sie sich die E-Mail-Ergebnisse einer Suche anzeigen lassen, können Sie mit zwei Auswahlfeldern oberhalb der Liste die Suchergebnisse weiter einschränken. Mit dem linken Feld wählen Sie einen Absender aus, sodass nur Nachrichten von dieser Person aufgelistet werden. Rechts schränken Sie die Liste auf E-Mails an eine bestimmte Adresse ein. Klicken Sie dann auf *Los geht's*.

Schritt 7

Zu jeder gefundenen Nachricht wird allenfalls ein kurzer Abschnitt des Inhalts direkt in der Liste angezeigt. Mit einem Klick auf *Vorschau* können Sie sich aber eine ausführlichere Vorschau direkt im Webbrowser ansehen.

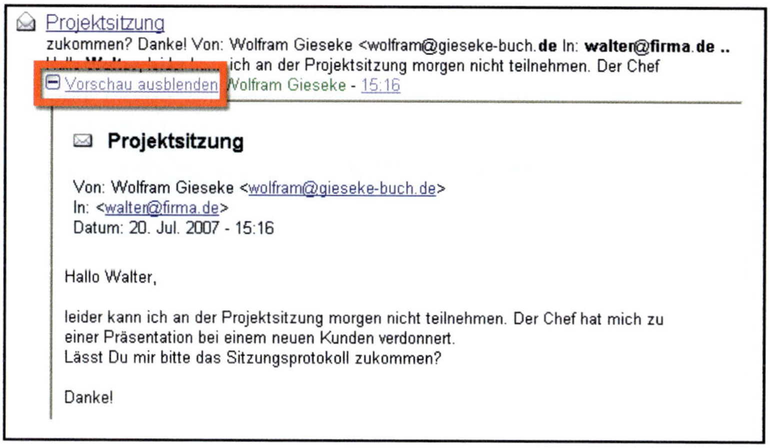

Schritt 8

Mit einem Klick auf den Titel des Eintrags öffnen Sie die Nachricht, allerdings nicht im E-Mail-Programm, sondern direkt im Webbrowser. Hier können Sie die Nachricht in voller Länge lesen. Wenn Sie darauf *Antworten* wollen, wird das E-Mail-Programm zum Erstellen einer Nachricht aktiviert.

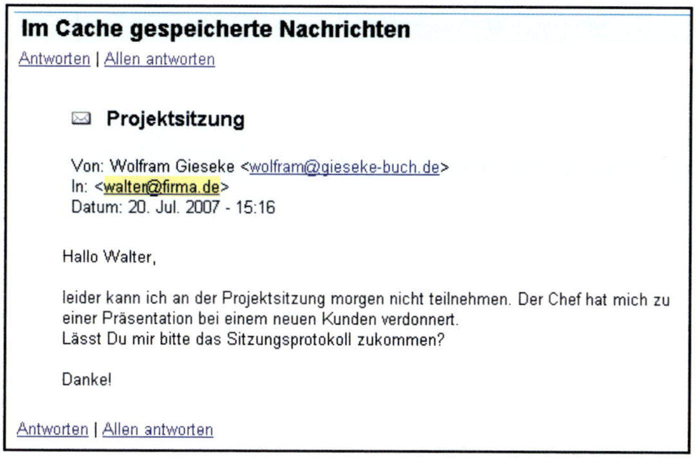

Glossar

E-Mail-Adressen

So wie jeder Mensch eine Postadresse benötigt, damit Briefe und Pakete ihn erreichen, muss jeder Benutzer der elektronischen Post im Internet eine eindeutige E-Mail-Adresse haben. Sie besteht aus seinem Benutzernamen, gefolgt vom Symbol @ und dem Namen seines Rechners bzw. des Mailservers, auf dem der Benutzer sein Postfach hat. E-Mails werden anhand dieser Adresse an den richtigen Rechner geleitet und von diesem in das elektronische Postfach des Benutzers einsortiert.

Lassen Sie die Desktop-Suche alle Ihre Dokumente und E-Mails erfassen

Standardmäßig erfasst die Google Desktop Suche alle Festplattenlaufwerke Ihres PCs. Sie können weitere Laufwerke z. B. aus einem Netzwerk hinzufügen, damit auch diese vom Suchindex erfasst und für Sie durchsuchbar werden. Ebenso lassen sich einzelne Laufwerke oder Ordner von der Indizierung ausnehmen.

Info

Wozu weitere Bereiche erfassen

In den meisten Fällen dürfte die Standardeinstellung ausreichen, bei der die Desktop-Suche alle Festplattenlaufwerke erfasst. Wenn Sie aber z. B. regelmäßig mit Dateien von einem Netzlaufwerk arbeiten, ist es sinnvoll, dieses ebenfalls zu indizieren. Gleiches gilt für regelmäßig genutzte Wechsellaufwerke wie z. B. externe USB-Festplatten.

Schritt 1

Öffnen Sie das Suchformular für die Google Desktop Suche.

Schritt 2

Klicken Sie hier rechts neben dem Eingabefeld auf den Link *Desktop-Einstellungen*.

Schritt 3

Damit öffnen Sie die Einstellungen für die Desktop-Suche, in denen Sie verschiedene Einstellungen vornehmen können. Suchen Sie hier zunächst den Bereich *An diesen Positionen suchen*. Solange Sie noch keine zusätzlichen Suchbereiche festgelegt haben, steht hier nur etwas Text und der Link *Laufwerke und Ordner für die Suche hinzufügen*.

Schritt 4

Wählen Sie im anschließenden Dialog das Laufwerk bzw. den Ordner aus, den Sie zusätzlich für die Suche berücksichtigen wollen. Mit den kleinen Dreiecksymbolen links vor dem Eintrag können Sie Laufwerke und Ordner „ausklappen“ und deren Inhalt sichtbar machen. Markieren Sie dann das fragliche Laufwerk bzw. den Ordner mit einem einfachen linken Mausklick und klicken Sie dann unten auf *OK*.

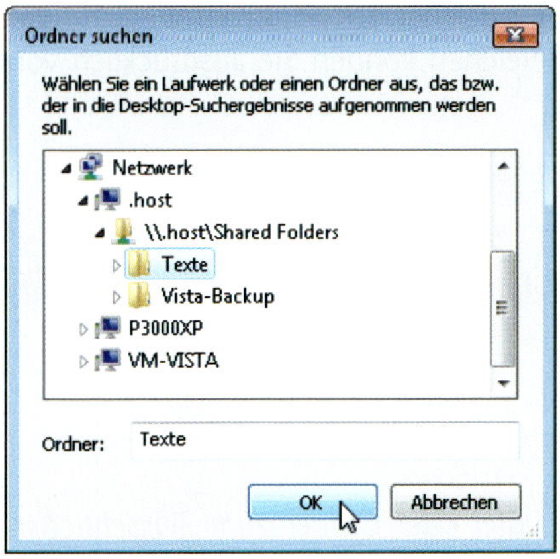

Schritt 5

Sie gelangen dann zurück in das Einstellungsmenü, in dem nun im Bereich *An diesen Positionen suchen* der neue zusätzliche Bereich eingetragen ist.

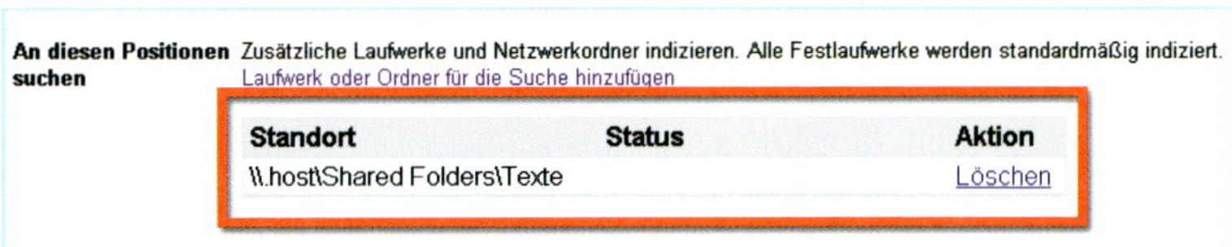

Hinweis

Sporadisch vorhandene Laufwerke indizieren

Im Prinzip können Sie auch Netzlaufwerke und Wechselfestplatten erfassen, die nur gelegentlich mit Ihrem PC verbunden sind. Google erfasst diese Dateien dann immer, wenn eine Verbindung besteht. Allerdings ist die Erfassung eben nicht immer ganz zuverlässig. Außerdem können Sie beim Suchen dann Dokumente finden, die im Moment gar nicht zugänglich sind, weil dieses Laufwerk gerade nicht vorhanden ist.

Hinweis

Einzelne Dateien nicht indizieren

Beim Ausschließen von Suchbereichen können Sie nicht nur ganze Laufwerke oder Ordner auswählen, sondern auch einzelne Dateien. Dadurch bietet sich die Möglichkeit, die Suche durchaus für sämtliche Laufwerke zu verwenden und nur einzelne Dateien, die z. B. sehr vertrauliche Daten enthalten, ausdrücklich als Ausnahmen festzulegen.

Schritt 6

Sollten Sie zusätzliche Laufwerke bzw. Ordner später wieder entfernen wollen, klicken Sie in der eingeblendeten Liste rechts hinter dem betreffenden Eintrag auf *Löschen*. Der zusätzliche Suchbereich wird dann ohne weitere Rückfrage entfernt.

Bestimmte Bereiche von der Suche ausnehmen

Standardmäßig erfasst der Google-Suchindex alle eingebauten Festplattenlaufwerke. Das ist nicht immer sinnvoll bzw. wünschenswert. So gibt es meist Bereiche, die für eine Suche nicht unbedingt interessant sind. Vielleicht haben Sie aber auch Ordner mit sehr vertraulichen Dokumenten, die nicht plötzlich bei einer Suche unvermutet auftauchen sollen. Solche Arten von Bereichen können Sie ausdrücklich von der Indizierung ausnehmen.

Schritt 1

Suchen Sie hierzu in den Einstellungen den Bereich *Diese Elemente nicht durchsuchen*.

Schritt 2

Klicken Sie hierin auf den Link *Datei oder Ordner zum Ausschließen hinzufügen*.

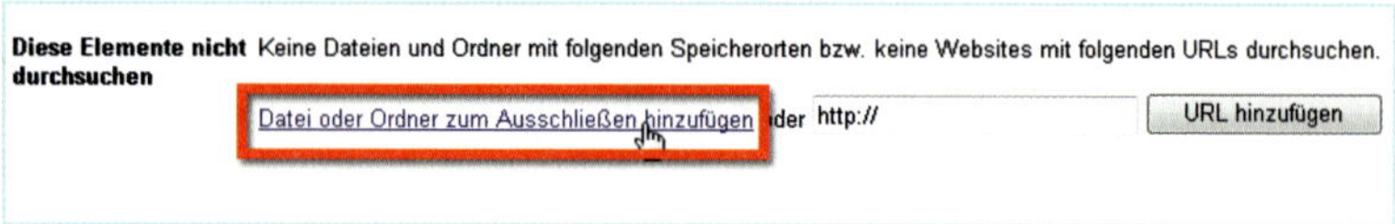

Schritt 3

Im anschließenden Auswahldialog legen Sie das Laufwerk bzw. den Ordner oder die Datei fest, die Sie von der Erfassung der Desktop-Suche ausschließen wollen. Dieser Bereich wird dann nicht mehr vom Suchindex erfasst. Auf die Dateien selbst hat dies selbstverständlich keinen Einfluss. Sie bleiben unverändert erhalten.

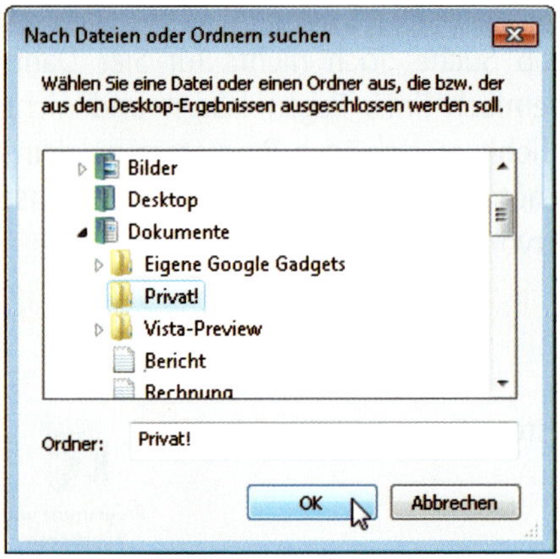

Schritt 4

Zurück im Einstellungsmenü wird im Bereich *Diese Elemente nicht durchsuchen* nun eine Liste der Elemente angezeigt, die Sie von der Suche ausgenommen haben. Hier finden Sie auch die Möglichkeit, diese Ausnahmen später mit einem Klick auf *Löschen* wieder rückgängig zu machen.

Hinweis

Warum überhaupt Bereiche nicht erfassen?

Neben dem bereits erwähnten Aspekt der Vertraulichkeit ist es auch aus Effizienzgründen sinnvoll, nicht genutzte Bereiche auch nicht zu erfassen. Zum einen benötigt Google dann weniger Zeit und Speicherplatz für das Indizieren des Dateibestands. Zum anderen beschleunigt es das Durchführen der Suchanfragen, wenn der Index kleiner ist.

Doch nicht hilfreich? – Die Google Desktop Suche wieder entfernen und Performance sparen

Info

Ressourcenfresser Desktop-Suche

So praktisch die Desktop-Suche ist, sie verbraucht einiges an Ressourcen. Sie läuft ständig im Hintergrund, protokolliert alle Dateizugriffe und aktualisiert ständig Ihren Suchindex. Das kostet Rechenzeit, Zugriffszeit auf die Festplatte(n) und Speicherplatz. Wenn Sie das Programm nicht zumindest hin und wieder nutzen, sollten Sie es deshalb unbedingt von Ihrem PC entfernen.

Vielleicht ist die Google Desktop Suche doch nichts für Sie? Dann könnten Sie die Google-Suche einfach links liegen lassen und nicht mehr benutzen. Allerdings empfiehlt es sich, das Programm zu deinstallieren, wenn Sie es nicht benötigen. Die Indizierung würde sonst permanent weiterlaufen und wertvolle Ressourcen verbrauchen.

Schritt 1

Öffnen Sie in der Windows-Systemsteuerung das Modul *Programme und Funktionen*.

Schritt 2

Lokalisieren Sie hier in der Liste der installierten Software den Eintrag *Google Desktop* und wählen Sie ihn mit einem einfachen Mausklick aus.

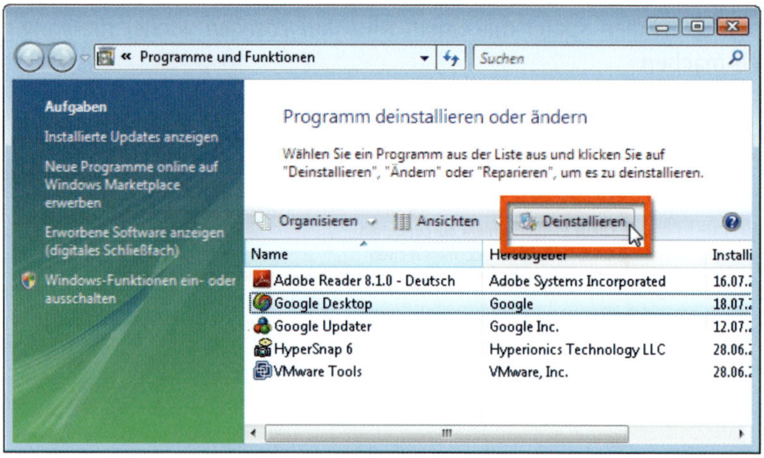

Schritt 3

Klicken Sie dann oberhalb der Liste in der Symbolleiste auf die Schaltfläche *Deinstallieren*.

Schritt 4

Bestätigen Sie den Hinweis der Benutzerkontensteuerung von Windows Vista ggf. mit einem Klick auf *Fortsetzen*.

Schritt 5

Wählen Sie im anschließenden Dialog die Option *Vollständig für alle Nutzer entfernen*, um den Google Desktop mit allen seinen Funktionen restlos zu entfernen.

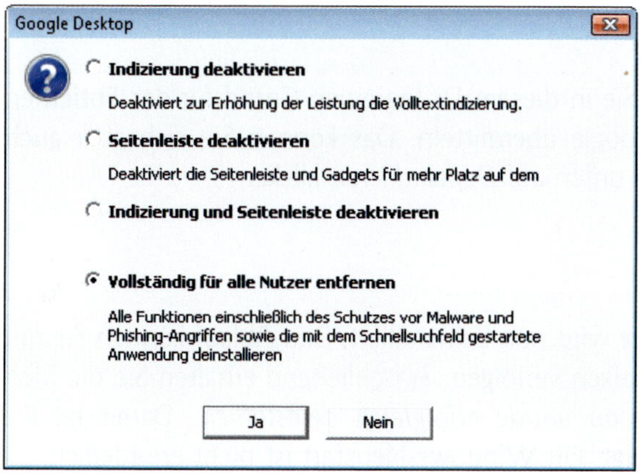

Schritt 6

Wichtig: Im anschließend Dialog sollten Sie ganz oben bei der Option *Indices behalten, falls ich Google Desktop später erneut installieren möchte* das Häkchen entfernen. Andernfalls verbleiben die umfangreichen Indexdaten auf der Festplatte und kosten unnütz Speicherplatz.

Hinweis

Die gesammelten Indexdaten behalten?

Beim Deinstallieren bietet Google Ihnen an, die gesammelten Indexdaten zu erhalten, um sie gleich wieder verfügbar zu haben, wenn Sie die Desktop-Suche erneut installieren. Dies ist aber wenig sinnvoll, da die umfangreichen Indexdaten so unnötig Speicherplatz auf Ihrer Festplatte blockieren. Wenn Sie die Google Desktop Suche tatsächlich irgendwann erneut installieren, sind die Daten im Zweifelsfall ohnehin veraltet. Außerdem ist der Suchindex recht schnell wieder aufgebaut.

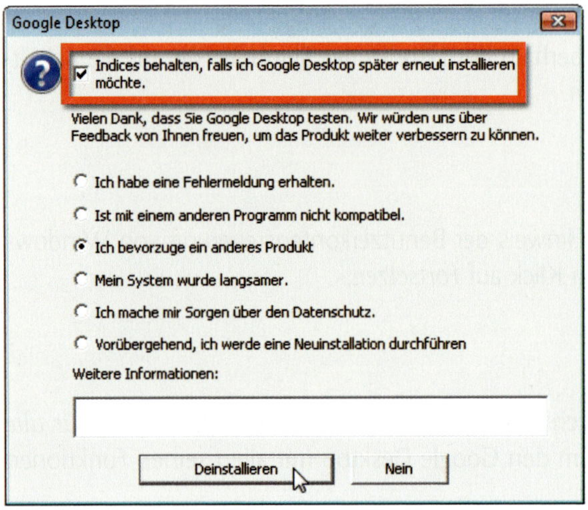

Tipp

Google Updater deinstallieren

Wenn Sie keine weitere Software von Google einsetzen, sollten Sie bei dieser Gelegenheit gleich noch den Google Updater deinstallieren. Er wurde mit der Desktop-Suche installiert, wird aber leider nicht automatisch auch wieder mit dieser entfernt.

Schritt 7

Weiterhin können Sie in diesem Dialog einen Grund für das Entfernen der Software an Google übermitteln. Das können Sie sich aber auch sparen und einfach unten auf *Deinstallieren* klicken.

Schritt 8

Die Google-Software wird nun deinstalliert. Den Ablauf können Sie mit einem Fortschrittsbalken verfolgen. Anschließend erhalten Sie die Meldung *Google Desktop wurde erfolgreich deinstalliert*. Damit ist die Deinstallation erledigt. Ein Windows-Neustart ist nicht erforderlich.

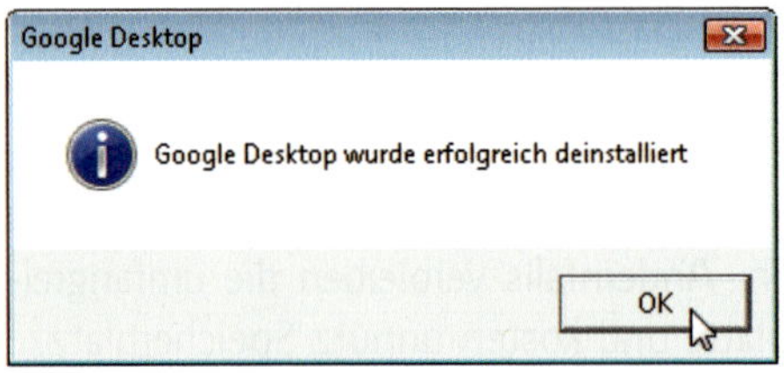

Stichwortverzeichnis

T

U

V

W

Y

Z